简帛文献与《管子》研究

Research on Bamboo Slips, Silk
Manuscripts and *Guanzi*

郭　丽　著

方志出版社
Publishing House of Local Records

图书在版编目(CIP)数据

简帛文献与《管子》研究/郭丽著.—北京:方志出版社,
2015.9

ISBN 978-7-5144-1723-4

Ⅰ.①简… Ⅱ.①郭… Ⅲ.①法家 ②《管子》—研究
Ⅳ.①B226.15

中国版本图书馆 CIP 数据核字(2015)第245662号

简帛文献与《管子》研究

著　　者:郭　丽
责任编辑:徐　宏

出 版 人:冀祥德
出 版 者:方志出版社
　　地址　北京市朝阳区潘家园东里9号(国家方志馆4层)
　　邮编　100021
　　网址　http://www.fzph.org
发　　行:方志出版社发行中心
　　电话　(010)67110500
经　　销:各地新华书店
排　　版:北京宝蕾元科技发展有限责任公司
印　　刷:北京京都六环印刷厂

开　　本:700×1000　1/16
印　　张:15.25
字　　数:261千字
版　　次:2015年9月第1版　2015年9月第1次印刷

ISBN 978-7-5144-1723-4　定价:68.00元

第四批《中国社会科学博士后文库》编委会及编辑部成员名单

序　言

2015 年是我国实施博士后制度 30 周年，也是我国哲学社会科学领域实施博士后制度的第 23 个年头。

30 年来，在党中央国务院的正确领导下，我国博士后事业在探索中不断开拓前进，取得了非常显著的工作成绩。博士后制度的实施，培养出了一大批精力充沛、思维活跃、问题意识敏锐、学术功底扎实的高层次人才。目前，博士后群体已成为国家创新型人才中的一支骨干力量，为经济社会发展和科学技术进步作出了独特贡献。在哲学社会科学领域实施博士后制度，已成为培养各学科领域高端后备人才的重要途径，对于加强哲学社会科学人才队伍建设、繁荣发展哲学社会科学事业发挥了重要作用。20 多年来，一批又一批博士后成为我国哲学社会科学研究和教学单位的骨干人才和领军人物。

中国社会科学院作为党中央直接领导的国家哲学社会科学研究机构，在社会科学博士后工作方面承担着特殊责任，理应走在全国前列。为充分展示我国哲学社会科学领域博士后工作成果，推动中国博士后事业进一步繁荣发展，中国社会科学院和全国博士后管理委员会在 2012 年推出了《中国社会科学博士后文库》（以下简称《文库》），迄今已出版四批共 151 部博士后优秀著作。为支持《文库》的出版，中国社会科学院已累计投入资金 820 余万元，人力资源和社会保障部与中国博士后科学基金会累计投入 160 万元。实践证明，《文库》已成为集中、系统、全面反映我国哲学社会科学博士后优秀成果的高端学术平台，为调动哲学社会科学博士后的积极性和创造力、扩大哲学社会科学博士后的学术影响力和社会影响力发挥了重要作用。中国社会科学院和全国博士后管理委员会将共同努力，继续编辑出版好《文库》，进一步提高《文库》的学术水准和社会效益，使之成为学术出版界的知名品牌。

哲学社会科学是人类知识体系中不可或缺的重要组成部分，是人们认识世界、改造世界的重要工具，是推动历史发展和社会进步的重要力量。建设中国特色社会主义的伟大事业，离不开以马克思主义为指导的哲学社会科学的繁荣发展。而哲学社会科学的繁荣发展关键在人，在人才，在一批又一批具有深厚知识基础和较强创新能力的高层次人才。广大哲学社会科学博士后要充分认识到自身所肩负的责任和使命，通过自己扎扎实实的创造性工作，努力成为国家创新型人才中名副其实的一支骨干力量。为此，必须做到：

第一，始终坚持正确的政治方向和学术导向。马克思主义是科学的世界观和方法论，是当代中国的主流意识形态，是我们立党立国的根本指导思想，也是我国哲学社会科学的灵魂所在。哲学社会科学博士后要自觉担负起巩固和发展马克思主义指导地位的神圣使命，把马克思主义的立场、观点、方法贯穿到具体的研究工作中，用发展着的马克思主义指导哲学社会科学。要认真学习马克思主义基本原理、中国特色社会主义理论体系和习近平总书记系列重要讲话精神，在思想上、政治上、行动上与党中央保持高度一致。在涉及党的基本理论、基本路线和重大原则、重要方针政策问题上，要立场坚定、观点鲜明、态度坚决，积极传播正面声音，正确引领社会思潮。

第二，始终坚持站在党和人民立场上做学问。为什么人的问题，是马克思主义唯物史观的核心问题，是哲学社会科学研究的根本性、方向性、原则性问题。解决哲学社会科学为什么人的问题，说到底就是要解决哲学社会科学工作者为什么人从事学术研究的问题。哲学社会科学博士后要牢固树立人民至上的价值观、人民是真正英雄的历史观，始终把人民的根本利益放在首位，把拿出让党和人民满意的科研成果放在首位，坚持为人民做学问，做实学问、做好学问、做真学问，为人民拿笔杆子，为人民鼓与呼，为人民谋利益，切实发挥好党和人民事业的思想库作用。这是我国哲学社会科学工作者，包括广大哲学社会科学博士后的神圣职责，也是实现哲学社会科学价值的必然途径。

第三，始终坚持以党和国家关注的重大理论和现实问题为科研主攻方向。哲学社会科学只有在对时代问题、重大理论和现实问题的深入分析和探索中才能不断向前发展。哲学社会科学博士后要根据时代和实践发展要求，运用马克思主义这个望远镜和显微镜，增强辩证思维、创新思维能力，善于发现问题、分析问题，积极推动解决问题。要深入研究党和国家面临的一系列亟待回答和解决的重大理论和现实问题，经济社会发展中的全局性、前瞻性、战略性问题，干部群众普遍关注的热点、焦点、难点问题，以高质量的科学研究成果，更好地为党和国家的决策服务，为全面建成小康社会服务，为实现“两个一百年”奋斗目标和中华民族伟大复兴中国梦服务。

第四，始终坚持弘扬理论联系实际的优良学风。实践是理论研究的不竭源泉，是检验真理和价值的唯一标准。离开了实践，理论研究就成为无源之水、无本之木。哲学社会科学研究只有同经济社会发展的要求、丰富多彩的生活和人民群众的实践紧密结合起来，才能具有强大的生命力，才能实现自身的社会价值。哲学社会科学博士后要大力弘扬理论联系实际的优良学风，立足当代、立足国情，深入基层、深入群众，坚持从人民群众的生产和生活中，从人民群众建设中国特色社会主义的伟大实践中，汲取智慧和营养，把是否符合、是否有利于人民群众根本利益作为衡量和检验哲学社会科学研究工作的第一标准。要经常用人民群众这面镜子照照自己，匡正自己的人生追求和价值选择，校验自己的责任态度，衡量自己的职业精神。

第五，始终坚持推动理论体系和话语体系创新。党的十八届五中全会明确提出不断推进理论创新、制度创新、科技创新、文化创新等各方面创新的艰巨任务。必须充分认识到，推进理论创新、文化创新，哲学社会科学责无旁贷；推进制度创新、科技创新等各方面的创新，同样需要哲学社会科学提供有效的智力支撑。哲学社会科学博士后要努力推动学科体系、学术观点、科研方法创新，为构建中国特色、中国风格、中国气派的哲学社会科学创新体系作出贡献。要积极投身到党和国家创新洪流中去，深入开展探索性创新研究，不断向未知领域进军，勇攀学术高峰。要大力推进学术话语体系创新，力求厚积薄发、深入浅出、语言朴实、文风清新，力戒言之无物、故作高深、食洋不化、食古不化，不断增强我国学术话语体系的说服力、感染力、影响力。

“长风破浪会有时，直挂云帆济沧海。”当前，世界正处于前所未有的激烈变动之中，我国即将进入全面建成小康社会的决胜阶段。这既为哲学社会科学的繁荣发展提供了广阔空间，也为哲学社会科学界提供了大有作为的重要舞台。衷心希望广大哲学社会科学博士后能够自觉把自己的研究工作与党和人民的事业紧密联系在一起，把个人的前途命运与党和国家的前途命运紧密联系在一起，与时代共奋进、与国家共荣辱、与人民共呼吸，努力成为忠诚服务于党和人民事业、值得党和人民信赖的学问家。

是为序。

张江

中国社会科学院副院长

中国社会科学院博士后管理委员会主任

2015 年 12 月 1 日

中文摘要

当今学者对于《管子》的研究，主要侧重义理方面，新出土简帛文献与《管子》相结合研究，依然是现有研究的薄弱环节。基于上述考虑，本论著主要将《银雀山汉墓竹简》中的《〈守法〉〈守令〉等十三篇》、《马王堆汉墓帛书》中的《春秋事语》、《上海博物馆藏战国楚竹书》中的《鲍叔牙与隰朋之谏》等与《管子》有密切关系的篇章进行考察，兼及《上海博物馆藏战国楚竹书》的《曹沫之阵》、《清华大学藏战国竹简》中的《系年》及《良臣》。

本书以新出土简帛文献为中心，将《管子》等诸多传世文献加以比较研究。如银雀山汉简是在齐地发现的西汉武帝时期的墓葬竹简，对齐国典籍文化的保存具有很大价值。简文《〈守法〉〈守令〉等十三篇》，内容有取材于《周礼》《老子》《管子》《墨子》《孟子》《尉缭子》诸多文献者。在《十三篇》中，本书主要考察与《管子》相关的《王兵》《市法》《李法》《王法》《田法》。简文《王兵》的内容与《管子》全同，经过数据排比，可以确定《王兵》是根据《管子》加工而成的。简文《市法》强调“市”对国家的影响；较之《管子》，《市法》更为微观与详细。简文《李法》是具体法规的实施，与《管子》内容互相补充，使我们对齐国职官中的“李”有清晰认识。简文《王法》主要论述王者之道，对于不能完成劳动任务的百姓，有详细而严格的惩罚措施，这在《管子》中没有出现。简文《田法》对于田地的种植、管理、处罚有详细规定，是一部具体法规。关于简文《〈守法〉〈守令〉等十三篇》，多数学者认为成书于商鞅变法之前，是战国时期齐国的法律。《十三篇》可为《管子》的成书时代提供重要参考，帮助考订《管子》，是《管子》研究的宝贵财富。

马王堆汉墓帛书中，《春秋事语》之《鲁桓公与文姜会齐侯于乐章》《齐桓公与蔡夫人乘舟章》与《管子》内容接近。《鲁桓公与文姜会齐侯于乐章》是《春秋事语》的第十六章，记载鲁桓公与齐襄公在泺盟会，鲁桓公为此丧命。此事《春秋》《左传》《公羊传》《穀梁传》《管子》有记载，以《管子·大匡》记载最详细，与帛书最为接近。将帛书与传世文献结合考察，可知齐襄公对齐国有一定贡献；然齐襄公做事随意，导致被手下杀害。齐襄公的事迹，在《清华大学藏战国竹简》（贰）的《系年》中有记载，能够补传世文献之不足，证明传世文献中记载的齐襄公“小霸”的可靠性。帛书记载的文姜，是齐僖公之女。她嫁给鲁桓公，生下嫡长子同，这是后来的鲁庄公。泺之盟，文姜因与其兄长齐襄公的恋情被桓公发现，导致鲁桓公被杀。鲁桓公去世后，文姜的政治活动增多。她对鲁桓公、齐襄公、鲁庄公都产生了很大影响。根据帛书与《管子》的记载，可以推断，帛书《鲁桓公与文姜会齐侯于乐章》与《管子·大匡》相关内容有相同的来源。其最早来源，当是齐国太史所记载的历史档案，则《管子》的形成，有很长的累积过程，不能以最后形成的定本的时间来断代。本章将简帛文字与《管子》参校，可考订帛书与《管子》字义，补充现有研究之不足。

帛书《齐桓公与蔡夫人乘舟章》是《春秋事语》的第七章。根据简帛，蔡夫人因触犯齐桓公而被打发回娘家。蔡侯在妹妹回国不久，将其改嫁。齐桓公大怒，挥师南下，攻打蔡国；齐国攻打蔡国目的性很强，就是蔡国将蔡夫人改嫁了。齐国侵蔡与之后的攻打楚国，是前后发生的两件事，关联性不大，这与《春秋》的记载吻合。

上博简《鲍叔牙与隰朋之谏》与《春秋》《左传》《管子》结合起来考察，可以断定简文日食发生的时间。简文为研究鲍叔牙、隰朋、竖刁、易牙提供了新材料，可考察他们的生平及对齐国历史的影响。根据上述材料，对于齐桓公的个人修养问题做出新的考察；对于简文中提及的齐桓公的病情做出考察。简文为考察齐桓公的改革的历史进程提供了新视角。齐桓公登上王位，在管仲协助下，进行叁国五鄙、四民分业定居、相地而衰征的改革，确立齐国的霸权地位。根据上博简《鲍叔牙与隰朋之谏》，可以发现齐桓公在管仲去世前后，亦进行了改革，则桓公终其一生，对齐国的方针政策不断完善。此外，上博简《曹沫之阵》与《管子》和其他典籍结合起来，可以对曹沫的生平做出考订，考察曹沫胁迫齐桓公订立盟约对于齐国霸业的影响。

清华简《系年》第二章记载首止之会，言齐襄公会盟诸侯，杀死郑国的君主眉寿，改立郑厉公，此在传世文献中不载，是考察齐襄公的重要数据。《系年》第四章言卫文公是公子开方，这与《管子》《韩非子》《吕氏春秋》《史记》的记载不同。经过数据排比，可以发现卫文公与开方不是一人。卫文公主要以君主的身份治理卫国，与齐桓公有交往，参与诸侯国的事宜，而卫公子开方则主要是在齐国，谋求个人利益的最大化。清华简《良臣》记载了齐桓公及其良臣管仲、隰朋、宾胥无。齐桓公时期的重要卿大夫有五人，除了上述的管仲、隰朋、宾胥无之外，还有鲍叔牙和宁戚。根据对上述人物的考察，可知齐桓公的五位卿大夫中，管仲、隰朋地位最高，贡献最大。其他鲍叔牙、宾胥无、宁戚贡献和能力相当，性格和做事方式上各有不足，故清华简《良臣》在管仲、隰朋之后列出宾胥无，是任意择取一人为言，这与传世文献的记载吻合。

在《管子》的研究过程中，出土的简帛文献能够加深对于《管子》的研究，《管子》对于出土文献也具有重要的借鉴作用。《管子》和出土文献结合起来，能够提供新的研究视角。

关键词： 简帛文献 《管子》 《上海博物馆藏战国楚竹书》 《马王堆汉墓帛书》 《银雀山汉墓竹简》 《清华大学藏战国竹简》

Abstract

Currently, the study on *Guanzi* is mainly based on its contents which has been very familiar to the scholars, but few of them has related those newly revealed bamboo slips and silk manuscripts to their researches. Based on the above considerations, this treatise has done a comprehensive research on *Bamboo Slips of Chu state in Warring States Collected by Shanghai Museum*, *Silk Books from Han Tomb in Mawangdui*, *Bamboo Books from Han Tomb in Yinqueshan* and *Bamboo Books in Warring States Collected by Tsinghua University*, which all have close relationships with *Guanzi*.

This book takes the newly unearthed bamboo slips and silk documents as the center for comparative research on *Guanzi* and other ancient manuscripts. For example, *Bamboo Books from Han Tomb in Yinqueshan* discovered in tombs of the Qi State in the Western Han Dynasty is valuable for preserving the ancient culture of the Qi State, in which the main contents of *Shoufa*, *shouling and* 13 *other articles* were drawn from *Zhouli*, *Laozi*, *Guanzi*, *Mozi* and other various ancient manuscripts. This book mainly focuses on *Shifa*, *Lifa*, *Wangfa* and *Tianfa* in *Shoufa*, *shouling and* 13 *other articles* which were all related to *Guanzi*. According to a statistical comparison, most scholars believe that those contents were produced on the basis of *Guanzi*. In *Shifa*, it emphasized the market ' s influence on the state, and its contents were more accurate in details than *Guanzi*. *Lifa*, which focuses on how the regulations would be carried out, complemented

Guanzi and gave a clearer vision on *Li* of the Qi State. *Wangfa*, mainly on how the king ruled the state, established a detailed and strict punishment for people who didn't finish the work. *Tianfa* was a law which contained specific regulations on issues related to farmlands.

From *Chunqiu Shiyu* in *Silk Books from Han Tomb in Mawangdui*, we can infer that Jixia scholars have made contributions to *Guanzi*. In the silk book *Duke Huan of Qi and Mrs Cai on the Boat*, the seventh chapter of *Chunqiu Shiyu*, we can make the conclusion that Duke Huan of Qi first invaded the Cai State, then fought against the Chu State. This incident was both mentioned in *Chunqiu Shiyu* and *Guanzi*: Wenjiang, the daughter of the Duke of Qi, married Duke Huan of Lu and their eldest son became the Duke of Lu later. However, Duke Huan of Lu was killed soon after he found out Wenjiang's affair with her brother. After his death, Wenjiang got more involved in politics and had huge impacts on dukes of Lu and Qi. It's obvious that the silk books and *Guanzi* have contents in common, and those parts must have the same origin, which might be from the history records of the Qi State. Therefore, it's also obvious that *Guanzi* took a long time, rather than a short period to be written.

In the *Bamboo Slips of Chu in Warring States Collected by Shanghai Museum*, the text of *Advice of Baoshuya and Xipeng* provides new materials for figuring out the specific time of an ancient solar eclipse recorded in the text, which also mentioned in *Guanzi*. Meanwhile, it also provides new materials for studying the lifetimes of Baoshuya, Xipeng, Shudiao, Yiya and their influences on the history of Qi State. Based on these, we can study more thorough and accurately on the personal morals of Duke Huan of Qi and his health issue mentioned in the bamboo slips. More important, those materials provides a new angle for studying the history of the reform by Duke Huan of Qi with the help from Guanzhong, and more details on how the reform was accomplished. In addition, based on *Guanzi*, *Caomo's Array* in *Bamboo Slips of Chu in Warring States Collected by*

Shanghai Museum, and other manuscripts, we can thoroughly observe the life of Caomo, who had great impact on Duke Huan of Qi and the hegemony of Qi State.

In the second chapter of *Xinian*, part of *Bamboo Books in Warring States Collected by Tsinghua University*, it recorded the Meeting of Shouzhi, which stated that Duke Xiang of Qi met other dukes in the Meeting, killed the King of Zheng State and empowered Duke Li of Zheng to rule the Zheng State. This history was not recorded in other historical manuscripts, thus it's very important to the research on *Xinian*. In its fourth chapter, the Duke Wen of Wei's name was assumed as Kaifang, which was different from *Guanzi*, *Hanfeizi*, *Lvshi Chunqiu* and *Shiji*. According to comparisons among those manuscripts, it can be inferred that Duke Wen of Wei and Kaifang were not the same person. Duke Wen of Wei governed the Wei State as the King, but Kaifang mainly stayed in the Qi State and gained his personal benefits. *Liangchen*, another part of *Bamboo Books in Warring States Collected by Tsinghua University*, recorded the history of Duke Huan of Qi and his nice ministers, Guanzhong, Xipeng, Binxuwu, Baoshuya and Ningqi. Based on research on the five men, it's known that Guanzhong and Xipeng had made greatest contributions for the Qi State. As for other three ministers, whose contributions were almost identical to Guanzhong and Xipeng, they're all lack of a nice personality or good ability. On the *Liangchen*'s list, Binxuwu was the man after Guanzhong and Xipeng, but he wasn't better than Baoshuya and Ningqi. In that case, we can infer that the position of Binxuwu was just a random pick, which also matched other historical manuscripts' related contents.

In a word, all the above bamboo slips and silk manuscripts provide more evidential support to the study on *Guanzi*, which is also significant to these excavated manuscripts' study. Putting *Guanzi* and these excavated manuscripts together may offer us a new perspective on historical research.

Keywords: Bamboo slips and silk manuscripts, *Guanzi*, *Bamboo Slips of Chu State in Warring States Collected by Shanghai Museum*, *Silk Books from Han Tomb in Mawangdui*, *Bamboo Books from Han Tomb in Yinqueshan*, *Bamboo Books in Warring States Collected by Tsinghua University*

目　录

绪论　简帛文献与《管子》研究总论 …… 1

一、《管子》研究现状 …… 1

二、简帛文献的发现与《管子》研究之关系 …… 2

三、主要研究思路 …… 5

四、主要研究方法及研究价值 …… 7

第一章　银雀山汉简与《管子》研究 …… 8

第一节　简文《王兵》与《管子》互证 …… 10

一、银雀山汉简可订正通行本《管子》之讹误 …… 10

二、《管子》可校汉简抄写讹误，推断漫灭不清之字 …… 15

三、简文《王兵》与《管子》相关篇章的关系 …… 16

四、《管子》主体部分成书当在春秋末期 …… 23

第二节　简文《市法》与《管子》对读 …… 25

一、市的特质 …… 25

二、市的功用 …… 27

三、市吏的职责及市的规模 …… 30

四、市的税收标准及铺面安排 …… 31

五、市官的种类 …… 33

第三节　简文《李法》与《管子》对读 …… 35

一、银雀山汉简中的李 …… 35

二、《管子》中的李 …… 36

第四节　简文《王法》与《管子》对读 …… 39

一、简朴生活 …… 40

二、重视农业 …… 42
三、惩罚措施 …… 43
四、土地与来民 …… 45
五、为国之道 …… 46
六、王霸之道 …… 46
七、民之称谓 …… 49
第五节 简文《田法》与《管子》对读 …… 51
一、城建与治国 …… 51
二、授田、赋役与农业 …… 53
三、税收与岁收 …… 54
四、乡里之制 …… 56
五、藏富于民 …… 58
六、民之财产与岁末 …… 60
七、换田之制 …… 61

第二章 马王堆帛书与《管子》研究 …… 67

第一节 《鲁桓公与文姜会齐侯于乐章》与《管子》互证 …… 68
一、《管子》可以校订帛书文字 …… 68
二、帛书对于通行本《管子》的文字证明 …… 70
第二节 帛书其他文字含义的解释 …… 73
第三节 齐襄公考 …… 76
一、齐襄公其人其行 …… 77
二、齐襄公与文姜 …… 81
三、齐襄公的历史意义 …… 83
第四节 文姜考 …… 84
一、文姜与齐僖公 …… 85
二、文姜与鲁桓公 …… 86
三、文姜与齐襄公 …… 90
四、文姜与鲁庄公 …… 92
五、文姜行为之渊源 …… 98
第五节 帛书《齐桓公与蔡夫人乘舟章》的文献价值 …… 99
一、帛书与传世文献的比勘 …… 100

二、帛书对于史实的证明 …… 102
三、侵蔡和伐楚的关系 …… 104
第六节 《管子·大匡》的材料来源 …… 107
一、马王堆帛书《春秋事语》对于《管子·大匡》的证明 …… 107
二、上博简对于《管子》的证明 …… 113
三、《管子》成书之考察 …… 114

第三章 上博简与《管子》研究（上） …… 116

第一节 《鲍叔牙与隰朋之谏》发生时间考 …… 117
一、简文中日食发生时间 …… 117
二、竖刁和易牙的地位及影响 …… 118
三、鲍叔牙和隰朋的作用 …… 120
第二节 齐桓公的改革 …… 123
一、齐桓公早年的改革 …… 123
二、齐桓公对治国的认识 …… 129
三、齐桓公晚年的改革 …… 131
四、齐桓公时期的治国理念和方针 …… 134
五、小 结 …… 136
第三节 齐桓公个人修养的问题 …… 138
一、桓公在修养方面的问题 …… 139
二、管仲对桓公修养问题的看法 …… 146
三、桓公修养问题之启示 …… 147
第四节 齐桓公所患疾病考及其他 …… 149

第四章 上博简与《管子》研究（下） …… 154

第一节 鲍叔牙事迹考 …… 155
一、早年与管仲的交往 …… 155
二、为小白傅时期 …… 156
三、为桓公臣时期 …… 157
四、鲍叔牙的个性特征 …… 161
第二节 隰朋事迹考 …… 162
一、隰朋之才能 …… 163

二、隰朋之德行 …………………………………………… 164
三、隰朋之作用和影响 ………………………………… 165
第三节　竖刁、易牙考 ………………………………… 167
一、竖　刁 ………………………………………………… 168
二、易　牙 ………………………………………………… 170
第四节　曹刿劫持了齐桓公吗 ……………………… 172

第五章　清华简与《管子》研究 …………………… 178

第一节　清华简《系年》与《管子》研究 ……… 178
一、卫文公生平之考察 ………………………………… 180
二、卫公子开方之考察 ………………………………… 184
三、文公与开方不是一人 ……………………………… 188
第二节　清华简《良臣》与齐桓公之良臣 ……… 191
一、齐桓公之主要卿大夫 ……………………………… 193
二、齐桓公之良臣 ……………………………………… 195
第三节　宾胥无考 ……………………………………… 196
一、宾胥无的功绩 ……………………………………… 197
二、宾胥无的职责 ……………………………………… 198
三、宾胥无的为人 ……………………………………… 200

结　语 …………………………………………………… 203

主要参考文献 …………………………………………… 208

索　引 …………………………………………………… 216

后　记 …………………………………………………… 219

Contents

Introduction Bamboo Slips and Silk Manuscripts and *Guanzi* ············ 1

1 Research Status of *Guanzi* Nowadays ············ 1

2 Relationship between Bamboo Slips and Silk Manuscripts and *Guanzi* ············ 2

3 Plans and Thoughts ············ 5

4 Studying Method and the Value ············ 7

Chapter I Research on Bamboo Books from Han Tomb in Yinqueshan and *Guanzi* ············ 8

Section I Bamboo Books *Wangbing* and *Guanzi* ············ 10

1 How Bamboo Books Corrects *Guanzi* ············ 10

2 How *Guanzi* Corrects Bamboo Books ············ 15

3 Connections between *Wangbing* and *Guanzi* ············ 16

4 *Guanzi* Might Be Completed during Spring and Autumn Period ······ 23

Section II Bamboo Books *Shifa* and *Guanzi* ············ 25

1 Character of Shi ············ 25

2 Functions of Shi ············ 27

3 Officials' Duty and the Dimensions of Shi ············ 30

4 Tax Revenue Standard and Shops' Arrangement ············ 31

5 Types of Officials ············ 33

Section III Bamboo Books *Lifa* and *Guanzi* ············ 35

1 Li in Bamboo Books ············ 35

2 Li in *Guanzi* ············ 36

Section IV Bamboo Books *Wangfa* and *Guanzi* …… 39
1 Simple Living …… 40
2 Focusing on Agriculture …… 42
3 Punishments …… 43
4 Land and People …… 45
5 State Governments …… 46
6 Ways to Overlord …… 46
7 Names of People …… 49
Section V Bamboo Books *Tianfa* and *Guanzi* …… 51
1 Cities and Governments …… 51
2 Lands, Duty and Agriculture …… 53
3 Taxes and Income …… 54
4 Countryside Government …… 56
5 Rich People …… 58
6 Wealth and Ends of Years …… 60
7 Rules of Changing Lands …… 61

Chapter II Research on Silk Books from Han Tomb in Mawangdui and *Guanzi* …… 67

Section I *Duke Huan of Lu and Wenjiang Meeting Duck Xiang of Qi at Luo* and *Guanzi* …… 68
1 How *Guanzi* Corrects the Silk Books Characters …… 68
2 How the Silk Books Corrects *Guanzi*'s Characters …… 70
Section II Other Characters in the Silk Books …… 73
Section III Study on Duke Xiang of Qi …… 76
1 About Duke Xiang of Qi …… 77
2 Duke Xiang of Qi and Wenjiang …… 81
3 Historical Influences …… 83
Section IV Study on Wenjiang …… 84
1 Wenjiang and Duke Xi of Qi …… 85
2 Wenjiang and Duke Huan of Lu …… 86
3 Wenjiang and Duke Xiang of Qi …… 90
4 Wenjiang and Duke Zhuang of Lu …… 92

5 Reasons of Behaviors of Wenjiang …… 98
Section V Value of *Duke Huan of Qi and Mrs Cai on the Boat* …… 99
1 Silk Books and Manuscripts …… 100
2 Silk Books' Proof on History …… 102
3 Connections between Invasion Cai State and Chu State …… 104
Section VI the Source of *Guanzi Dakuang* …… 107
1 The Silk Books Proves *Guanzi Dakuang* …… 107
2 Bamboo Slips in Shanghai Museum Proves *Guanzi* …… 113
3 How *Guanzi* Became a Book …… 114

Chapter III Research on *Bamboo Slips of Chu State in Warring States Collected by Shanghai Museum* and *Guanzi* (Part One) …… 116

Section I Time of *Baoshuya and Xipengs' Suggestion* …… 117
1 Time of the Solar Eclipse …… 117
2 Shudiao's and Yiya's Influence …… 118
3 Baoshuya's and Xipeng's Influence …… 120
Section II the Reform of Duke Huan of Qi …… 123
1 Reform in Early Years …… 123
2 View of the Government …… 129
3 Reform in Later Years …… 131
4 Government's Ideas and Policy …… 134
5 Conclusion …… 136
Section III Cultivation of Duke Huan of Qi …… 138
1 Cultivation Problem of Duke Huan …… 139
2 Guanzhong's View on Duke Huan's Cultivation …… 146
3 Inspirations from Duke Huan …… 147
Section IV Illness of Duke Huan of Qi …… 149

Chapter IV Research on *Bamboo Slips of Chu State in Warring States Collected by Shanghai Museum* and *Guanzi* (Part Two) …… 154

Section I Study on Baoshuya …… 155
1 Relationship with Guanzhong in Early Years …… 155
2 Teacher of Xiaobai …… 156

3 Minister of Duke Huan of Qi …… 157
4 Characters …… 161
Section II Study on Xipeng …… 162
1 Ability …… 163
2 Morality …… 164
3 Influences …… 165
Section III Study on Shudiao and Yiya …… 167
1 Shudiao …… 168
2 Yiya …… 170
Section IV Whether Caogui Kidnapped Duke Huan of Qi …… 172

Chapter V Research on *Bamboo Books in Warring States collected by Tsinghua University* and *Guanzi* …… 178

Section I *Xinian* and *Guanzi* …… 178
1 Study on Duke Wen of Wei …… 180
2 Study on Kaifang …… 184
3 Duke Wen of Wei and Kaifang Weren't Identical …… 188
Section II *Liangchen* and Qi's Nice Ministers …… 191
1 Duke Huan of Qi and His Main Ministers …… 193
2 Duke Huan of Qi and His Nice Ministers …… 195
Section III Study on Binxuwu …… 196
1 Achievements …… 197
2 Duties …… 198
3 Characters …… 200

Conclusion …… 203

Reference …… 208

Index …… 216

Postscript …… 219

绪论　简帛文献与《管子》研究总论

简帛文献作为新发现的材料，对于现今的学术研究具有重要作用。因为简帛文献是传抄本，使我们看到了未经后世改动的古籍原貌。其中许多是佚书，这能够补充传世文献之不足；简帛文献可与传世文献比对校勘，因为存在较大的差异，可以此考察古籍的形成与发展，具有重要的参考价值。

一、《管子》研究现状

先秦诸子百家的学术成就很高，子学在中华文化的传承中具有重要价值。吕思勉认为，《管子》体大思精，齐桓公霸国之遗烈，因之而可考，“真先秦诸子中之瑰宝也”①。《管子》作为子学的主要典籍，西汉武帝之后，没有得到应有的关注。直至唐代学者尹知章对《管子》做出注解，清代的小学家对《管子》才有较详细的考证②。

清朝覆亡前后至民国年间，多数研究者采用的方法与清代乾嘉学派的研究方法大略相同，多是对《管子》文本文字的考订，又有学者以周秦彝器考订《管子》的篇章。20 世纪 50 年代之后的《管子》研究，主

① 吕思勉：《先秦学术概论》，东方出版中心 1985 年版，第 47 页。吕思勉将我国学术大略分为七个时期，其中先秦之世是诸子百家之学时期，参见吕思勉：《先秦学术概论》，东方出版中心 1985 年版，第 3 页。

② 《管子注》或以为是房玄龄作，或以为尹知章作，历代都有争议。《新唐书》《宋史》题尹知章注，乾嘉以后的学者如王念孙、俞樾、戴望、刘师培、章炳麟、于省吾、郭沫若、张舜徽亦以为是尹注。各种刻本的《管子》则题房玄龄注。黎翔凤《管子校注》云尹知章、房玄龄并作注，认为《管子》今注为房玄龄所作，尹《注》已失传。通过考证尹知章、房玄龄相关资料，笔者认为《管子注》当是尹知章所作。参见郭丽：《房玄龄还是尹知章注释了〈管子〉》，《西南交通大学学报》2006 年第 3 期。

要成果有郭沫若的《管子集校》①。自20世纪80年代以来，《管子》研究者甚多，包括政治、经济、管理、城市建筑、科技思想诸方面的研究②。

现今海外的《管子》研究，美国侧重《管子》的理论研究，俄罗斯的研究以翻译《管子》的有关经济篇章为主。日本《管子》研究涉及内容较多，金谷治的《〈管子〉研究》就《管子》与管仲的关系、《管子》的诸多思想内涵及《管子》在思想史上的地位做了全面探讨，谷中信一的《日本—中国：〈管子〉研究论文、文献总目录索引》，搜集中日研究《管子》版本、研究论文和专著目录，是一部高水平的专著。远藤哲夫《管子》日文全译本，含题解、中文原文、日文译文、校勘、通释、注解、分析七部分，吸收了中日两国对《管子》的研究成果。

当今学者对于《管子》的研究重点，主要是义理方面的研究，在简帛文献学研究方面，还存在很大空间。学术界出现多部《管子》研究专著，研究者往往根据今本《管子》内容作出考察，而与《管子》相关的简帛文献很少进入研究视野。其主要原因有二，一是《管子》基本文献的清点和整理比较薄弱；二是对于简帛文献与《管子》相关内容的研究关注不足。所以，需要一部揭示简帛文献与《管子》相结合的研究著作，以丰富现有的简帛文献研究及《管子》研究。

二、简帛文献的发现与《管子》研究之关系

简帛类出土书籍的发现，不仅仅出于20世纪的墓葬和遗址。根据传世文献，从西汉时期，此类书籍就有发现。其中最有名者，当属孔子壁中书。《汉书·艺文志》记载："武帝末，鲁共王坏孔子宅，欲以广其宫，而得《古文尚书》及《礼记》《论语》《孝经》凡数十篇，皆古字也。共王往入其宅，闻鼓琴瑟钟磬之音，于是惧，乃止不坏。"③ 西晋太康年间（280—289年），发现大批竹书，《晋书·束皙传》记载："太康二年

① 郭沫若：《郭沫若全集·历史编》，人民出版社1984年版。

② 在郭丽专著《〈管子〉文献学研究》的《绪论》部分，对《管子》的研究状况进行了详细的综述，可参看郭丽：《〈管子〉文献学研究》，中国海洋大学出版社2007年版，第1～19页。

③ 班固：《汉书》，中华书局1962年版，第1706页。

(281年)，汲郡人不准盗发魏襄王墓，或言安厘王冢，得竹书十车。"[①]其中包括《竹书纪年》《穆天子传》这些传世文献不见的书籍，具有较高的文献价值和历史价值。清末民初是出土文献大发现时期，殷墟甲骨文的发现、敦煌塞上及西域各处之汉晋木简、敦煌千佛洞之六朝及唐人写本书卷，内阁大库之元明以来书籍档册，对于学术研究产生了重大的影响，故王国维在《最近二三十年中中国新发现之学问》中有"新学问"和"新发现"之说。20世纪70年代之后，出土文献的发掘整理取得了令人瞩目的成绩，包括1972年的银雀山汉简，1973年的长沙马王堆帛书，1974年的居延汉简，1975年的云梦睡虎地秦简，1977年的阜阳双古堆汉简，1978年的随州擂鼓墩战国曾（随国）简和江陵天星观战国楚简，1983年的江陵张家山汉简，1987年的荆门包山楚简，1992年的敦煌悬泉汉简，1993年的荆门郭店楚简，1994年上海博物馆收藏的战国楚简，1996年长沙走马楼三国吴简，2002年的龙山里耶秦简，2008年清华大学收藏的清华简，都是重要的文献。

上述新发现的简帛，其释文多已发表，相关的研究成果也颇为丰富，观骈宇骞、段书安的《二十世纪出土简帛综述》可知[②]。在研究简帛文献的学者中，陈梦家的《汉简缀述》[③]，陈直的《居延汉简研究》[④]，李学勤的《简帛佚籍与学术史》《中国古代文明研究》《重写学术史》《失落的文明》《东周与秦代文明》《古文献丛论》《李学勤学术文化随笔》《中国古代文明十讲》[⑤]，裘锡圭的《古代文史研究新探》《裘锡圭自选集》[⑥]，李零的《简帛古书与学术源流》《中国方术考》《郭店楚简校读记》《长

① 房玄龄：《晋书》，中华书局1974年版，第1432页。

② 骈宇骞、段书安：《二十世纪出土简帛综述》，文物出版社2006年版。此书收集材料截止时间是2002年。

③ 陈梦家：《汉简缀述》，中华书局1980年版。

④ 陈直：《居延汉简研究》，中华书局2009年版。

⑤ 李学勤：《简帛佚籍与学术史》，江西教育出版社2001年版；《中国古代文明研究》，华东师范大学出版社2005年版；《重写学术史》，河北人民出版社2002年版；《失落的文明》，上海文艺出版社1997年版；《东周与秦代文明》，文物出版社1984年版；《古文献丛论》，上海远东出版社1996年版；《李学勤学术文化随笔》，中国青年出版社1996年版；《中国古代文明十讲》，复旦大学出版社2005年版。

⑥ 裘锡圭：《古代文史研究新探》，江苏古籍出版社1992年版；《裘锡圭自选集》，大象出版社1999年版。

沙子弹库战国楚帛书研究》[1]，邢文的《帛书〈周易〉研究》[2]，骈宇骞的《银雀山汉墓竹简〈晏子春秋〉校释》[3]，贾海生的《周代礼乐文明实证》[4] 诸书，都具有重要价值。清华大学、复旦大学、武汉大学的简帛文献研究，很具有启示性。现今海外的简帛研究也呈现出蔚为大观的态势，美国达慕思大学的艾兰教授就是这方面的代表。[5]

由研究银雀山汉简《王兵》开始，笔者开始关注新出土简帛文献中与《管子》相关的材料，发现其中许多内容与《管子》具有密切关系。如银雀山汉简《〈守法〉〈守令〉等十三篇》中，许多法令制度包括《市法》《田法》《李法》中记载的制度与《管子》一脉相承；马王堆汉墓帛书《春秋事语》之《齐桓公与蔡夫人乘舟章》《鲁桓公与文姜会齐侯于乐章》，与《管子》之《大匡》《中匡》《小匡》内容密切相关，这是研究《管子》的宝贵资料；上博简《鲍叔牙与隰朋之谏》则是研究《管子》的重要补充；清华简《系年》《良臣》与《管子》也有关系。根据李零《简帛古书与学术源流》，石板村楚简中尚有《管子》佚文[6]。这些与《管子》相关的简帛文献，对于研究《管子》具有重要价值。

《管子》成书颇为复杂，其著者问题和成书时间多有论争[7]。银雀山汉墓竹简《〈守法〉〈守令〉等十三篇》中涉及经济政策与措施，内容与《管子》密切相关。李学勤于 1992 年发表的《〈管子·轻重篇〉的年代与思想》，依据近年山东出土的文献资料，考订《轻重》诸篇为战国末世

---

① 李零:《简帛古书与学术源流》，三联书店 2004 年版；《中国方术考》（修订本），东方出版社 2001 年版；《郭店楚简校读记》，北京大学出版社 2002 年版；《长沙子弹库战国楚帛书研究》，中华书局 1985 年版。

② 邢文:《帛书〈周易〉研究》，人民出版社 1997 年版。

③ 骈宇骞:《银雀山汉墓竹简〈晏子春秋〉校释》，书目文献出版社 1988 年版。

④ 贾海生:《周代礼乐文明实证》，中华书局 2010 年版。

⑤ 达慕思大学的艾兰教授与韩伯禄教授于 1998 年在达慕思主持召开了“郭店《老子》学术讨论会”，之后于 2000 年与北京大学和中国社会科学院历史所联合召开了“新出简帛国际学术研讨会”，2010 年召开了关于清华简《保训》的研讨会。2013 年与清华大学联合召开了《清华大学藏战国竹简》（叁）的研讨会，主要讨论了《系年》（1～4 章），《说命》和《周公之琴舞》。达慕思大学（Dartmouth College），又译作达特茅斯学院、达特默思学院，美国常春藤学校之一。

⑥ 李零:《简帛古书与学术源流》，三联书店 2004 年版，第 329 页。李零参考了张春龙《慈利楚简概述（摘要）》，北京大学古代文明研究中心编《古代文明研究通讯》总第 6 期，2000 年 9 月。

⑦ 对于《管子》成书年代和著者的考察，研究者很多，主要包括关锋、林聿时、顾颉刚、余敦康、张岱年、吕思勉、罗根泽、马非百、胡家聪等，参见郭丽:《〈管子〉文献学研究》之《绪论》部分，第 15～18 页。

《管子》一系学者的著作[1]。这些与《管子》有关的简帛文献，可以帮助断定《管子》成书年代，更好地理解《管子》原文及其与秦汉典籍的关系，对于《管子》的思想史、哲学史及文献学的研究具有重要价值。

三、主要研究思路

本论著主要将20世纪70年代之后出土的简帛文献与《管子》结合起来进行研究，以考察简帛文献与《管子》相关之内容，包括人物、制度、历史事件，进而探索齐国思想、政治、经济、文化。因先秦典籍不多，故需钩沉相关先秦两汉文献，亦需参考历代《管子》的研究成果，以对《管子》进行多方考证。[2]

研究过程中，出土文献以简帛文献为主，兼及青铜器瓦当和其他考古文献；传世文献以《管子》为主，兼及先秦两汉典籍，包括《周礼》《左传》《国语》《战国策》《老子》《吕氏春秋》《韩诗外传》《淮南子》《史记》《说苑》《新序》。研究者的典籍主要包括《十三经注疏》，杨伯峻《〈春秋左传〉注》，与《管子》相关的研究主要包括王念孙《读〈管子〉杂志》、宋翔凤《过庭录》、张文虎《舒艺室随笔》、俞樾《〈管子〉平议》、张佩纶《管子学》、孙诒让《札迻》、于省吾《双剑誃〈管子〉新证》诸书，上述及其他诸家的研究在郭沫若《〈管子〉集校》中有集中体现。黎翔凤《〈管子〉校注》则在郭沫若研究的基础上，以南宋浙江刻本《管子》为底本，参以明刻刘绩《〈管子〉补注》本，对《管子》标点，注释多有新见，对于现今的《管子》研究贡献很大。本论著乃是在笔者博士学位论文《〈管子〉文献学研究》和博士后研究报告《〈管子〉范畴研究》的基础上，将《管子》和新出土简帛文献对比进行研究，研究范围超过《管子》本身，涉及《管子》历史、人物、制度及对后世的影响等方面内容。

---

① 李学勤：《〈管子·轻重〉篇的年代与思想》，陈鼓应主编《道家文化研究》第二辑，上海古籍出版社1992年版，第335页。

② 本论著以简帛文献与《管子》研究为主要内容，以出土文献为线索，找到与《管子》相关的结合点，对《管子》的人物、制度、历史事件、政治法律思想和齐桓公的治国方略进行研究。为更深入进行研究，本论著亦考察了简帛文献中与《管子》相关的其他文献，以加深对《管子》及简帛文献的研究。

银雀山汉墓竹简《〈守法〉〈守令〉等十三篇》是战国时期写成的齐国文献，其中《王兵》全部出自《管子》，只是篇章顺序有所不同，应是战国时期的学者根据《管子》的相关内容，参以己意，整理而成。《市法》则是战国时期齐国“市”的规范；《王法》是国家法律规范，涉及王霸之道；《田法》涉及土地、税收、换田之制等多方面的制度。将《管子》与银雀山汉墓竹简《〈守法〉〈守令〉等十三篇》比较，可以考察战国时期齐国法律与《管子》之异同，考察战国时期齐国的法律制度及其与春秋时期齐国法律制度的关系。马王堆汉墓帛书《春秋事语》之《鲁桓公与文姜会齐侯于乐章》与《管子》之《大匡》《中匡》《小匡》有密切关系，可全面考察齐襄公的生平事迹，考察文姜与齐僖公、鲁桓公、齐襄公、鲁庄公的关系及文姜行为的历史渊源。《齐桓公与蔡夫人乘舟章》可证明齐桓公攻打蔡国实有其事。《春秋事语》还可以证明《管子·大匡》的材料来源，对于考察《管子》的成书具有重要作用。上海博物馆藏战国楚竹书《鲍叔牙与隰朋之谏》记载齐桓公后期，竖刁、易牙在国家管理方面存在重大隐患，卿大夫鲍叔牙与隰朋借助日食劝谏齐桓公，齐桓公接受鲍叔牙、隰朋之谏，对齐国政治进行改革。此次改革与齐桓公、管仲早期改革有不同，证明桓公终其一生用心于国家管理。上博简（四）中的《曹沫之阵》，是曹沫与鲁庄公对政治军事进行探讨的简文。曹沫与《左传》《管子》中的曹刿是一人。根据上博简《曹沫之阵》和《管子》对曹刿的记载，结合其他传世文献，对柯之盟中曹刿的实际作用进行钩沉考察。清华大学藏战国竹简《系年》涉及齐襄公的功业，卫文公、卫公子启方的事迹，可与《管子》对照研究。《系年》记载的启方事迹与传世文献记载内容有不同，为研究启方提供了新材料。清华简《良臣》记载了历代的贤良之臣，包括齐桓公时期的卿大夫管仲、隰朋、宾胥无。齐桓公时期有五位卿大夫对齐桓公的霸业贡献很大，《良臣》记载其中三位良臣①，笔者对简文《良臣》的选择标准进行了探讨，对简文涉及的宾胥无生平进行研究。

将银雀山汉墓竹简、马王堆汉墓帛书、上海博物馆藏战国楚竹书、清华大学藏战国竹简中与《管子》相关的内容进行探讨，一方面加深对

① 这五位卿大夫是：管仲、鲍叔牙、隰朋、宾胥无、宁戚。清华简《良臣》中没有记载鲍叔牙、宁戚。

《管子》的研究，另一方面对出土的简帛文献的整理和文字释读也有重要帮助。

四、主要研究方法及研究价值

本论著的《管子》底本，以南宋浙江刻本为主，标点主要参照黎翔凤《管子校注》，在前人研究的基础之上，将与《管子》相关的简帛文献，按照出土年代，分别作出研究。银雀山汉简《〈守法〉〈守令〉等十三篇》中，《王兵》《市法》《李法》《王法》《田法》中许多内容与《管子》相关，二者对比研究，探讨齐国的刑法制度、土地制度、市场法律制度、国家法令法规的沿袭与变化，特别对齐桓公时期的制度到战国时期制度的演变做出探析。马王堆汉墓帛书《春秋事语》与《管子》相关的材料则能够帮助考察齐桓公时期的诸多历史事件，对于《管子·大匡》的成书时间做出判断。上博简《鲍叔牙与隰朋之谏》能够使研究者对齐桓公及同时期的卿大夫作出全方位的研究。清华简《系年》《良臣》则可对齐襄公、卫文公、卫公子开方作出全面考订，对《良臣》的思路作出蠡测。本书以承认《管子》在先秦已经存在为研究起点，采用目录学、版本学、文字学、历史学等多种研究方法，将简帛文献与《管子》相结合，以考察《管子》及先秦历史，特别是齐国的制度与人事，加深现有的《管子》和先秦历史文献研究。

本书作为《管子》研究的基础工作，有利于学术界对《管子》的全面研究和对齐国历史的系统整理，进而客观公正地认识《管子》所具有的文献学价值和学术史价值，为研究《管子》政治经济史、文化史提供重要的材料和独特视角。

第一章　银雀山汉简与《管子》研究

1972年，山东临沂银雀山发现两座汉墓，内有竹简近五千枚。一号墓出土竹简大部分是兵书，包括《孙子兵法》《孙膑兵法》《尉缭子》《晏子》《六韬》以及《〈守法〉〈守令〉等十三篇》，此外还有阴阳及风角、灾异、杂占四种；其墓上限为建元元年（前140年），下限年代不会晚于元狩五年（前118年）。二号墓出土《汉武帝元光元年历谱》，其上限为元光元年（前134年），下限年代与一号墓同①。根据一号二号墓随葬器物的形制、纹饰、风格等特点和墓坑形制，及墓葬的“三铢钱”“半两钱”及汉武帝《元光元年历谱》推断，两座墓葬当在西汉武帝时期，一号墓葬主人或其家族当是长年历任司马军职的军官②。墓葬中所出竹书的字体属于早期隶书，整理小组估计是文、景至武帝初期这段时间内抄写而成的。西汉时期避讳不严，后人无法根据当时的避讳对竹简的抄写年代作进一步的推断。③ 一号墓所出竹书，一部分是现在还有传本的古书，大部分是佚书。④

银雀山汉墓竹简的发现，对古籍整理研究影响甚大，解决了学术界争论不休的一些问题，如《孙子兵法》《孙膑兵法》《尉缭子》及《晏子》的真伪问题得以确定。一时间研究论著颇多，主要集中于《孙子兵法》《孙膑兵法》《尉缭子》的校理和考释，及对上述文章著作时代的考查和

---

① 《山东临沂西汉墓发现〈孙子兵法〉和〈孙膑兵法〉等竹简的简报》，《文物》1974年第2期，第15～20页。

② 银雀山汉墓整理小组：《银雀山汉墓竹简》（壹），文物出版社1985年版；吴九龙：《银雀山汉简释文·绪论》，文物出版社1985年版，第7页。

③ 银雀山汉墓整理小组：《银雀山汉墓竹简》（壹）之《银雀山汉墓竹简情况简介》，文物出版社1985年版，第5页。

④ 银雀山汉墓整理小组：《银雀山汉墓竹简》（壹）之《银雀山汉墓竹简情况简介》，文物出版社1985年版，第6页。

论争[①]。随着研究的深入，汉简中《〈守法〉〈守令〉等十三篇》纳入学者研究视野，研究者多从《十三篇》中考查汉简中反映的土地制度、粮食产量、法律制度[②]，亦有从词语角度进行研究者[③]。

《〈守法〉〈守令〉等十三篇》是以篇题木牍为线索整理出来的，木牍共列以下十三个篇题：《守法》《要言》《库法》《王兵》《市法》《守令》《李法》《王法》《委法》《田法》《兵令》《上篇》《下篇》。整理小组根据各篇篇题的含义分别理出与之相应的简文。十三篇中已整理出来的各篇，其简册的形制均为两道编绳，上下不留天地头，字体都是书写比较草率的斜体字。这些形式上的特点是整理小组整理这部分简文的重要依据[④]。

在这些简文中，《王兵》因为与《管子》的语言内容最为接近，故主要将《王兵》与《管子》相关篇章做出比较，以考查《管子》中相关篇章内容与《王兵》之关系。十三篇中，《市法》是关于市的法律规范，其内容与《管子》能够互相补充，在许多细节的规章制度方面，能够弥补《管子》之不足。《李法》规定了李官的职责权限、李官对于法律的执行要求及制度，是齐国典籍内容的重要补充。其余《王法》《田法》亦与《管子》的许多内容相关，我们在下文中分别做出比较论证。要之，在十三篇中，根据其内容，主要考查《王兵》《市法》《李法》《王法》《田法》五篇与《管子》关系较为密切的简文。通过简文与《管子》的对比研究，可以考查简文的特点，便于理解简文。简文亦能够与《管子》互相补充论证，二者对比研究，能够加深对于先秦史，特别是齐国历史的研究。

---

① 遵信：《〈孙子兵法〉的作者及其时代——谈谈临沂一号汉墓〈孙子兵法〉竹简的出土》，《文物》1974 年第 12 期。杨伯峻：《孙膑和〈孙膑兵法〉杂考》，《文物》1975 年第 3 期。银雀山汉墓整理小组：《银雀山简本〈尉缭子〉释文》，《文物》1977 年第 2 期、第 3 期。李零：《关于银雀山简本〈孙子〉研究的商榷——〈孙子〉著作时代和作者的重议》，《文史》1979 年第 7 辑。

② 主要有杨作龙：《银雀山竹书〈田法〉刍议》，《洛阳师专学报》1987 年第 1 期。刘海年：《战国齐国史料的重要发现——读银雀山汉简〈守法守令等十三篇〉》，《法学研究》1987 年第 2 期。杨兆荣：《银雀山竹书〈田法〉同于李悝田法——与田昌五先生商榷》，《思想战线》1996 第 3 期。李根蟠：《从银雀山竹书〈田法〉看战国亩产和生产率》，《中国史研究》1999 第 4 期。

③ 徐凌等：《银雀山汉简〈守法守令等十三篇〉词语杂札》，《和田师范专科学校学报》2005 年第 2 期。

④ 银雀山汉墓整理小组：《银雀山汉墓竹简》（壹）之《编辑说明》，文物出版社 1985 年版，第 10 页。

第一节　简文《王兵》与《管子》互证

《银雀山汉墓竹简》（壹）中有两篇文章，专门研究《王兵》①。其一为《附录：〈王兵〉篇与〈管子〉相关各篇对照表》，将《王兵》与《管子》相关的各篇以列表的形式排比；另有一篇《后记》，主要论证《王兵》早于《管子》②。《〈守法〉〈守令〉等十三篇》中，与《管子》有关的竹简24枚，其内容分别见于《管子》之《参患》《七法》《兵法》《地图》等篇。银雀山汉墓整理小组根据文义，并参照上述《管子》各篇文字，联为一篇。小组根据“本篇之简式、字体，与《守法》《库法》《市法》等属于同一类型；篇末又有‘王者之兵三具’一段文字”③，认为当是见于标题木牍之《王兵》篇，而定名为《王兵》。此外，《幼官》《轻重甲》亦有相关的语句。如果说马王堆汉墓出土的帛书《黄帝四经》更多是在思想、语言上具有相似性、相通性，银雀山汉简的《王兵》则与《管子》有更多的相同之处，这为我们研究《管子》原文及其成书时间和篇章的传播过程提供依据。汉简由于年代久远，许多文字或付之阙如，或漫漶不清，《管子》之善本为推定这些文字提供帮助。由此看来，出土之文献与传世之文献同样重要，二者的互证则使《管子》原貌的考证结果更为可信。

一、银雀山汉简可订正通行本《管子》之讹误

《管子》主要的善本为南宋绍兴年间（1131—1162年）浙江重刻北宋杨忱本；明万历七年（1579年）朱东光刊行的《中都四子》本为另一版

① 此节主要内容在期刊上有发表，为符合本书章节形式，特改为现在的标题。亦可参看郭丽：《银雀山汉简〈王兵〉与〈管子〉相关篇章的关系及其他——对〈银雀山汉墓竹简〉（壹）中〈王兵〉的探讨》，《兰州大学学报》，2006年第6期。

② 银雀山汉墓整理小组：《银雀山竹书〈守法〉〈守令〉等十三篇》，《文物》1985第4期，第27～38页。

③ 银雀山汉墓整理小组：《银雀山汉墓竹简》（壹），文物出版社1985年版，第136页。

本系统。我们以浙刻本为例[①]，与汉简作比较，《中都四子》本有不同者[②]，亦标出，并作考查；乾嘉之后的学者王念孙、孙星衍、丁士涵、张文虎诸人对《管子》原文作了一些推定，简文一并可作检验。以下是汉简订正通行本讹误的例子：

1. 立少而观多，则天下怀之矣（《七法》）

俞樾曰：“尹《注》曰‘或曰观当为劝’，然《大戴记·四代篇》曰‘臣愿君之立知而以观闻也’，亦以‘立’与‘观’对，则‘观’字不误。”[③] 许维遹曰：“‘观’‘劝’声类同，古字通用，《尚书》‘劝’字多作‘观’。”[④] 今按：银雀山汉墓整理小组注曰（以下称简文注）“‘观’似当从简文读作‘权’”，以汉简作“权”为是。俞樾、许维遹的判断有偏差。

2. 故聚天下之精财，论百工之锐器（《七法》）

孙星衍：“‘财’当依下文作‘材’。”[⑤] 王念孙：“‘财’当为‘材’。《幼官篇》‘求天下之精材，论百工之锐器’，尹《注》云‘精材可以为军之器用者’是也。今本‘材’作‘财’者，涉上文‘聚财’而误。”[⑥] 今按：作“材”是，汉简亦作“材”，孙、王之说是。

3. 莫当其前，莫害其后（《七法》）

丁士涵曰：“‘害’当作‘圉’。下文‘禁圉’即承此二句言之。‘圉’，古‘御’字。《幼官篇》‘莫之能圉’，赵本亦讹作‘害’。”[⑦] 今按：汉简此句作“莫当其前，莫害其后”，与《管子》原文同，原文当作“害”，丁说非是。

4. 不明于敌人之情，不可约也（《七法》）

今按：《通典·兵录》三作“不明敌人之积，不能约也”，《太平御览》卷第三百二十二所引同。无“于”字，“情”作“积”，“可”作

---

① 例句以《四部丛刊》影印南宋绍兴年间（1131—1162 年）浙江重刻北宋杨忱《序》本为准。

② 《中都四子》本，以《丛书集成续编》影印明万历七年（1579 年）《中都四子集》为准。

③ 俞樾：《诸子平议》卷一，清光绪刻本，第 15 页。

④ 郭沫若：《管子集校》（一），《郭沫若全集》历史编第五卷，人民出版社 1984 年版，第 168 页。

⑤ 孙星衍研究《管子》的成果收在洪颐煊《管子义证》中，下引孙氏、洪氏文句以清刻《管子义证》为准。

⑥ 王念孙：《读书杂志》，清嘉庆刻本，志五之一，第 15 页。下引王念孙、王引之说均出自此书。

⑦ 戴望：《管子校正》，丛书集成续编本，第 76 册，第 753 页下。丁士涵和陈奂的《管子》研究成果，收在戴望《管子校正》中，以下丁氏、陈氏、戴氏引文均出自《管子校正》。

“能”，与简文比较接近。简文作“不知其蓄积不能约”，简文注曰“今本《管子》‘情’字疑为‘积’字之误”。

5. 故事无备，兵无主，则不蚤知（《七法》）

猪饲彦博曰：“下《兵法》有‘敌’字是。”① 丁士涵：“‘知’下当脱‘敌’字。下文‘故蚤知敌’句，即承此文言之。《兵法篇》‘兵无主则不蚤知敌’句，亦有‘敌’字。”② 许维遹曰：“据《注》所云‘既无备无主，故敌来攻不能先知之’，则正文本有‘敌’字明矣。”③ 今按：简文作“……无将，不蚤知”，则“知”下无“敌”字明矣。以上猪饲彦博、丁士涵、许维遹的判断均非，《管子》原文是。

6. 官无常（《七法》）

丁士涵曰：“‘常’读为长。《幼官篇》‘立常备能’，即立长也。《权修篇》云‘百姓殷众，官不可以无长’。”④ 今按：汉简作“长”，证明丁说是。

7. 朝无政，则赏罚不明；赏罚不明，则民幸生（《七法》）

猪饲彦博曰：“以上文推之，此五字（今按：指‘则赏罚不明’）宜衍。”⑤ 今按：简文作“朝廷无正，民幸生”，无“则赏罚不明，赏罚不明”，猪饲之说有理。又《兵法》作“则朝无定，赏罚不明则民轻其产”，简文注曰“《选阵》之‘政’、《兵法》之‘定’（定字从宀正声），皆当从简文读为正长之‘正’”，是。

8. 故蚤知敌人如独行（《七法》）

丁士涵曰：“当作‘蚤知敌则独行’，与下文一例。今本涉《注》文而衍‘人’字，又误‘则’作‘如’。《兵法篇》‘故曰蚤知敌则独行’，是其证。”⑥ 今按：篇内下文作“有蓄积则久而不匮，器械功则伐而不费，赏罚明则人不幸，人不幸则勇士劝之”。汉简作“先见适（敌）【□】蜀（独）行”。由下句简文“有积委，久而不蕢（匮）”来看，所空字当是

---

① 郭沫若：《管子集校》（一），《郭沫若全集》历史编第五卷，人民出版社 1984 年版，第 171 页。猪饲彦博研究《管子》的成果，引自郭沫若《管子集校》。
② 戴望：《管子校正》，丛书集成续编本，第 76 册，第 754 页上。
③ 郭沫若：《管子集校》（一），《郭沫若全集》历史编第五卷，人民出版社 1984 年版，第 171 页。
④ 同注②。
⑤ 郭沫若：《管子集校》（一），《郭沫若全集》历史编第五卷，人民出版社 1984 年版，第 172 页。
⑥ 同注②。

连贯词，原文当无“人”字，丁说是。

9. 赏罚明则人不幸，人不幸则勇士劝之（《七法》）

猪饲彦博曰：“‘不幸’下脱‘生’字。”许维遹曰：“此承上文‘赏罚不明，则民不幸生’而言，疑当作‘赏罚明，则民不幸生，民不幸生，则勇士劝也’。‘民’作‘人’者驳文也，‘幸’下夺‘生’字。‘之’为‘也’误。《兵法篇》‘赏罚明则勇士劝也’，是其证。”① 今按：简文作“赏罚□，民不幸生，则贤臣权尽”。据简文，“幸”下当有“生”字，“人”作“民”。猪饲彦博、许维遹之说是。

10. 故兵也者，审于地啚，谋十官，日量蓄积（《七法》）

何如璋曰：“‘十’乃‘于’之坏。‘官日’二字倒易。当作‘谋于日官’，与上句‘审于地图’对文。谋日官，察天时也。地利天时乃兵事之本，故承上文首言之。”今按：何如璋以“谋十官”为不当，然改正的并不正确。简文作“是故将者，审地形，选材官，量蓄积”。简文注曰：“据简文，《选阵》之‘十官’当为‘才官’之误。‘才’、‘材’二字古通。汉代称步卒为材官。《汉书·晁错传》：‘平地通道则以轻车、材官制之。’但简文之材官似泛指材力之士。”“十”字当从汉简作“材”为是。又上句“审于地啚”简文作“审地形”，无“于”字，与下文“选材官”相对，则《管子》原文有可能作“审地啚，谋材官”。

11. 故有风雨之行，故能不远道里矣（《七法》）

张文虎曰：“‘故’字衍，观下文自明”。今按：此句下文作“有飞鸟之举，故能不险山河矣。有雷电之战，故能独行而无敌矣。有水旱之功，故能攻国救邑。有金城之守，故能定宗庙，育男女矣。有一体之治，故能出号令，明宪法矣”，句法与上句一例。简文亦无“故”字，是。

12. 故攻国救邑，不恃权与之国。故所指必听（《七法》）

王念孙：“‘故攻国救邑’，‘故’字涉上下文而衍。‘不远道里’‘不险山河’‘独行无敌’‘攻国救邑’皆承上文言之，则皆不当有‘故’字。”② 今按：此篇原文作“不远道里，故能威绝域之民。不险山河，故能服恃固之国。独行无敌，故令行而禁止。故攻国救邑，不恃权与之国。故所指必听”。王念孙云“故”为衍文，是也，简文亦无“故”字。

---

① 郭沫若：《管子集校》（一），《郭沫若全集》历史编第五卷，人民出版社 1984 年版，第 172 页。

② 王念孙：《读书杂志》，清嘉庆刻本，志五之一，第 16 页。

13. 器械巧则伐而不费（《兵法》）

丁士涵：“‘巧’为‘功’字误，《七法篇》不误。”[①] 今按：此句《七法》作“器械功则伐而不费”，汉简作“器械备，功伐少费”。简文、《七法》均作“功”，可证此处“巧”当作“功”，丁士涵判断甚是。

14. 举错知先后，不失地利（《地图》）

今按：“错”当是“措”的假借字。《说文通训定声·豫部》“错，叚借为措”，有施行之义。汉简、《通典》均作“措”，是。又四子本无“地”字，当有，简文亦有“地”字。

15. 论功劳，行赏罚，不敢蔽贤，有私行用货财（《地图》）

张佩纶：“‘不敢蔽贤有私行’为句，言当论功行赏，不敢蔽贤能，有私意。原《注》非。”[②] 郭沫若：“当以‘不敢蔽贤有私’为句，‘行用货财’为句。‘行用’犹言动用或移用。”[③] 今按：尹知章于“论功劳。行赏罚，不敢蔽贤”句读，《注》曰“不敢蔽隐贤能”，是也。简文作“论功劳行赏罚不敢隐贤”，亦至“贤”字为句。

16. 今交刃接兵而后利之，则战之自胜者也（《参患》）

丁士涵：“‘胜’当作‘败’。下文‘战之自败’，《七法篇》亦讹作‘胜’，‘战之自败’与‘攻之自拔’同义。”[④] 郭沫若：“‘战之自胜’不误。此谓战胜自己而非战胜敌人，亦犹‘攻之自拔’，其意为攻拔自己而非攻拔敌人也。下文‘计未定而兵出于竟，则战之自败，攻之自毁者也’，《七法篇》文大同小异，而作‘战之自胜’，三占从二，则作‘自败’者，盖后人所改。语可两通，胜敌犹败敌，则自胜亦犹自败，不必改字。”[⑤] 今按：郭沫若之说是。银雀山汉简亦作“胜”。

17. 攻城围邑，主人易子而食之，析骸而爨之（《参患》）

今按：《中都四子》本无“围”字，当有。《兵法篇》有“是故张军而不能战，围邑而不能攻”，当是此句的承接。汉简作“攻城围邑”，亦有“围”字，是。

---

① 戴望：《管子校正》，丛书集成续编本，第76册，第778页上。

② 张佩纶：《管子学》，手稿影印本，卷五。据浙江图书馆古籍部藏书。

③ 郭沫若：《管子集校》（二），《郭沫若全集》历史编第六卷，人民出版社1984年版，第117页。

④ 戴望：《管子校正》，丛书集成续编本，第76册，第802页下。

⑤ 郭沫若：《管子集校》（二），《郭沫若全集》历史编第六卷，人民出版社1984年版，第120页。

18. 故计必先定，而兵出于竟（《参患》）

刘师培：“‘而’下当有‘後’字。《七法篇》作‘然後兵出乎竟’，是其证。《孙子·计篇》张预《注》引作‘计先定于内而後兵出境’，亦有‘後’字。”[①] 今按：刘氏之说是。“后”，通“後”。《说文通训定声·需部》“后，叚借为後”。《马王堆汉墓帛书·道原》“知虚之实，后能大虚”即是。简文作“故计必先定，然后兵可以起”，亦有“后”字。

上18句，王念孙有2处判断，2处是。猪饲彦博3处判断，2处是。丁士涵6处判断，3处是。许维遹3处判断，1处是。郭沫若2处判断，1处是。孙星衍、张文虎、刘师培各作1处判断，是；俞樾、何如璋、张佩纶各作1处判断，均非。从论证结果看，王念孙的考证能力无人能比，可谓研治《管了》之巨擘。郭沫若云《读书杂志》“乃清代考证学中之白眉，博洽精审，至今尚无人能出其右者”，是也。又云猪饲彦博《管子补正》，“说解简要，颇多揭发”[②]，亦有道理。以银雀山汉简作比勘，可订正《管子》原文之脱字、衍文、误字等讹误，亦可验证乾嘉以来诸小学家研治《管子》的成就。

二、《管子》可校汉简抄写讹误，推断漫灭不清之字

汉简有抄写讹误，又因为年代久远，有些文字已经不清，传世善本可帮助论证讹字或脱漏偏旁之残简。银雀山汉简的释读，浙刻本《管子》起到了这一作用，以下是几个例子（例句的底本为银雀山简本）[③]：

1. 故兵者，尊主安国之主□

今按：《参患》作“故兵者，尊主安国之经也”，《参患》“主”作“经”，简文注曰：“疑简文‘主’为‘坙’之误字，‘坙’、‘经’通”。

2. 不知其蓄积，不能约也

今按：《七法》作“不明于敌人之情不可约也”，简文注曰“‘能’下仅存‘糹’旁，姑据《管子》写作‘约’字。”

---

① 刘师培：《刘申叔遗书》，江苏古籍出版社影印民国27年（1938年）本，1997年版，第799页上。

② 郭沫若：《管子集校》（一），《郭沫若全集》历史编第五卷，人民出版社1984年版，第25～26页。

③ 银雀山汉墓整理小组：《银雀山汉墓竹简》（壹），文物出版社1985年版，第135～140页。以下例句为银雀山汉简《王兵》篇中的句子，□为简文中残缺不能辨识的字。

3. 有雷神之战，则能独制而毋适矣

今按:《七法》作“有雷电之战，故能独行而无敌矣”，简文注曰:“简文末句‘之’下一字仅存戈旁，据《管子》定为‘战’字。”

4. 轻犯山河，故能制恃固国

今按:《七法》作“故能服恃固之国”，整理小组据此推断“简文‘国’上脱一‘之’字。”

5. 伐国破邑，不侍权……

今按:《七法》作“故攻国救邑，不恃权与之国，故所指必听”，王念孙云“‘不恃权与之国’，‘恃’当为‘待’。《幼官》《事语》二篇并云‘不待权与’，是其证。今本‘待’作‘恃’者，涉上文‘恃固’而误，尹《注》同。”尹知章原《注》曰:“虽有权与之国，不顾而恃之。权与谓权为亲与也。”简文为“伐国破邑不侍权……”。简文注曰“简文‘侍’字当从《幼官》《事语》作‘待’”。

6. 赏罚□，民不幸生，则贤臣权尽

今按:《七法》作“赏罚明则人不幸，人不幸则勇士劝之”，简文注曰:“简文‘权’字似当从《管子》读作‘劝’。”《说文·力部》“劝，勉也”；段玉裁《注》曰“勉之而悦从亦曰劝”。《七法》作“劝”，是也。

上6例，有3处是以《管子》善本为根据，推定汉简之残文。其他几处误字、脱字，亦据《管子》出校。

三、简文《王兵》与《管子》相关篇章的关系

银雀山汉简《十三篇》没有发现大标题，而且竹书出土时，原来的次序已经完全散乱。整理小组推断“竹书《兵令》《守法》《守令》《王兵》等篇的成书年代不会迟于战国晚期，从这几篇的内容来看，反映也确是战国时期的形势”①。

简文《王兵》是整理小组参照《管子》中《参患》《七法》《兵法》《地图》诸篇和《幼官》《轻重甲》的相关文字，据文义连缀而成。整理小组认为《王兵》当是一篇完整的作品，《管子》各篇则是割裂拼凑而

① 银雀山汉墓整理小组:《银雀山汉墓竹简》(壹)之《编辑说明》，文物出版社1985年版，第10～11页。

成，“以《王兵》篇对校《管子》相关各篇，可以看出后者是以《王兵》或与《王兵》同类的作品为底子，经过割裂、增益、拼凑形成的”①。笔者认为，这一说法难以成立。

首先，《七法》《地图》《参患》篇章独立，结构完整。

《管子》分《经言》《外言》《内言》《短语》《区言》《杂篇》《管子解》《轻重》八部分，《七法》属于经言。《经言》当是管子学派之早期经典，且司马迁之前仅见的明引《管子》的文例，都集中在《经言》之中，说明《经言》在《管子》一书中具有经典地位；《外言》是“管子学派之初步发展”；《短语》各篇则都是围绕某一专题而作的“重点补充”，有的篇更明显是由他篇的若干文句衍成的专论②。关锋、林聿时论证《经言》为管仲自著，不仅思想和政治制度，其文体、语言和用韵都是春秋时代所独有的。

根据篇内标题，《七法》分为“四伤、百匿、为兵之数、选阵”四部分，《王兵》与《七法》之《为兵之数》的结尾部分和《选阵》的大部分有重合。《为兵之数》强调重视“聚财、论工、制器、选士、政教、服习、遍知天下、明于机数”，八者缺一，必不能胜，特别论证要“遍知天下，审御机数”，最后说明思想上、主观上准备好后，对外应当如何去做，才能无敌于天下。《选阵》首先提出行军用兵要不失天时地利，还要明于计数。其次，要明乎内政。需先定计、治兵、修内政，然后出兵。最后说明用兵要审地图，谋于十官，遍知天下，审御机数，行动迅速，明于法令，方可取胜。梅士享曰：“内政即修，然后定计而后出，量敌而后进，故有胜无败”③，即是此义。《为兵之数》《选阵》与《四伤》《百匿》一起，成为《七法》中不可缺少的部分。《七法》最重要的一个观点是要“明于机数”，这在本篇四部分中都得到很好的体现。

《地图》属《短语》，《王兵》第七、八部分与《地图》全篇相应，顺序相同。本篇首先提出兵主必先审知地图，其次论证兵主当尽知各种地形，才能在战争中举措得当，不失地利。最后点明必须主明、相知、将能，各分其职。说明只有在尽知地形的基础之上，主、相、将各尽其责，方能取

① 银雀山汉墓整理小组：《银雀山汉墓竹简》（壹），文物出版社 1985 年版，第 137 页注。

② 张固也：《〈管子〉研究》，吉林大学博士学位论文，2002 年。

③ 梅士享：《铨叙管子成书》，齐鲁书社《四库存目丛书》据清华大学图书馆藏明天启五年（1625 年）刻本影印，1995 年版，子 36，第 409 页。

胜，梅士享曰："知形不如知能。知能不如知意。然而将者，军之本也。周旋于君与将之间，以上达君意，下适将心者，相也。故必主相将、明知能三者具，而后可以成功。"本篇主要讲兵主须"审知地图"，"举错知先后，不失地利"。不仅如此，还应当尽知"人之众寡，士之精粗，器之功苦"，主、相、将各尽其则，方能取胜，正如《周礼·职方氏》所云："职方氏掌天下之图，以掌天下之地。辨其邦国、都鄙、四夷、八蛮、七闽、九貉、五戎、六狄之人民，与其财用、九谷、六畜之数要，周知其利害"①。

《参患》属《短语》，此篇分为三部分。第一部分：从开始到"故曰：猛毅者伐，懦弱者杀也"。提出"凡人主者，猛毅则伐，懦弱则杀"的观点，说明什么是猛毅，什么是懦弱，它们有何祸患。第二部分：从"君之所以卑尊"至"则战之自败，攻之自毁者也"。提出"君之所以卑尊，国之所以安危者，莫要于兵""故诛暴国必以兵，禁辟民必以刑"的观点。论证"世主"外不用兵，内不用刑，则国必乱。而用兵花费甚大，故应当计先定，然后兵出境。这一部分与《王兵》篇首段重合。第三部分：从"得众而不得其心，则与独行者同实"至篇尾。论证"故凡兵有大论，必先论其器，论其士，论其将，论其主"，说明做不到论器、论士、论将、论主的危害。第二、第三部分均谈论用兵的问题。从尹知章于《参患》篇名下注曰"太强亦有患，太弱亦有患，必参详强弱之中，自致于无患也"，可以推知，尹氏将本篇的第一部分作为文章的中心。梅士享曰："盖战而胜，则除患于他国。战而不胜，则患中于吾身，故曰参患，言不可不参详也"②，是本篇主旨。银雀山汉墓整理小组对此篇最有争议。因为《汉书·晁错传》引篇内数语，冒之以"兵法曰"，没有说明引自《管子》，而为晁错所引。猪饲彦博怀疑汉初未编入《管子》书中，又云"自篇首至'故曰猛毅者伐，懦弱者杀也'，与《法法》所云略同。下文不相属，盖他篇之错简也"；张佩纶、郭沫若观点略同。其实，由《汉书·艺文志》可知，张良、韩信校《管子》，编入兵书权谋中，又《史记》《汉书》凡引"兵法"，都是指古兵书，则晁错亦不必明言《管子》。此外，兵刑掌在主持政权者即人主之手，故首先对人主应当

---

① 贾公彦：《周礼注疏》，中华书局影印阮元校刻《十三经注疏》本，1980年版，第861页下。

② 梅士享：《铨叙管子成书》，齐鲁书社《四库存目丛书》据清华大学图书馆藏明天启五年（1625年）刻本影印，1995年版，子36，第508页。

具备的条件进行论证，所以《参患》第一部分是前提，必不可少。又《法法》所云与此篇并非全同，这与《管子》不同篇章语言有重出的现象相符。整理小组根本的观点是《管子》三篇文章是从《王兵》中割裂出去的，所以在《银雀山汉墓竹简》之《后记》中，始终贯穿这一观点。晁错所引的"兵法"，不见于《王兵》，整理小组则推断为"所引的兵书大概是《王兵》之外，《参患》篇所取材的另一个来源"[①]。实际上，晁错书中所引，在《参患》中亦有相合的句子，这当不是偶然的现象。唯一的解释只能是：晁错所引，出自《管子》。

从篇章内容看，《管子》书篇章布局有其规律。《七法》和《地图》有着传承的关系，如《地图》篇中的"凡兵主者，必先审知地图"至"知形不如知能，知能不如知意"段，是对《七法篇》"故兵也者，审于地啚，谋十官，日量蓄积，齐勇士，遍知天下，审御机数，兵主之事也"的解释和说明；《地图》是"对《七法》篇中三点论述所作的发挥"[②]。

其次，从《管子》相关篇章与《王兵》篇章结构和语句比较推断，《王兵》为割裂之作。

《管子》篇章内部结构紧密，句句承接，语言逻辑性强，前后照应，说明《管子》成书之时，是经过深思熟虑而成。汉简《王兵》篇摘抄《七法》《地图》《参患》诸篇语句，有时没有注意到文章的内部结构，而有割裂的痕迹。以下是三个例子，为《七法》与简文《王兵》相关段落对照表[③]：

《七法》与《王兵》相关段落对照表（一）

表 1－1

管子·七法·为兵之数	银雀山汉简《王兵》
故聚天下之精财，论百工之锐器 春秋角试，以练精锐为右 成器不课不用，不试不臧 收天下之豪杰，有天下之骏雄 故举之如飞鸟，动之如雷电，发之如风雨，莫当其前，莫害其后，独出独入，莫敢禁圉	□【□】□□取天下精财，论百工利器 收天下豪杰，有天下俊雄 春秋角试，以练精材 动如雷神，起如飞鸟，往如风雨，莫当其前，莫害其后，独出独入，莫能禁止

① 银雀山汉墓整理小组：《银雀山汉墓竹简》（壹），文物出版社 1985 年版，第 160 页。

② 张固也：《〈管子〉研究》，吉林大学博士学位论文，2002 年，第 20 页。

③ 表中汉简《王兵》中"【□】□"是竹简中泯灭的字，据《银雀山汉墓竹简》（壹）中《王兵》篇加。

今按：《七法》中“春秋角试，以练精锐为右。成器不课不用，不试不臧”，是对上句“故聚天下之精财，论百工之锐器”的进一步论证，说明如何“聚精财”“论锐器”。简文无“成器不课不用，不试不臧”，又将“春秋角试，以练精材”句放在“收天下豪杰，有天下俊雄”之后，不能与前文“春秋角试，以练精锐为右”相应，与后文“动如雷神，起如飞鸟”脱离。

《七法》与《王兵》相关段落对照表（二）

表1-2

管子·七法·选阵3	银雀山汉简《王兵》
故事无备，兵无主，则不蚤知 野不辟，地无吏，则无蓄积 官无常，下怨上，而器械不功 朝无政，则赏罚不明 赏罚不明，则民幸生	【□□】无将，不早知 野无吏，无蓄积 官府无常，器械苦窳 朝廷无正，民幸生
故蚤知敌人如独行 有蓄积则久而不匮 器械功则伐而不费 赏罚明则人不幸 人不幸则勇士劝之	先见敌【□】独行 有积委，久而不匮 器械备，功伐少费 赏罚□，民不幸生，则贤臣权尽

今按：《七法·选阵3》此段文字内部结构紧密，第一段从“故事无备”至“则民幸生”以下是论证与上文下句相反的情况：“故蚤知敌人”“有蓄积”“器械功”“赏罚明”“人不幸”如何，句句承接第一部分的相应句子，回环往复。简文本省却“则赏罚不明，赏罚不明”，下文“赏罚□”句落空，句义变得不完整。

《七法》与《王兵》相关段落对照表（三）

表1-3

管子·七法·选阵5	银雀山汉简《王兵》
故有风雨之行，故能不远道里矣 有飞鸟之举，故能不险山河矣 有雷电之战，故能独行而无敌矣 有水旱之功，故能攻国救邑 有金城之守，故能定宗庙，育男女矣 有一体之治，故能出号令，明宪法矣	有风雨之疾则不难远道 有飞鸟之起则轻犯山河 有雷神之战则能独制而无敌

续表 1－3

管子·七法·选阵5	银雀山汉简《王兵》
风雨之行者，速也 飞鸟之举者，轻也 雷电之战者，士不齐也 水旱之功者，野不收，耕不获也 金城之守者，用货财，设耳目也 一体之治者，去奇说，禁雕俗也	
不远道里，故能威绝域之民 不险山河，故能服恃固之国 独行无敌，故令行而禁止 故攻国救邑，不恃权与之国。故所指必听 定宗庙，育男女，天下莫之能伤，然后可以有国 制仪法，出号令，莫不向应，然后可以治民一众矣	不难远道，故擒绝地之民 轻犯山河，故能制恃固国 独行而无敌，故令行天下 伐国破邑，不待权【□□□□□□□□□□□□□□□□】□天下莫之能害，故可以有地君国 出号令，明法制【□□□□□□□□□□□□□□□】

今按：第一段六句话说了六件事情，这是总论。第二段先论证上六句的前句："风雨之行者""飞鸟之举者""雷电之战者""水旱之功者""金城之守者""一体之治者"如何。第三段："不远道里""不险山河""独行无敌""故攻国救邑，不恃权与之国""定宗庙，育男女"，"制仪法，出号令"是第一层后半句的分论，层次紧密清楚，结构紧密。而银雀山汉简省却第二段和第一段中"有水旱之功，故能攻国救邑。有金城之守，故能定宗庙，育男女矣。有一体之治，故能出号令，明宪法矣"，则汉简中"伐国破邑，不待权【□□】□天下莫之能害，故可以有地君国。出号令，明法制【□□□】"，句义落空，没有分论，显然是《十三篇》作者割裂《管子》原文之故。

此外，一般后出的文章语句较前者语言更为简练概括，《王兵》与《管子》相关篇章比较，正有此类特征：

1.《地图》：故将出令发士，期有日数矣，宿定所征伐之国

简文：将出令起卒有日，定所欲攻伐国

今按："起卒有日"，是"发士，期有日数矣"的简省，"宿定所欲攻伐国"则是"宿定所征伐之国"的简省。

2.《参患》：攻城围邑，主人易子而食之，析骸而爨之，则攻之自拔者也

简文：攻城围邑，主人竭尽，易子而食之，【□□】

今按：此句汉简《王兵》句义与《参患》大略相同，唯《王兵》加上概括性的描写词“竭尽”，有总括下句文义的作用，显然是后出之作。

银雀山汉简《十三篇》中，《田法》有与《管子·乘马》中段落相近者，经过比较，可以发现《田法》篇章语句较《乘马》更为简省，如《乘马篇》“林，其木可以为棺，可以为车，斤斧得入焉，五而当一”。《田法》作：“大材之用焉，五而当一。”① 很显然，“大材之用焉”是“林，其木可以为棺，可以为车”的简括，亦可证明《田法》形成于《管子》之后。

最后，从《〈守法〉〈守令〉等十三篇》内容来推断《王兵》摘录《管子》。

银雀山一号汉墓出土之标题木牍十三篇中，《委法》与《上篇》《下篇》不明所指，其他各篇可据简式、字体及内容等线索，从现存一号墓竹简中理出相应简文，其内容多是军事设施的施用和军事作战的方法，及田、市的管理。《守法》《守令》篇竹简自767号至812号，共46枚，与《墨子》之《备城门》《号令》《杂守》《备水》的文句相近，其中以与《备城门》相似之处最多。本篇讲述守城的方法，包括城郭的设施、组织、守城的法令及如何守城。这两篇文章内容不易区分，整理小组将其合成为首尾完整的一篇说理文。《库法》先讲大中小县的格局、赋税的标准，器械制造的规格和保存器械，器械制造部分与《墨子》之《备城门》《备蛾傅》有相同和相似的文句。《王兵》论述兵者取胜之道，与《管子》之《七法》《地图》《参患》有相同和相似的文句。《王法》篇论证民必须有多余的食、帛、木，家有井水、堂屋；霸王之国能使民饥能食、寒能衣、乱能治；国家能强兵、广土、尊主、令行；法治对于国家非常重要。篇中“故少不可不事长，贱不可不事贵”②，与《孟子》思想接近；“鸡狗之声相闻，其人民至死不得相问见也”③，与《老子》“邻国相望，

① 银雀山汉墓整理小组：《银雀山汉墓竹简》（壹），文物出版社1985年版，第146页。
② 银雀山汉墓整理小组：《银雀山汉墓竹简》（壹），文物出版社1985年版，第143页。
③ 同注②。

鸡犬之声相闻，民至老死不相往来”句相近。《田法》篇内文字有与《尉缭子·兵谈》《管子·乘马》相近的段落，亦有与《周礼》相似的文句。《兵令》文字与传本《尉缭子》之《兵令》篇相合，“但其简式、字体及标题简之形制，皆与《守法》等篇相似，而与银雀山竹书中与传本《尉缭子》相合之其他各篇不同，故定此篇为标题木牍所记之《兵令》篇，而不收入简本《尉缭子》中”①。《兵令》与传本《尉缭子》文字所有不同，可订正传本抄写过程中的讹误和脱漏。此篇当是银雀山汉简《十三篇》中有全部抄自当时传世之书的例证。

《十三篇》中，除《管子》，还有与《老子》《墨子》《尉缭子》及《周礼》相同或相近的段落语句。我们不能说《老子》《墨子》《尉缭子》及《周礼》等书是在《十三篇》基础上发展而成，《管子》亦不例外。《兵令》抄自《尉缭子》别本，《王兵》则是摘抄《管子》而成。如果其他诸篇是抄自传世典籍，则《王兵篇》亦摘抄《管子》，而不是《管子》三篇“割裂”《王兵》“拼凑”而成。从简文上看，《十三篇》字体、写法相似，其来源当有共通的特征，如果说银雀山《孙子兵法》《孙膑兵法》《晏子》《尉缭子》是抄自当时传本的话，则《十三篇》当也是摘抄自当时各种传本，并加以润色而成。

四、《管子》主体部分成书当在春秋末期

关于《〈守法〉〈守令〉等十三篇》，多数学者认为是战国时期齐国的法律②。李悝撰《法经》，皆称某法；《史记·商君列传》秦孝公“以卫鞅为左庶长，卒定变法之令”③。公元前359年和350年商鞅先后两次变法，其“改法文律”，即谓《法经》六篇皆称某律，而不称某法，汉初萧何更增撰户律、兴律、厩律三篇，合称九章之律。可见商鞅变法之前称法，变法之后称律。《〈守法〉〈守令〉等十三篇》篇题，无一称律者，除《要言》《王兵》《守令》《兵令》《上篇》《下篇》之外，皆称某法。

① 银雀山汉墓整理小组：《银雀山汉墓竹简》（壹），文物出版社1985年版，第150页注1。

② 吴九龙：《银雀山汉简齐国法律考析》，《史学集刊》1984第4期。刘海年：《战国齐国史料的重要发现——读银雀山汉简〈守法守令等十三篇〉》，《法学研究》1987年第2期。陈乃华：《论齐国法制对汉制的影响》，《中国史研究》1997年第2期。

③ 司马迁：《史记》，中华书局1959年版，第2229页。

由此可见，《十三篇》当是成书于商鞅变法之前[1]。可以推测，《〈守法〉〈守令〉等十三篇》至迟在公元前350年已经成书，那么《管子》的成书当为商鞅变法之前更早的一些时候，则《管子》的主体部分在春秋末期就已经形成。因为古人文字抄写甚为不便，书籍流传甚慢。关锋、林聿时从内容和文体上论证《管子》“经言”九篇为管仲的遗著[2]，近年李曦又“从内容上、文体上、战国人所作《〈版法〉解》分析”，论证《版法》为管仲所作[3]，说明《管子》一书并非如想象的那样晚成书。有学者认为管仲为相，虽未有时间亲自著书，但是，管仲学派却存在着。因为当时“学在官府”的形式尚未打破，所以这一学派自产生之日起便带有官学性质和经世致用的特点，管仲学派的第一批成员，是那些官人百吏及其弟子们，他们学习和传授管仲学说的目的不是著书立说，而是“持（侍）王公”“取禄秩”，故而管子学自始就是一门官学，而最早记录和整理管仲学说的并非他人，齐太史和管仲家史所记，便是最早撰写的《管子》书[4]。上述诸文均从不同角度论证《管子》主体部分的成书当在管仲之时或稍后，则春秋末年《管子》主体部分已形成的观点是应当成立的。

20世纪70年代银雀山汉简的出土，使得影响学者的疑古思潮得到初步打破，对古书的考证更有科学依据。根据银雀山汉简，何炳棣从《孙子》书中涉及的军队及战争规模、“五行相克”“黄帝伐四帝”等专题论证《孙子》全书的春秋属性，考证现存《孙子兵法》和《吴问》都是撰就于吴王阖闾召见孙武之年（前512年），前者成书于召见之前，后者成书召见之后[5]，我国现存最古的私家著述成书年分得以确定。同样道理，《管子》的成书年代也当推前。

银雀山汉简的出土，证明《管子》的主体部分在春秋末年已经成书。银雀山汉简可为《管子》的成书时代提供重要参考，帮助考订《管子》篇章的讹误，是《管子》研究的宝贵财富。《管子》亦可订正汉简抄写的错误，帮助释读汉简。二者的结合研究，会产生更大功用。

---

① 参见吴九龙：《银雀山汉简释文·叙论》，文物出版社1985年版。

② 关锋、林聿时：《管仲遗著考》，《春秋哲学史论文集》，人民出版社1963年版。

③ 李曦：《〈版法〉为管仲所作考》，《管子学刊》1995年第1期。

④ 宣兆琦等：《〈管子〉三论》，《管子学刊》2002年第2期，第5~8页。

⑤ 何炳棣：《中国现存最古的私家著述〈孙子兵法〉》，《历史研究》1999年第5期。

第二节　简文《市法》与《管子》对读[1]

银雀山汉简《〈守法〉〈守令〉等十三篇》中，现今对于《市法》研究的主要成果，是李学勤《〈市法〉讲疏》。所谓“市法”，是对于市场管理的法律规范。先秦齐国重视商业，其贸易场所主要在“市”。现有的研究，多重视从宏观上探讨齐国经济贸易方式，对于齐国“市”的特质及其如何运行关注不够[2]，银雀山汉简《市法》能够弥补传世文献之不足，从细节上说明齐国“市”的特质、规模，市吏的职责权限和市官的种类，可以与《管子》对照研读[3]。《管子》主要包括治国之道、法律制度、四时五行学说、君臣之道、管仲齐桓公的功业、齐国的经济政策及对于《管子》重要篇章的解说。田氏代齐，其政治经济法律制度基本承袭姜齐，故田齐与姜齐的制度可以互相参照。本文拟以汉简《市法》为中心，结合《管子》涉及“市”的相关内容[4]，考察春秋战国时期齐国“市”的特质与功用。

一、市的特质

《说文》：“市，买卖所之也。市有垣，从冂，从㇄，象物相及也。”

---

① 此节内容在2012年“首届历史学博士后论坛”宣读过，原标题为《战国时期齐国“市”之考察——以银雀山〈市法〉为中心》，为与本书章节适应，现改为本标题。可参见《首届历史学博士后论坛（2012）论文》，2012年10月。

② 杨生民《论春秋战国的市》主要从传世典籍《周礼》出发，考察了春秋战国时期市的设置与市之间的联系；市的功能与其经济活动要素；市的制度与管理，没有涉及银雀山汉简中“市”的内容。参见杨生民：《论春秋战国的市》，《历史研究》1996年第3期。

③《管子》成书过程尽管多有争论，但是其中毫无疑问地包含了齐国的典籍文化制度。关于《管子》的成书过程，张固也《〈管子〉研究》已经有比较充分的论证，郭丽《〈管子〉文献学研究》亦有论说。参见张固也：《〈管子〉研究》，齐鲁书社2006年版；郭丽：《〈管子〉文献学研究》，中国海洋大学出版社2007年版。

④ 李学勤认为，《管子》中《乘马》的《务市事》节与《市法》的“精神实无不同”。见李学勤：《简帛佚书与学术史·〈市法〉讲疏》，江西教育出版社2001年版，第366页。刘锋曾以《管子》为中心，考察了市的建置、管理、作用，参见刘锋：《略论 < 管子 > 中的市》，《濮阳职业技术学院学报》2007年第3期。

段玉裁注曰："《释诂》曰：'之，往也。'《古史考》曰：'神农作市。'本系辞说也。《世本》曰'祝融作市。'垣，所以介也。"[①] 则"市"起源甚早，是从事买卖贸易的场所，有垣，以将市与其他区域分开。根据《周礼》，市有大市、早市、夕市之分，云："大市，日昃而市，百族为主。朝市，朝时而市，商贾为主。夕市，夕时而市，贩夫贩妇为主"[②]。大市是午后设立的集市，以百姓为主。因到市的人多，故称，贾公彦疏曰："向市人多，而称大市"。朝市为早市，以商贾为主。夕市是指傍晚时市场，郑玄注曰："贩夫贩妇朝资夕卖，因其便而分为三时之市，所以了物极众"。贾公彦认为，大市、朝市、夕市是在同一个院内，云："三市皆于一院内，为之大市于中，朝市于东偏，夕市于西偏"。齐国从太公开始，即重视工商业，周代的市无疑对齐国产生影响，故到管仲时期，"四民分业定居"，居住在市附近的主要是工匠与商贾，《管子·大匡》云："凡仕者近公，不仕与耕者近门，工贾近市"[③]。仕人要到官府做事情，故居住在离官府近的地方；农夫需要到田间劳作，为便于出入城内外，居住在距离城门较近的地方；工匠生产手工产品，为便于将产品卖出，故居住在市附近；商贾主要与市场打交道，为便于贸易，自然也居住在离市近的地方。管仲将齐国百姓按照职业分为士、农、工、商四类，各有其居住区。《小匡》云："士农工商，四民者，国之石民也，不可使杂处。杂处则其言哤，其事乱。"[④]《管子》常常以"商贾"并称。商，主要是指贩卖货物做买卖的人。贾，主要指开设店铺做买卖的商人，《周礼·天官·大宰》："商贾，阜通货贿"。郑玄注："行曰商，处曰贾。"[⑤] 齐桓公时期四民分居，同一种职业的人，居住在同一区域，其子孙能够"少而习焉"，"不见异物而迁焉"，便于子孙后代学习父祖的行业技能。然齐人放达，无论男女，都会到集市中去，《轻重丁》："五衢之民，男女相好往来之市者"[⑥]。可知五衢中的男男女女，关系友好的人，相约成群，到市中，或者买，或者卖。

---

① 段玉裁：《说文解字注》，浙江古籍出版社影印经韵楼本2006年版，第228页上。
② 贾公彦：《周礼注疏》，中华书局影印阮元校勘《十三经注疏》本，1980年版，第734页中。
③ 黎翔凤：《管子校注·大匡》，中华书局新编诸子集成本2004年版，第368页。
④ 黎翔凤：《管子校注·小匡》，中华书局新编诸子集成本2004年版，第400页。
⑤ 贾公彦：《周礼注疏》，中华书局影印阮元校刻《十三经注疏》本，1980年版，第647页上。
⑥ 黎翔凤：《管子校注·轻重丁》，中华书局新编诸子集成本2004年版，第1497页。

为便于贸易，齐国在一定范围之内均设置市。《管子·乘马》云："方六里命之曰暴，五暴命之曰部，五部命之曰聚。聚者有市，无市则民之。五聚命之曰某乡，四乡命之曰方，官制也。官成而立邑。五家而伍，十家而连，五连而暴，五暴而长，命之曰某乡，四乡命之曰都，邑制也。"[①] 则方圆六里之地为一暴，五暴组成一部，五部形成一聚，一聚中有一市，人们在这里从事集市贸易。其规模大小为：1 聚 =5 部 =25 暴 =150 里，这主要是在乡间的制度。黎翔凤注曰："聚市为临时市场。《说文》：'之，出也。'无市则民出。"[②] 就人员来说，齐国以家庭为基本单位，形成行政组织，十家为一连，五连组成一暴，五暴形成一乡，四乡形成大的城邑，即：1 都 =4 乡 =20 暴 =100 连 =1000 家，一都之中至少设有一市，便于商业贸易。市在农村地区多是临时市场；在都邑中的市则有固定的场所，有城垣与周围区域分隔。齐国临淄是诸侯国中最大的都城，城中设有多个市，《左传·昭公二年》记载晏子的话说："国之诸市，屦贱踊贵"，"国之诸市"就是指齐国都的各个市。战国齐印文中发现有"中市""右市'"，裘锡圭认为"很可能属于齐都诸市之列"[③]。

二、市的功用

银雀山汉简《市法》从宏观上论述"市"与国家的紧密关系："王者无市，朝（霸）者不成肆，中国利市，小国恃市。"[④] 肆，指有作坊店铺的集市。简文认为，能够以王道治国的君主，国内政治安定，民众生活非常富足，因此不需要商品交换，故不需要市；在诸侯国中势力最大，取得霸主地位的君主，因其国家具有相当实力，民众生活也比较富足，对市场亦没有太大的需求；唯有中小诸侯国需要市，中等诸侯国能够通过集市贸易为国家谋得利益，小的诸侯国对市场的依赖性更大，甚至通过市场贸易使国家得到保全。简文此处内容与《管子》有暗合之处，《管子·权修》云："市不成肆，家用足也。朝不合众，乡分治也。故野不积草，府不积

① 黎翔凤：《管子校注·乘马》，中华书局新编诸子集成本 2004 年版，第 89 页。

② 黎翔凤：《管子校注》，中华书局新编诸子集成本 2004 年版，第 94 页。

③ 裘锡圭：《裘锡圭自选集·战国文字中的"市"》，大象出版社 1999 年版，第 111 页。

④ 银雀山汉墓竹简《市法》引文均参照《银雀山汉简》（壹）的释读文字，后文一般不再出注。银雀山汉墓整理小组：《银雀山汉墓竹简》（壹），文物出版社 1985 年版，第 140 ~ 141 页。

货，市不成肆，朝不合众，治之至也”[①]。若是市中的店铺不开张，说明家庭日用已经足够，不用到集市买卖。《管子》认为，治理国家的最高标准，是精耕细作，藏富于民；民若是家中财货充足，几乎不需要依靠市场。然对于一般诸侯国来说，市能够制衡本国的经济，也能够富裕强大本国。《管子·侈靡》云：“县人有主，人此治用，然而不治，积之市。一人积之下，一人积之上，此谓利无常。百姓无宝，以利为首。一上一下，惟利所处。利然后能通，通然后成国。”[②] 一县之中有属官，官员不能治理县邑，则财物积之于市，商贾能够获得高额利润。百姓把利益放到最高位，唯利润之所在最为根本；他们在利益的驱动下，从事商业买卖，使货物流通，整个国家经济因之发展。市还能调整诸侯国内城邑与乡野间的贫富，使整个国家经济达到均衡状态。《侈靡》云：“国贫而贪鄙富，苴美于朝，市国。国富而鄙贫，莫尽如市。市也者，劝也。劝者所以起。”[③] 国，城邑。韦昭注《国语·周语中》曰：“国，城邑也。”[④] 鄙，郊野；郊外。韦昭注《国语·齐语》曰：“鄙，郊以外也。”[⑤] 洪颐煊云：“言国中贫而边鄙富，莫善趋于朝以为市于国中。国中富而边鄙贫，莫若尽趋于都鄙之市以益其贫。”[⑥] 若是国中富而边鄙贫穷，物资会都流入于城中，城邑中的人因为买东西而花费财物，边鄙之人因卖东西而获得财物，如此可以使勤于耕作的农夫因为卖出产品而获得利益，因之勤勉不懈怠，促进农业生产。尹知章注曰：“善农者能多致市利，则自劝而不怠，故能起本也。”[⑦]

因为一般诸侯国不易成为王霸之国，简文针对中小诸侯国的特质，肯定了市的重要性。对一般诸侯国来说，市不可或缺，其最重要的作用是通过财物，集散货物：“市者，百化（货）之威，用之量也”。货物的价值能够通过市场交易得到体现，人们使用货物的种类及需要货物的多少，通过市场呈现。《管子》亦有此种观点，《乘马》云：“市者，货之准也。是

① 黎翔凤：《管子校注·权修》，中华书局新编诸子集成本2004年版，第52页。
② 黎翔凤：《管子校注·侈靡》，中华书局新编诸子集成本2004年版，第677页。
③ 黎翔凤：《管子校注·侈靡》，中华书局新编诸子集成本2004年版，第703页。
④ 《国语·周语中》，上海古籍出版社1998年版，第71页。
⑤ 《国语·齐语》，上海古籍出版社1998年版，第224～225页。
⑥ 黎翔凤：《管子校注》，中华书局新编诸子集成本2004年版，第705页。
⑦ 同注③。

故百货贱则百利不得，百利不得则百事治，百事治则百用节矣”①。尹知章注：“市，所以准货之轻重。”② 何如璋注曰：“准者，轻重之准，百货聚于市，故市为百货之准。谷者，本事也。货者，末用也。币者，国之制所以权国货之轻重而平其准者也。货贱则趋末者百利不得，趋末者百利不得则力农殖谷者百事皆治矣。力农者百事皆治则养生者百用皆节矣，无他，谷则贵而货则贱也。”③ 市是财物汇聚的地方，故《问》曰：“市者，天地之财具也，而万人之所和而利也，正是道也”④。《说文》：“具，共置也。从卄从贝省。故以贝为货。”⑤ 市能够汇集天下财物，人们通过在市上买卖货物获得利润，尹知章注曰：“求天地之财，不登山，不入海，于市求而得之，故曰天地之财具。和，谓交易也。万人因市交易而得利，言市止合道之理。”⑥

简文认为，市对于不同的国家所起作用各不相同。中等规模的诸侯国，通过集市贸易，能够强盛国家；小国通过集市贸易，能够安定国家：“中国能【利】市者强，小国能利市者安。”不仅如此，集市贸易还使天下货物流通。商品贸易畅通，会吸引其他诸侯国的商人前来进行贸易，这样通过商品交易，使得买方、卖方、市场、国家都获得利益：“市利则化（货）行，化（货）行则民□，【民□】则诸侯财物至”。至于一般民众因为贸易获得利益，人们会有更大热情从事买卖，自然将其他诸侯国的财物吸引到本国。重视市场贸易的国家，因汇集天下财物而大富，故简文云：“诸侯财物至则小国富，小国富则中国……□如此则小国置市……”这段文字虽有阙文，仍然可以看出，顺利的市场贸易能使大小诸侯国都获得利益。根据《管子》，齐桓公时期，齐国有时会用行政政策，有意识吸纳天下的重要物资。《大匡》记载：“三十里置遽委焉，有司职之。从诸侯欲通，吏从行者，令一人为负以车，若宿者，令人养其马，食其委。”⑦ 齐国为吸引商贾，每三十里就建立一个专门驿站，

---

① 黎翔凤：《管子校注·乘马》，中华书局新编诸子集成本2004年版，第88页。
② 黎翔凤：《管子校注》，中华书局新编诸子集成本2004年版，第84页。
③ 同注①。
④ 黎翔凤：《管子校注·问》，中华书局新编诸子集成本2004年版，第498～499页。
⑤ 许慎：《说文解字》，中华书局1963年版，第59页下。
⑥ 同注④。
⑦ 黎翔凤：《管子校注·大匡》，中华书局新编诸子集成本2004年版，第368页。

有专门的人员负责。诸侯国商人到齐国，齐国政府的相关部门会派人用马车运载其行装，住宿则有专人为马添加饲料。因之天下商贾都喜欢到齐国做生意，许多重要的物资也汇聚到齐国。商人来到齐国，通过“以其所有，易其所无，买贱鬻贵”[①]，加速货物的流通。齐地鱼、盐、漆、布、帛等商品，特别是精美的纺织品，通过商贾，营销数千里，故“齐冠带衣履天下”[②]。

三、市吏的职责及市的规模

《市法》认为，国家顺利进行商业贸易的前提，是负责管理市场的官员用心做事，这也是市场建康运行的重要保障：“欲利市，吏必力事焉，民□□……必大吏能平均，下吏能毋割利焉。轻正（征）赋，毋有庶孽，毋烦其力事。非市吏□……”吏，官员的通称。韦昭注《国语·周语上》：“百吏，百官。”大吏：大臣；大官。下吏：低级官吏；属吏。管理市场的高级官员即文中所说的“大吏”做事要公平公正；下级官员即“下吏”在管理市场的过程中，不从中谋求个人利益。无论大吏、下吏，都能按照国家法规征收赋税，不增加苛捐杂税，不烦劳国民。不负责管理市场的官吏，则不能干涉市场的管理，以维护市场秩序；管理市场的官吏配置需要健全，故《市法》云“吏者具”。

管理市场的官吏，需要对市场进行总体规划，以使市场的规模与城邑的比例相当。简文云：“乃为市之广陕（狭）小大之度，令必爯（稱）邑。”市场的规模不能过大，也不能过小，其大小要符合都邑的比例，因为过大会造成资源浪费，过小则不能雒顺利进行买卖。简文云：“便利其出入之门，百化（货）财物利之”，说明城门的设置要方便商人运送货物，“市必居邑之中，令诸侯、外邑来者毋□□□……”将市设置在城邑的中心区域，以便于其他诸侯国的商人和本国其他城邑的商人前来贸易时，顺利出入城门到达集市，而不产生阻塞。这与《管子》记载的内容相吻合，《揆度》云：“百乘之国，中而立市，东西南北度五十里”。“千乘之国，中而立市，东西南北度百五十余里。”“万乘之国，中而立市，

① 黎翔凤：《管子校注·小匡》，中华书局新编诸子集成本2004年版，第402页。

② 司马迁：《史记·货殖列传》，中华书局1959年版，第3255页。

东西南北度五百里。"[1] 俞樾云："详《管子》之意，万乘之国方千里，是古王畿之制，千乘之国五百里，是《周礼》诸公之国之制，百乘之国方三百里，是《周礼》诸伯之国之制，盖《管子》多与《周礼》合也。"[2] 则不论何种大小的国家，其市均设在都邑之中心，便于商业贸易和商贾出入。

市主要是在白天买卖货物，每天傍晚停止营业，人们不能在市中停留，简文云："……毋相稽留也"。《管子》也有相关记载，《轻重丁》云：临淄城中的居民，男女老幼，相约成众，到市去买卖货物，"罢市，相睹树下，谈语终日不归"。傍晚罢市之后，这些男女意犹未尽，聚集在树下聊天，终日不回家。说明市有一定时间限制，《易·系辞下》亦云："日中为市，致天下之民，聚天下之货，交易而退，各得其所"[3]，即是此义。

都邑中市的规格有标准，一般诸侯国都城内的市为"方四百步"。齐国宫中亦有市，其大小亦与城内的市相当，简文云："内宫再（稱）之"。根据《战国策·东周策》的记载，齐桓公时期"宫中七市"[4]，可与《市法》对读。简文"为凿四达之……"可能指在市垣的四面墙上，凿有通向东西南北四个方向的门，便于人们出入，进行商业贸易。

四、市的税收标准及铺面安排

市不仅能够吸引国内及其他诸侯国的商贾进行贸易，以使其他国家的财物汇集而来，其结果是丰富本国物资，还能通过税收增加国家财政收入。简文云："市二分也。"《说文·八部》："分，别也。从八，从刀，刀以分别物也。"是计量单位，这里的二分，是指收取百分之二的赋税，其标准与《管子》记载的市赋税制度相应[5]。根据《管子·大匡》，"公践

---

① 黎翔凤：《管子校注·揆度》，中华书局新编诸子集成本2004年版，第1384页。

② 黎翔凤：《管子校注·揆度》，中华书局新编诸子集成本2004年版，第1385页。

③ 孔颖达：《周易正义·系辞下》，中华书局影印阮元校勘《十三经注疏》本，1980年版，第86页下。

④ 《战国策·东周策》，上海古籍出版社1985年版，第15页。

⑤ 先秦关税历代较之田税为少。《管子·幼官》曰："三会诸侯，令曰：田租百取五，市赋百取二，关赋百取一，毋乏耕织之器。"甚至有时候"关市幾而不正，壥而不税"。《孟子·滕文公章句下》云："戴盈之曰：什一，去关市之征。"农业税一般是十分之一，关市之税少于农业税。

位十九年，弛关市之征，五十而取一”[①]。齐桓公成为君主的第十九年，减轻了关市的赋税，这时的税收标准，是收取商贾货物价值的五十分之一，与简文中所说的百而取二相等，尹知章注曰：“取其货贿五十之一”，甚是。为汇聚天下财物，齐国对从其他诸侯国运送货物前来贸易的商人，实施轻税的政策，在一段时间内，关的征税标准比市的征税标准为低，《幼官》云：“市赋百取二，关赋百取一”，即市的赋税标准是百分之二，关税的征收标准是百分之一。《管子》“关”“市”经常连用，认为“关”非常重要，诸侯国的财货通过关而进入齐国，“关者，诸侯之陬隧也，而外财之门户也，万人之道行也”，故对于行商不过多征收关税。商人过关交税进入齐国后，就不再在市征税。对于贾人则主要在市征税，当他们出入关卡时，就不能再征税了。“征于关者勿征于市，征于市者勿征于关，虚车勿索，徒负勿入，以来远人，十六道同。”[②] 尹知章注曰：“齐国凡有十六道，皆置关，并同此令。”齐国一直采取轻税的政策，国内共有十六个关，这些关实施统一的征税标准，即关税为所有货物价格的百分之一。至于空车出入关卡与背负货物出入关卡的人，就不再征税了，其目的自然是减轻税收，汇聚天下财物。较之农业税之“田租百取五”，关、市之赋较轻，易刺激商业贸易，保证农业器械的供应，以使“毋乏耕织之器”[③]。将《市法》与《管子》相对照，可以发现齐国商业税收政策一直比较稳定。齐桓公时期，为取得霸业，齐国在轻税的基础上，有时甚至对于经过齐国到其他国家贸易的商人，取消关税。《管子·小匡》：“通齐国之鱼盐东莱，使关市幾而不正，壥而不税，以为诸侯之利，诸侯称宽焉。”[④]

根据简文，市中店铺按照一定标准，分行列排开，《市法》云：“为肆邪分列疏数”。“邪”，银雀山汉简整理小组认为“疑当读为‘叙’，《周礼·司市》：‘以次叙分地而经市’，郑注：‘叙，肆行列也’”[⑤]。市中商铺的数量有一定限制，铺面的规格大小不同，主要以商贾买卖货物价值

① 黎翔凤：《管子校注·大匡》，中华书局新编诸子集成本 2004 年版，第 368 页。

② 黎翔凤：《管子校注·问》，中华书局新编诸子集成本 2004 年版，第 499 页。

③ 黎翔凤：《管子校注·幼官》中华书局新编诸子集成本 2004 年版。《幼官》云：“三会诸侯，令曰：田租百取五，市赋百取二，关赋百取一，毋乏耕织之器。”

④ 黎翔凤：《管子校注·小匡》，中华书局新编诸子集成本 2004 年版，第 439～440 页。

⑤ 银雀山汉墓整理小组：《银雀山汉简》（壹），文物出版社 1985 年版，第 141 页。

的高低为标准，“为肆邪分列疏数……有□□□□□□固有数矣。市化（货）□贵者，受（授）肆毋过……毋过七尺。下化（货）贱者受（授）肆毋过十尺。此肆邪市列之数也”。[①] 总的说来，卖贵重商品的铺面，长度不能超过七尺；卖价格低商品的铺面，其长度不能超过十尺。大概价格低的商品贸易量大，所以需要的铺面更大一些。市场管理人员有维持市秩序的责任，需要在市中巡查，简文云：“职于肆列间”。

五、市官的种类

根据简文，市设置管理人员，主要的官员是市啬夫。市啬夫之上，还有邑啬夫，负责考察市啬夫职守的完成状况，还负责监管市场的运行。简文云：“市啬夫使不能独利市，邑啬夫……□邑啬夫□□至于市……其市者也□□□……”“啬夫”为职官名称，当是邑县以下各种部门最高长官的泛称。春秋战国时期，秦、晋、魏等国均置啬夫，又称大啬夫。县啬夫下设有各司其职的田啬夫、仓啬夫、苑啬夫、库啬夫。裘锡圭云：“县啬夫、乡啬夫是一县、一乡之长，官啬夫一般也都是一‘官’（可以是一个部门，也可以是一个具体单位）之长，《春秋繁露》以‘吏啬夫’和‘官长’指同一种人，就可以说明这一点。”[②] 银雀山汉墓所出竹书中的《田法》《库法》《市法》三篇，都有啬夫官名。《田法》有“邑啬夫”“田啬夫”，《库法》有“啬夫”“邑啬夫”“库啬夫”，《市法》有“市啬夫”“邑啬夫”，裘锡圭认为，《田法》《库法》《市法》“这三篇都提到了邑啬夫，显然就是县、乡啬夫一类的民啬夫。《田法》有田啬夫，《库法》有库啬夫，《市法》有市啬夫。从简文可以看出他们是主管县邑的田地、库、市的官啬夫”[③]。齐国很多职官大约根据其职务分工，而在“啬夫”前加一个定冠词，以表示其职责。《管子》就有吏啬夫、人啬夫的记载，《管子·君臣上》云：“吏啬夫任事，人啬夫任教”。尹知章注曰：“吏啬夫，谓检束群吏之官也，若督邮之比也。人啬夫亦谓检束百姓之官。”人啬夫主要检查百姓教化，“教在百姓，论在不挠。赏在信诚，体之以君

---

① 银雀山汉墓整理小组：《银雀山汉墓竹简》（壹），文物出版社 1985 年版，第 141 页。

② 裘锡圭：《古代文史研究新探·啬夫初探》，江苏古籍出版社 1992 年版，第 434 页。

③ 裘锡圭：《古代文史研究新探·啬夫初探》，江苏古籍出版社 1992 年版，第 453 页。

臣，其诚也以守战，如此则人啬夫之事究矣”。吏啬夫主要负责法律事务的检查，“吏啬夫尽有訾程事律，论法辟衡权斗斛，文劾不以私论，而以事为正，如此则吏啬夫之事究矣”①。尹知章注曰：“人啬夫之教既成，则人皆忠信，故无有独得善者；吏啬夫之律既成，人皆惧法，不敢为非。”市啬夫，管理市场的基层官员。邑啬夫，管理城邑的官员，级别较市啬夫为高，有更多的职责和职权范围，其中包括检查市啬夫的职责完成状况，监察市场的运行。假使市啬夫不能很好地管理市场，市之贸易出现混乱，邑啬夫就要到市中，干预市啬夫。根据《管子》记载，为便于管理市场，市还有办公的地方。《小匡》：“市立三乡，工立三族，泽立三虞，山立三衡。”② 黎翔凤云：“‘乡’即乡办公处，‘族’‘虞’‘衡’同义。”③

相较之下，《周礼》负责管理市场的官吏有详细的官职名称，并具体确定其职责范围。《周礼·地官》有“司市”一职，全面负责市场的管理，郑玄注曰：“司市，市官之长”。在“司市”之下，有“质人”评估市场物价；“廛人”掌市肆赋税等事；“胥师”掌管市场物价；“贾师”负责在市场上稳定物价；“司虣”“司稽”“胥”负责市的治安；“肆长”负责其掌管商肆的货物，使货物与价格相匹配，避免买者受骗；“泉府”负责收购市场上的滞销货物，然后卖给急需的人。《周礼》中这些主管市场的各级官吏名称，不见于银雀山汉简，但是在临淄出土的封泥和陶印中，发现了管理市场官吏的职官，孙文楷《稽庵古印笺》著录引齐印有“郪市师鉩”，裘锡圭云：“市师为一市之长”④。《周礼·地官·司市》云：“凡市入……市师莅焉，而听大治大讼。”郑注：“市师，司市也。”裘锡圭还根据《埙室》著录的一块封泥有“中市之相”，以及其他资料，认为“齐国印文中关于市的资料比较多，从中可以看出有关市的官吏的一些情况：市官之长称市师，副职称市相”⑤。《周礼》规定了管理市场官吏的职官制度，以司市为首，多人多层次地负责市场运行秩序。临淄出图的战国时期的陶文与封泥亦有司市与市相的职官，可见战国时期齐国市场管理的官员亦是参照宗周礼乐文明制度，至于汉简《市法》中所提到的

---

① 黎翔凤：《管子校注·君臣上》，中华书局新编诸子集成本2004年版，第546页。
② 黎翔凤：《管子校注·小匡》，中华书局新编诸子集成本2004年版，第400页。
③ 黎翔凤：《管子校注·小匡》，中华书局新编诸子集成本2004年版，第403页。
④ 裘锡圭：《裘锡圭自选集·战国文字中的“市”》，大象出版社1999年版，第111页。
⑤ 裘锡圭：《裘锡圭自选集·战国文字中的“市”》，大象出版社1999年版，第122页。

市啬夫与邑啬夫，则是对于主要管理者的指称，与临淄出土的封泥陶印中市官名称并不矛盾。

《管子》从理论上论述了“市”的作用，认为“市者，可以知治乱，可以知多寡”。市不仅是从事买卖的场所，还能调节国内需求，使国内物资达到均衡；主张通过行政手段，极端发挥市的功能，将齐国盛产的物资卖到其他国家，还将其他国家生产的主要物资吸引到齐国，通过市的功能影响其他国家。较之《管子》，汉简《市法》更为微观与详细。《市法》强调了市在自然运行的状态下，对国家依然具有重大影响；论述了市的特质与作用，包括市吏的职责、市的规模、市的税收标准及铺面安排、市官的种类；肯定了市的重要作用及市场功能，强调了市对于国家发展的重要价值；对于市吏的职责明确提出要求，明确了市的铺面大小及安排方式。通过简文，我们知道管理市的官员主要是市啬夫，他负责市的全面管理工作；市啬夫之上还有邑啬夫，后者主要负责监督市啬夫是否称职。邑啬夫检查市啬夫工作的方法，是亲自到市中察看市的运行状况。《管子》有关“市”的内容，为我们准确解读《市法》提供了重要的背景资料，《市法》因此显得生动而便于理解。

第三节　简文《李法》与《管子》对读

银雀山汉简《〈守法〉〈守令〉等十三篇》中，《李法》主要论述李官的职责权限，详细规定了对于违法官员的惩罚措施。将《李法》与《管子》对照研读，可以考察李官这一职官制度在齐国的地位与作用，以丰富《管子》和齐国历史文献的研究。

一、银雀山汉简中的李

李，通“理”，是治理狱讼的官员。《左传·昭公十四年》：“士景伯如楚，叔鱼摄理。”孔颖达疏引孔晁曰：“景伯，晋理官。”《礼记·月令》：“（孟秋之月）命理瞻伤、察创……决讼狱，必端平。”郑玄注：“理，治狱官也。有虞氏曰士，夏曰大理，周曰大司寇。”则理官起源甚早。《汉书·胡建传》有"《黄帝李法》"之说，颜师古注曰："李者，法官之号也，总主征伐之事也。故称其书曰《李法》。"章炳麟《官制索隐》云："理官亦借李字为之。《管子》云'皋陶为李'。《汉书·胡建传》引《黄帝李法》，此皆假借之字也。"

法，泛指法律。《易·噬嗑》："先王以明罚敕法。"《史记·孝文本纪》："法者，治之正也，所以禁暴而率善人也。"李法本义是李官在行政时，所执行的法律制度。银雀山汉简《李法》，则主要记载了李官的职责，以及对于触犯法律制度的官员实施处罚的准则，较一般李法的内容狭窄，是对于李官制度的补充。

简文"……□然而置李者，所以守国邑之□……"说明李官的职责，主要是负责保证国内法律制度的实施，还负责检查官员的为政状况，对于触犯刑律的官员，要给予相应的处罚，故简文云："……□吏啬夫有罪，坙（轻）重皆在国□谨以从事，国□……"吏啬夫有罪，则惩罚他在都邑中作公人，为官府服劳役，最轻的处罚是服役三天："……为公人三日。李主法，罚为公人一……"① 整理小组注曰："公人，指为公家服役之人。"② 若是官吏触犯法律，情节严重者，会受到更为严厉的处罚："□啬夫以其官罚□国城一岁，地…………□之邑啬夫夺半岁之艾（刈），其余□□……"③ 刈，指收割下来的庄稼。简文明确指出"□啬夫"和"邑啬夫"这些基层官员，若是不遵从职守，违背刑律，则受到等级不同的惩处。如□啬夫本为官吏，因为违犯其职守，要受到守城一年的处罚；邑啬夫违犯职守，则要没收其半年的粮食收入。从简文中可以看出，《李法》中的李官主要负责检查其他官员遵守职责的情况，官员一旦违背法律制度，会受到严厉的制裁，轻则为官府服役，重则半年的粮食收入被国家没收，更甚者被处以一年的劳役。

二、《管子》中的李

《管子》作为齐国典籍的汇总，亦记载了李官制度，《五行》云黄帝

① 银雀山汉墓整理小组：《银雀山汉墓竹简》（壹），文物出版社1985年版，第142页。
② 同注①。
③ 同注①。

时期，后土为李：“黄帝得六相而天地治，神明至。蚩尤明乎天道，故使为当时。大常察乎地利，故使为廪者。奢龙辨乎东方，故使为土师。祝融辨乎南方，故使为司徒。大封辨于西方，故使为司马。后土辨乎北方，故使为李。是故春者土师也，夏者司徒也，秋者司马也，冬者李也。”① 尹知章注曰：“李，狱官也。”舜之时，则以皋陶为李官，《法法》云：“舜之有天下也，禹为司空，契为司徒，皋陶为李。”② 尹知章注曰：“古治狱之官，作此李官。”可以推断，古代中国自从有了部落、国家，就有了负责从事刑事案件和狱讼的官员。

有周一代，周公制礼作乐，对周代之前的职官制度进行总结改造。姜太公作为四岳之后，对于典籍制度自然非常重视，《史记·齐太公世家》：“太公望吕尚者，东海上人。其先祖尝为四岳，佐禹平水土甚有功。虞夏之际封于吕，或封于申，姓姜氏。”司马贞索隐引谯周曰：“炎帝之裔，伯夷之后，掌四岳有功，封之于吕，子孙从其封姓，尚其后也。”③ 姜太公封齐，“因其俗，简其礼”，在保存东夷文化的同时，还采纳宗周的礼乐文明，制定齐国的政治行政制度，奠定了齐国的大国风貌。春秋初年管仲辅助齐桓公，又对西周初年姜太公设立的齐国制度有所继承与改造，而继续保留李官制度。根据《管子》记载，齐桓公时期的李官多由重要的官员任职，证明此职位非常重要。因为法令法规由李官负责贯彻实施，故齐相管仲在选拔李官的时候，重视其对于案件的裁决能力。《管子·小匡》记载，管仲相齐三个月，任命官员，曰：“升降揖让，进退闲习，辨辞之刚柔，臣不如隰朋，请立为大行。垦草入邑，辟土聚粟，多众，尽地之利，臣不如宁戚，请立为大司田。平原广牧，车不结辙，士不旋踵，鼓之而三军之士视死如归，臣不如王子城父，请立为大司马。决狱折中，不杀不辜，不诬无罪，臣不如宾胥无，请立为大司理。犯君颜色，进谏必忠，不辟死亡，不挠富贵，臣不如东郭牙，请立以为大谏之官。”④ 管仲任命的这些著名的官员之中，宾胥无因为判决狱讼，符合伦常规范，不枉杀不辜，不诬陷无罪，故管仲任命他做李官。朱熹《楚辞集注》：“折中，谓事理有不同者，执其两端而折其中，若《史记》所谓‘六艺折中于夫

① 黎翔凤：《管子校注·五行》，中华书局新编诸子集成本 2004 年版，第 865 页。
② 黎翔凤：《管子校注·法法》，中华书局新编诸子集成本 2004 年版，第 313 页。
③ 司马迁：《史记·齐太公世家》，中华书局 1959 年版，第 1477 页。
④ 黎翔凤：《管子校注·小匡》，中华书局新编诸子集成本 2004 年版，第 447 页。

子’是也。”[①] 宾胥无是齐桓公时期重要的卿大夫，《国语·齐语》记载，齐桓公“唯能用管夷吾、宁戚、隰朋、宾胥无、鲍叔牙之属而伯功立”[②]。《管子·小匡》亦云：“其相曰夷吾，大夫曰宁戚、隰朋、宾胥无、鲍叔牙。用此五子者何功度义，光德继法，绍终以遗后嗣。贻孝昭穆，大霸天下。”[③] 管仲任命宾胥无这样杰出的士人担任李官，证明齐国对于此职官的重视。

管子担任相职之后，对于齐国政治制度进行了改革，之后对于官员又有改任。齐桓公七年（前679年），管仲委任宾胥无负责齐国西部边疆的保卫工作，《管子·大匡》：“宾胥无坚强以良，可以为西土”[④]。大约在此前后，管仲任命铉子旗为理官，《小匡》：“使鲍叔牙为大谏，王子城父为将，铉子旗为理，宁戚为田，隰朋为行”。鲍叔牙为大谏，是给齐桓公提谏议；宁戚为田官，是教农夫以农事；隰朋为行人，负责出使诸侯国；铉子为理官，负责监狱案件。[⑤] 齐桓公十九年（前667年），齐国又对官员进行重新任命。《大匡》云：“桓公践位十九年”，“桓公使鲍叔识君臣之有善者，晏子识不仕与耕者之有善者，高子识工贾之有善者。国子为李，隰朋为东国，宾胥无为西土，弗郑为宅”[⑥]。齐桓公在位的第十九年，任命国子为李官。国子是齐国的上卿，他担任李官，说明当时齐国对于李官这一职位更加重视。按照宗周礼乐文明的规定，大国的卿有三人，其中二人为上卿，由周天子亲自任命。齐国的高、国两家世代为上卿，在齐国官员中等级最高。管仲是齐国的下卿，故管仲虽然为齐相，其地位依然不如高子、国子。《左传》记载，僖公十二年（前648年）“冬，齐侯使管夷吾平戎于王”，周天子“以上卿之礼飨管仲”，管仲推辞说：“有天子之二守国、高在，若节春秋来承王命，何以礼焉？陪臣敢辞”。卒“受下卿之礼而还”[⑦]。管仲帮助齐桓公尊王攘夷，建立了巨大的功勋，然地位仍不

① 朱熹：《楚辞集注》，中华书局1963年版，第70页。
② 《国语·齐语》，上海古籍出版社1998年版，第247页。
③ 黎翔凤：《管子校注·小匡》，中华书局新编诸子集成本2004年版，第440页。
④ 黎翔凤：《管子校注·大匡》，中华书局新编诸子集成本2004年版，第361页。
⑤ 黎翔凤：《管子校注·小匡》引尹桐阳曰：“《吕览》《说苑》作‘弦章’，《韩子》作‘弦商’，章、商声转，此云‘子旗’，其字与？”中华书局新编诸子集成本2004年版，第429页。
⑥ 黎翔凤：《管子校注·大匡》，中华书局新编诸子集成本2004年版，第368页。
⑦ 孔颖达：《春秋左传正义》，中华书局影印阮元校刻《十三经注疏》本，1980年版，第1802页下。

能与高、国二家相比。齐桓公中期任命国子为李官，负责齐国的治安与政治法律制度的实施，国子以上卿之位兼任李官，证明齐国对于法制的重视。根据《管子》，齐国非常重视法律制度的建设与实施，认为法出于礼，是礼的升华；法是天下之至道，人心彪悍，需要法律约束。主张严格按照法制做事，不能因个人喜好妨害法律的公正；亦不能因个人亲属朋友的关系而妨害法律的公平；对于自己厌恶之人，不能因情感上的不喜欢，而实施惩罚，并在制度层面上避免这种事情的发生。其目的是使国家大治，在诸侯国的竞争中取得强势地位。国君地位尊贵，得到民众拥戴，其根本原因在于严格执行法律。唯有在法制的条文下，使官、吏、民各司其职，方可治理好国家。根据现有文献，齐桓公时期，齐国先后由宾胥无、铉子旗、国子任李官，负责齐国的法律案件和狱讼。他们都是齐桓公时期的主要官员，其中宾胥无是齐国的大夫，善于处理国内的混乱局面；国子在齐国更是起到举足轻重的作用。

将银雀山汉简《李法》与《管子》中涉及李官的内容依次排比，可以发现简文与《管子》内容互相补充，使我们对齐国职官制度中的李官有比较清晰的认识。简文《李法》主要记载了李官的职责，以及对违法官员的惩处制度，详细开列了轻重不等的惩罚措施，这种惩处制度在《管子》中没有记载。《管子》是一部治国之书，主要是大的政策法规的制定，记载了部分官员的任职情况和选拔李官的具体要求，从相关内容中可以推断李官的职责权限及行政要求。汉简《李法》则记载了具体法规的实施情况，涉及对于违犯法规官员的详细制裁措施。我们从《〈守法〉〈守令〉等十三篇》中的《李法》《王法》《田法》篇可以看出，银雀山汉简比较重视惩罚制度的实施，而不仅仅从理论上教化官吏遵守国家法律制度，这当是随着时代的变迁，根据战国时期齐国具体国情而采取的新的治国方略。

第四节　简文《王法》与《管子》对读

银雀山汉简《王法》并非当时实施的政策，而是向君主提出的王者治国之道，故篇中四次出现“臣闻”，以增强其论证效果。其主要内容，是臣下向君主谏议，主张重视农业生产，反对末业；促使闲散人员从事农业，对于不勤勉耕种的人实施处罚；提出诸侯国之间的交往原则及王霸之道。

一、简朴生活

《王法》认为欲富裕国家，需要开垦田地，去除杂草，加高城墙，保护城邑，禁止邪恶，消除祸患："凡欲富国豤（垦）草仁（仞）邑，必外示之以利，内为禁邪除害"[①]。其目的是给百姓以利益。垦草，开垦荒地。《管子·重令》云："何谓民之经产？畜长树艺，务时殖谷，力农垦草，禁止末事者，民之经产也。"[②] 与简文内容接近。《王法》认为，重视农业生产，当与禁止末业同时并行，因而禁止做以下事情：禁止彩绘装饰物品，禁止使用雕刻精致的器物，禁止在绸缎衣服上刺绣华美的花纹，禁止穿着缝制精美的织锦，禁止用大量时间缝制衣服；还禁止从事工商业，禁止整日无所事事，谈天说地。简文云："诸周（雕）文、刻娄（镂）、补（黼）绂（黻）、綦（纂）组、针𦇧（线）之事，及为末作，捶（垂）拱倚立谈语，皆勿得为也。"[③] 雕文，将物品以彩绘、花纹为装饰。末作，指工商业。

《王法》上述观点与《管子》多有相合之处。《管子·小匡》："垦草入邑，辟土聚粟多众，尽地之利。"《管子》亦反对侈靡，主张民众过简朴的生活。《重令》云："菽粟不足，末生不禁，民必有饥饿之色，而工以雕文刻镂相稺也，谓之逆。布帛不足，衣服毋度，民必有冻寒之伤，而女以美衣锦绣綦组相稺也，谓之逆。"[④]《管子》认为雕文刻镂、美衣锦绣綦组，是逆势的行为，会造成国家的贫困，《立政》曰："工事竞于刻镂，女事繁于文章，国之贫也"。又云："工事无刻镂，女事无文章，国之富也。"工匠竞相刻镂器具，女子忙于织造繁花似锦的绸缎，都会花费大量的财力，这是造成国家贫困的根源，需要禁止。《管子》认为，若是君主、百姓都过奢侈的生活，"主上无积而宫室美，氓家无积而衣服修，乘

---

① 银雀山汉墓整理小组：《银雀山汉墓竹简》（壹），文物出版社 1985 年版，第 142 页。

② 黎翔凤：《管子校注·重令》，中华书局新编诸子集成本 2004 年版，第 286 页。

③ 同注①。

④ 黎翔凤：《管子校注·重令》，中华书局新编诸子集成本 2004 年版，第 285 页。

车者饰观望，步行者杂文采，本资少而末用多者”，其结果是“国侈则用费，用费则民贫，民贫则奸智生，奸智生则邪巧作。故奸邪之所生，生于匮不足。匮不足之所生，生于侈，侈之所生，生于毋度”，故《管子》主张“审度量，节衣服，俭财用，禁侈泰”，宫室要有限度，《八观》：“国虽充盈，金玉虽多，宫室必有度”。若是君主过分奢侈，会使民众有过多的徭役，因之产生怨恨之心，“主上用财毋已，是民用力毋休也，故曰，台榭相望者，其上下相怨也”。至于雕文刻镂的作用，是明乎贵贱：“明君制宗庙，足以设宾祀，不求其美；为宫室台榭，足以避燥湿寒暑，不求其大；为雕文刻镂，足以辩贵贱，不求其观”[①]。《禁藏》亦云：“故立身于中，养有节。宫室足以避燥湿，食饮足以和血气，衣服足以适寒温，礼仪足以别贵贱，游虞足以发欢欣，棺椁足以朽骨，衣衾足以朽肉，坟墓足以道记。”[②]《管子》亦禁止百姓从事末作，《治国》云：“凡为国之急者，必先禁其末作文巧。末作文巧禁，则民无所游食。民无所游食，则必农”[③]。因为从事末作文巧，则百姓容易产生偷堕之心，不愿意从事农业生产，而丧失了国之根本。

齐国四民分业，工匠雕文刻镂制作的产品，主要用以别贵贱，或者通过其制造的手工产品与其他国家农产品进行交换，获得财富，以富裕国家。《山至数》：“漏壤之国，谨下诸侯之五谷，与工雕文梓器，以下天下之五谷，此准时五势之数也。”工师当自觉防止其产品流入乡间，眩人心目。《立政》：“论百工，审时事，辩功苦，上完利，监壹五乡，以时钧修焉，使刻镂文采毋敢造于乡，工师之事也。”[④] 君主若喜好玩好，民务于末作，如此则备用不足；君主喜好珍奇之物，则农夫劳苦而不免于饥；君主喜好文绣，则女工伤成，而天下人没有衣服穿。《五辅》：“今工以巧矣，而民不足于备用者，其悦在玩好。农以劳矣，而天下饥者，其悦在珍怪，方丈陈于前。女以巧矣，而天下寒者，其悦在文绣。”[⑤] 故当简朴生活：“是故博带梨，大袂列，文绣染，刻镂削，雕琢采，关幾而不征，市

---

① 黎翔凤：《管子校注·法法》，中华书局新编诸子集成本 2004 年版，第 298 ~ 299 页。
② 黎翔凤：《管子校注·禁藏》，中华书局新编诸子集成本 2004 年版，第 1012 页。
③ 黎翔凤：《管子校注·治国》，中华书局新编诸子集成本 2004 年版，第 924 页。
④ 黎翔凤：《管子校注·立政》，中华书局新编诸子集成本 2004 年版，第 73 ~ 74 页。
⑤ 黎翔凤：《管子校注·五辅》，中华书局新编诸子集成本 2004 年版，第 201 页。

鄽而不税，古之良工，不劳其知巧以为玩好。是故无用之物，守法者不失。”① 使民风纯朴，国家自然富裕。

《管子》亦反对民众无事而在路旁闲谈。《轻重丁》：“途旁之树未沐之时，五衢之民，男女相好往来之市者，罢市，相睹树下，谈语终日不归。男女当壮，扶辇推舆，相睹树下，戏笑超距，终日不归。父兄相睹树下，论议玄语，终日不归。是以田不发，五谷不播，麻桑不种，茧缕不治。内严一家而三不归，则帛布丝纩之贾安得不贵。”② 民众到集市上买卖货物，罢市之后，在树下谈话；壮年男女，因为谈笑而耽误了农业生产；父子兄弟玄谈而终日不回家，因而耽误各种事情。

二、重视农业

《王法》上呈君主之时，国内从事农业生产的人仅占劳动力的一半，简文云:“臣闻今世捶（垂）拱牟戎（农）粟而食者二人，随戎（农）者一人，与戎（农）者三人，然世审节之而以足”③。根据简文，当时存在的情况是，有三个农夫从事农业生产，则另有二人无所事事，侵夺农夫种植的粮食；另有一人依从农夫而生活，因之国家有一半的人不从事农业，民众的生活刚刚得到保障。若使游闲的人从事农业，他们劳作一年生产的粮食，能够使国家多出三年的余粮；两年从事农业生产，国家会多出六年的余粮；劳作三年，则会多出十年的余粮，“尝试使三人一岁俱出耒耨之端，是有三岁余食也。二岁俱出耒【耨之】端，是有六岁余食也。三岁俱出耒耨之端，是有十岁余食也”④。多数人从事农业生产，国家必然富裕。

《管子》认为，农夫劳动能力不同，种植的土地肥瘠不同，粮食产量也不相同。《乘马数》：“有一人耕而五人食者，有一人耕而四人食者，有一人耕而三人食者，有一人耕而二人食者。此齐力而功地，田筴相员。此国筴之时守也。君不守以筴，则民且守于上，此国筴流已。”⑤ 有的农夫

① 黎翔凤：《管子校注·五辅》，中华书局新编诸子集成本2004年版，第201～202页。
② 黎翔凤：《管子校注·轻重丁》，中华书局新编诸子集成本2004年版，第1497页。
③ 银雀山汉墓整理小组：《银雀山汉墓竹简》（壹），文物出版社1985年版，第142页。
④ 银雀山汉墓整理小组：《银雀山汉墓竹简》（壹），文物出版社1985年版，第142～143页。
⑤ 黎翔凤：《管子校注·乘马数》，中华书局新编诸子集成本2004年版，第1233页。

一人耕种土地，所产出的粮食能够满足五个人需要；有的农夫耕种土地，产出的粮食能够满足四人需要；有的农夫耕种土地，产出的粮食能够满足三人的需要；有的农夫耕种土地产出的粮食能够满足两人的需要。简文中提到的“捶（垂）拱牟戎（农）粟而食者二人，随戎（农）者一人，与戎（农）者三人，然世审节之而以足”，认为一个农夫的农业生产能够满足另外一人的粮食需要，是一种较低的农业生产标准。

至于农家的住房，上等人家的宅院一般四亩大小，中等人家的宅院三亩，贫寒人家的宅院二亩：“上家□亩四，中家三亩，下家二亩”。整理小组注：“此处所言亩数疑是廛宅之地的面积”①，甚是。宅院房屋前后可以种植桑树，故《孟子·梁惠王上》云：“五亩之宅，树之以桑，五十者可以衣帛矣”。

三、惩罚措施

年终农户粮食需要储备充足，以备来年。汉简云：“岁十月，卒岁之餐具。”“卒岁”，年终。此篇以十月为岁终之月，规定年终每人要有七石九斗的余粮，若达不到这个标准，父母去世也不得含饭，“无余食人七石九斗者，亲死不得含”。含，即含饭，放在死者口中的珠、玉、米、贝等物。杜预注《春秋·文公五年》曰：“珠玉曰含。含，口实。”陆德明释文：“含，本亦作琀。《说文》作琀，云：送终口中玉琄。”

百姓在岁终，还要将冬季御寒的衣服准备好，每人要有四十尺布、十尺帛，若达不到这个标准，父母去世，则不得用布帛覆盖他们的遗体：“十月冬衣毕具，无余布人卌尺、余帛人十尺者，亲死不得为帍（幠）”。幠，覆盖。《仪礼·士丧礼》：“死于适室，幠用敛衾。”郑玄注：“幠，覆也。”家中没有一百根手把粗细的树木，父母去世，则不准为他们打造外棺：“中□之木把拼（棄）以上，室中不盈百枚者，亲死不得为郭（椁）”。“椁”，套在棺外的大棺。《周礼·地官·闾师》：“不树者无椁，不蚕者不帛。”郑玄注：“椁，周棺也。”《庄子·天下》：“古之丧礼，贵贱有仪，上下有等。天子棺椁七重，诸侯五重，大夫三重，士再重。今墨子独生不歌，死不服，桐棺三寸而无椁。”家中没有水井，父母去世，则

① 银雀山汉墓整理小组：《银雀山汉墓竹简》（壹），文物出版社1985年版，第144页。

不得擦洗其遗体，“无井者，亲死不得浴”。若是厅房不建筑在高大的台基之上，则父母去世时，不准将灵柩暂殡于家中，“无堂者，亲死不得肂(殔)。”堂，建于高台基之上的厅房。古时，整幢房子建筑在一个高出地面的台基上。前面是堂，通常是行吉凶大礼的地方，不住人；堂后面是室，住人。《诗·唐风·蟋蟀》：“蟋蟀在堂。”《礼记·礼器》：“天子之堂九尺……士三尺。”《论语·先进》：“由也升堂矣，未入于室也。”《说文·土部》：“堂，殿也。”段玉裁注：“堂之所以称殿者，正谓前有陛，四缘皆高起……古曰堂，汉以后曰殿。古上下皆称堂，汉上下皆称殿，至唐以后，人臣无有称殿者矣。”以上内容，要求重视农业生产，农夫年终需要准备足够的粮食、布帛、树木，家中要有井，造房屋要在高地上设有厅堂，否则会受到相应的处罚。汉简《王法》对于不能够完成生产目标的百姓，实施严厉的处罚，所列的处罚内容相当周密，与《周礼》接近，《地官·闾师》云：“凡庶民，不畜者祭无牲，不耕者祭无盛，不树者无椁，不蚕者不帛，不绩者不衰”①。

《管子》认为，人的饮食、衣服、宫室、六畜、人徒、舟车、陈器都有一定标准。《立政》：“度爵而制服，量禄而用财。饮食有量，衣服有制，宫室有度，六畜人徒有数，舟车陈器有禁。修生则有轩冕、服位、谷禄、田宅之分，死则有棺椁、绞衾、圹垄之度。”② 许维遹云：“《礼记·檀弓篇》：‘制绞衾’，郑《注》：‘绞衾，尸之饰。’《丧大记》：‘小敛布绞’，郑《注》：‘绞，既敛所以束坚之者也。’”③ 丧葬亦有规制，《山国轨》：“握以下者为柴楂，把以上者为室奉，三围以上为棺椁之奉。柴楂之租若干，室奉之租若干，棺椁之租若干”④。还说：“盐铁抚轨。谷一廪十，君常操九，民衣食而繇，下安无怨咎。去其田赋，以租其山，巨家重葬其亲者，服重租。小家菲葬其亲者，服小租。巨家美修其宫室者，服重租。小家为室庐者，服小租。上立轨于国，民之贫富如加之以绳，谓之国轨。”⑤ 则亲人去世，棺椁、绞衾、圹垄都有标准。

① 贾公彦：《周礼注疏》，中华书局影印阮元校刻《十三经注疏》本，727 页中。
② 黎翔凤：《管子校注·立政》，中华书局新编诸子集成本 2004 年版，第 76 页。
③ 黎翔凤：《管子校注·立政》，中华书局新编诸子集成本 2004 年版，第 77 页。
④ 黎翔凤：《管子校注·山国轨》，中华书局新编诸子集成本 2004 年版，第 1297 页。
⑤ 同注④。

四、土地与来民

《王法》云，一县之中，土地能够开垦一半，生产的粮食足以养活本地的民众。另外一半是山林溪谷之地，沼泽水地能够生长蒲苇，鱼鳖虾蟹从中出，山林之地则是薪柴生长之地，只要充分治理，民众生活条件会很好，其他诸侯国的百姓也会迁徙而来："一县半猳（垦）者，足以养其民。其半为山林溪浴（谷），蒲苇鱼鳖所出，薪蒸□□……而归之"。此处主要讲述齐国土地的构成，一半为开垦的田地，一半为山林溪谷，后者产出的蒲苇、鱼鳖、薪蒸，主要归之于民。相较之下，《管子》所述内容更为广泛，认为有的国家山多，有的国家水多，土地条件各不相同，需要根据情况进行税收。《山至数》："有山处之国，有泛下多水之国，有山地分之国，有水泆之国，有漏壤之国。此国之五势，人君之所忧也。山处之国，常藏谷三分之一。泛下多水之国，常操国谷三分之一。山地分之国，常操国谷十分之三。水泉之所伤，水泆之国，常操十分之二。漏壤之国，谨下诸侯之五谷，与工雕文梓器，以下天下之五谷。此准时五势之数也。"[①] 土地除农田之外，还有曼山丘陵、滩涂草泽之地，各有产出，故《管子·乘马》详细规定了不同土地有不同的税收，此在银雀山汉简《田法》中亦有论述。

因为君主对待民众宽厚仁慈，故百姓多从其他诸侯国迁徙而来。简文《王法》云："少者曰：我且往长焉。壮者曰：我且往观焉。老者曰：我且往死焉。"迁徙而来的有少年、壮年、老年，国家实力大大提高："是故不刑一民，不伤一丈夫，而海之外内可得……矣。"[②] 唯有爱民、亲民，民众才会拥戴君主。《管子》亦认为，国君当近德远色，爱护民众。《戒》云："人有患劳，而上使之以时，则人不患劳也。"人担心挨饿，君主应减轻税敛，"人患饥，而上薄敛焉，则人不患饥"；人担心刑罚过分严酷，君主当宽刑罚，"人患死，而上宽刑焉，则人不患死矣"；国君接近品德高尚之人，远离女色，则国内之人都将国君看作父母一般，其他国家的民众也会蜂拥而至。"近有德而远有色，则四封之内视君其犹父母邪，四方

---

① 黎翔凤：《管子校注·山至数》，中华书局新编诸子集成本 2004 年版，第 1349 页。

② 银雀山汉墓整理小组：《银雀山汉墓竹简》（壹），文物出版社 1985 年版，第 143 页。

之外归君其犹流水乎。”① 民归之若流水，是春秋战国时期君主的梦想，这需要君主实施的政策符合百姓心愿，使百姓过上安宁富足的生活，才能吸引民众。

五、为国之道

《王法》认为：诸侯国中，大国做事需要符合仁义，明于道德；中等国家当以防守为主；小国需要尊重其他国家，这是天地自然之道。“大国行仁义，明道悳（德），中国守战，小国事养，天地之礼也。”这与汉简《要言》所说“……大国事明法制，饬仁义；中国以守战为功；小国以事养为安”，含义接近。

《王法》主张少年要尊重长者，地位低下的人要尊重地位高的人，贫穷之人要尊重富裕之人，乱国要尊重治国，弱国小国要尊重大国强国，这也是天地之道。“故少不可不事长，贱不可不事贵，贫不可不事【富，乱不可不事治，小不可不】事大，弱不可不事强。”若是做不到这一点，必然带来灾难。“少而不事长，胃（谓）之□□；贱而不事贵，胃（谓）之不遂；贫而不事富，胃（谓）之困道；弱而不事强，胃（谓）之挠央（殃）；小而不事大，胃（谓）之召害；乱而不事治，胃（谓）之无时；不可不审也。”《管子》亦有相关论述，《枢言》云：“贱固事贵，不肖固事贤。”《霸言》云：“折节事强以避罪，小国之形也。”然《管子》还主张以贵事贱，以贤事不肖，并对这种行为以极高的评价。《枢言》云：“贵之所以能成其贵者，以其贵而事贱也。贤之所以能成其贤者，以其贤而事不肖也。”②

六、王霸之道

《王法》描绘了理想国家的蓝图，言古代王者，鸡犬之声相闻，而人民老死不相往来。“臣闻古之王者，鸡狗之声相闻，其人民至死不得相问见也。”相问，互相赠送。《礼记·杂记下》：“相问也，既封而

① 黎翔凤：《管子校注·戒》，中华书局新编诸子集成本2004年版，第514页。
② 黎翔凤：《管子校注·枢言》，中华书局新编诸子集成本2004年版，第250页。

退。”郑玄注：“相问，尝相惠遗也。”韦昭注《国语·吴语》曰：“问，遗也。”相见，彼此会面。《王法》认为，人们不相往来，是没有这方面的需求：“上非禁其相问见之道也，法立令行而民毋以相问见为也。凡民为礼节，相朝夕问见者，外以备患祸，内以备衣食也”。若是衣食充足，国家能够满足民众的需要，民众辛劳的时候，能够使之佚乐，饥则使之饱，寒则使之有衣服保暖，国家必然大治。“柏（霸）王之国，其民劳能佚之，饥能食之，寒能衣之，乱能治之。”自然能成为王霸之国。若不能满足民众需要，“饥弗能食，寒弗能衣，乱弗能治，则外弗能杀，中弗能禁，内弗能使”，国家必然会陷入混乱之中。霸王之国，满足人民需求，民众愿意听从君主的驱遣，“上操三者，民外无□□，内无戚欲也。杀之则死，生之则生，欲使之则使，在上□□能审此三者，柏（霸）王之道也。不能审此三者而言王者，是虚而为大，跂而为长，臣以为英（难）。……”《管子》亦有此种观点，《轻重甲》云：“桀者，冬不为杠，夏不束柎，以观冻溺。弛牝虎充市，以观其惊骇。至汤而不然，夷竞而积粟，饥者食之，寒者衣之”，故“天下归汤若流水”①。

王霸的根本目的是使国家安定，长幼有序，广土地，尊主令，富国强兵。《王法》：“所以□长少也，所以和六亲也，所以富国也，所以强兵也，所以广土也，所以尊主也，所以行令也。”然后达到王霸之境地：“国富则民众，民众则兵强，兵强则土广，土广则主尊，【主尊】则令行，【令行】则敌人制，【敌人制】则诸侯宾服，【诸侯宾】服则□立，□立则王者之翘治也，不可不审也。”王霸之道最重要的一点是富国强兵，这与《管子》有暗合之处，《重令》云：“地大，国富，人众，兵强，此霸王之本也。”《治国》云：“民事农则田垦，田垦则粟多，粟多则国富，国富者兵强，兵强者战胜，战胜者地广。是以先王知众民、强兵、广地、富国之必生于粟也，故禁末作，止奇巧，而利农事。”②《形势解》亦云：“主之所以为功者，富强也。故国富兵强，则诸侯服其政，邻敌畏其威。虽不用宝币事诸侯，诸侯不敢犯也。”《形势解》还从反面论述国贫兵弱的危害：“主之所以为罪者，贫弱

① 黎翔凤：《管子校注·轻重甲》，中华书局新编诸子集成本2004年版，第1401页。
② 黎翔凤：《管子校注·治国》，中华书局新编诸子集成本2004年版，第924页。

也。故国贫兵弱，战则不胜，守则不固。虽出名器重宝以事邻敌，不免于死亡之患。”① 富国强兵需要以品德节制，《重令》：“德不加于弱小，威不信于强大，征伐不能服天下，而求霸诸侯，不可得也。威有与两立，兵有与分争，德不能怀远国，令不能一诸侯，而求王天下，不可得也”。以法度为准绳，《形势解》云：“地大国富，民众兵强，此盛满之国也。虽已盛满，无德厚以安之，无度数以治之，则国非其国，而民无其民也”②。

行王道需要明白天地之道，人心之变，对内安定民众，对外不冒犯其他诸侯国。《重令》：“天道之数，至则反，盛则衰。人心之变，有余则骄，骄则缓怠。夫骄者骄诸侯，骄诸侯者，诸侯失于外。缓怠者，民乱于内。诸侯失于外，民乱于内，天道也。此危亡之时也。若夫地虽大，而不并兼，不攘夺。人虽众，不缓怠，不傲下。国虽富，不侈泰，不纵欲。兵虽强，不轻侮诸侯，动众用兵，必为天下政理，此正天下之本，而霸王之主也。”③《管子》认为，农业生产非常重要，将农业生产放到最重要的地位之上，则国家的粮食储备必然增加，如此则国富民强，人民安居，国家大治。因之治理国家必须先使民众富裕，民富则国家容易管理，民贫则难以治理。因为民富之后会看重家庭财产，因之尊重上司，畏惧刑罚，《治国》：“凡治国之道，必先富民。民富则易治也，民贫则难治也”。“民富则安乡重家，安乡重家则敬上畏罪，敬上畏罪则易治也。”当国民贫穷的时候，则不安其所生活的条件，会犯上，违背法律制度，“民贫则危乡轻家，危乡轻家则敢陵上犯禁，凌上犯禁则难治也”。其结果是治国越来越富，乱国越来越贫穷，“故治国常富，而乱国必贫”。故治理国家，必须首先富民，然后才能治民。《治国》云：“农事胜则入粟多，入粟多则国富，国富则安乡重家，安乡重家则虽变俗易习，欧众移民，至于杀之，而民不恶也。”土地博大，需要专门的官吏去加强田地的管理。若是野无吏，则不能够有效地开垦土地。《权修》：“万乘之国，兵不可以无主。土地博大，野不可以无吏。百姓殷众，官不可以无长。操民之命，朝不可以无政。地博而国贫

① 黎翔凤：《管子校注·形势解》，中华书局新编诸子集成本2004年版，第1173页。
② 黎翔凤：《管子校注·形势解》，中华书局新编诸子集成本2004年版，第1182页。
③ 黎翔凤：《管子校注·重令》，中华书局新编诸子集成本2004年版，第289页。

者，野不辟也。民众而兵弱者，民无取也。”[①]《五辅》详细论说王霸之道：“实圹虚，垦田畴，修墙屋，则国家富。节饮食，撙衣服，则财用足。举贤良，务功劳，布德惠，则贤人进。逐奸人，诘诈伪，去谗慝，则奸人止。修饥馑，救灾害，赈罢露，则国家定。明王之务，在于强本事，去无用，然后民可使富。论贤人，用有能，而民可使治。薄税敛，毋苟于民，待以忠爱，而民可使亲。三者，霸王之事也。”[②] 尹知章注：“本事，谓农桑也。无用，谓末作也。”

七、民之称谓

《王法》言帝、王、霸、诸侯对于百姓有不同的称呼：“……帝者胃（谓）人黔人，王者胃（谓）之黔首，柏（霸）者胃（谓）之民，诸侯胃（谓）之明（萌）。”帝称百姓为黔人，王称之为黔首，霸称之为民，诸侯称之为萌。今按：黔之本义为黑色。《左传·襄公十七年》：“宋皇国父为大宰，为平公筑台，妨于农收。子罕请俟农功之毕，公弗许。筑者讴曰：‘泽门之皙，实兴我役；邑中之黔，实慰我心。’”杜预注：“子罕黑色而居邑中。”黔首是秦始皇统一中国后对于百姓的命名，《史记·秦始皇本纪》：“二十六年……更民名曰黔首。”《礼记》亦有“黔首”之称，《祭义》云：“明命鬼神，以为黔首则。”郑玄注：“黔首，谓民也。”孔颖达疏：“黔首，谓万民也。黔，谓黑也。凡人以黑巾覆头，故谓之黔首。”根据沈文倬先生对于《礼记》的研究，认为《礼记》内容沿袭已久，然隶定成书时间较晚，故《礼记》在隶定过程中夹杂了秦汉的名称以指代先秦时期的人和事。

《王法》论述了王者之道，认为王者必须重视道德修养，行仁义之道，治理国家依靠法律制度，明确国家内的事情，哪些可以做，哪些不可以做：“王者必明道悳（德），饬仁义，为……法制，明度量也”。《管子》亦重视道德、仁义，《揆度》：“天下宾服，有海内，以富诚信仁义之士，故民高辞让，无为奇怪者。彼轻重者，诸侯不服以出战，诸侯宾服以行仁义”。对于君主之道德多有赞美，《君臣下》：“道德定于上，则百姓化于

---

① 黎翔凤：《管子校注·权修》，中华书局新编诸子集成本 2004 年版，第 48 页。
② 黎翔凤：《管子校注·五辅》，中华书局新编诸子集成本 2004 年版，第 201 页。

下矣”。《形势解》亦云：“贵富尊显，民归乐之，人主莫不欲也。故欲民之怀乐己者，必服道德而勿厌也。”《管子》亦重视度量。此处的度量，主要是法度之义。《侈靡》：“法制度量，王者典器也。”《明法解》：“明主者，一度量，立表仪而坚守之，故令下而民从。”《任法》亦云：“夫爱人不私赏也，恶人不私罚也。置仪设法，以度量断者，上主也。”[①] 主张依法治国，“不知亲疏远近、贵贱美恶，以度量断之。其杀戮人者，不怨也。以法制行之，如天地之无私也”。因为《管子》认识到国家若是没有法度，则政令不行，“朝庭不肃，贵贱不明，长幼不分，度量不审，衣服无等，上下凌节，而求百姓之尊主政令，不可得也”[②]。人们忙于私利，国家陷于混乱之中，《任法》：“群党比周以立其私，请谒任举以乱公法，人用其心以幸于上，上无度量以禁之。是以私说日益，而公法日损”。因之虽然有奖赏，而民众因为无所依傍，难以受到激励，《法法》：“礼义已行又止之，度量已制又迁之，刑法已错又移之，如是则庆赏虽重，民不劝也”。故治理国家必须重视道德仁义，法制度量。

综上，银雀山汉简《王法》主要论述了王者之道，有着很强的现实政治基础。《王法》重视农业生产，提倡简朴生活，反对末业，主张使闲散人员从事农业，重视粮食的储藏，重视民众生活，提出诸侯国之间的交往之道，主张根据自己国家的大小、实力的强弱，采取恰当的交往方式。《王法》赞成《道德经》提出的“鸡犬之声相闻，老死不相往来”的主张，认为王者能够满足民众各方面的需求，则民就没有交往的需要了，这是治国的极高境界。《王法》认为王霸之道的重要条件是富国、强兵、广土、尊主、行令。这无疑吸收了《管子》重视农业生产的思想，故简文中许多语言、思想与《管子》接近。较之《管子》，《王法》对于不能完成劳动任务的百姓，有详细而严格的惩罚措施，这在《管子》中没有出现。《王法》的惩处方式，与《田法》非常接近，故银雀山汉简《〈守法〉〈守令〉等十三篇》在一起抄写，也不是偶然的。

---

① 黎翔凤：《管子校注·任法》，中华书局新编诸子集成本2004年版，第908页。

② 黎翔凤：《管子校注·权修》，中华书局新编诸子集成本2004年版，第53页。

第五节　简文《田法》与《管子》对读

银雀山汉简《田法》主要记载了土地管理和税收方面的法律制度①，涉及内容颇广，现根据简文内容做出分析。

一、城建与治国

《田法》认为，建设城邑，须选择适合的土地，城邑的规模要与外围地区大小相称，如此则退可以据守，出可以攻战："量土地肥膮（硗）而立邑建城，以城禹（称）……三相禹（称），出可以战……"硗，指土质坚硬瘠薄。《国语·楚语上》："瘠硗之地，于是乎为之。"韦昭注："硗，确也。"颜师古注《汉书·贾山传》："硗，埆，瘠薄也。"简文内容与《尉缭子·兵谈》相近："量土地肥硗而立邑建城，以城（此二字今本脱，据银雀山本补）称地，以地（今本作"城"，据银雀山本改正）称人，以人称粟。三相称，则内可以固守，外可以战胜。"② 又与《礼记·王制》："凡居民，量地以制邑，度地以居民，地邑民居，必参相得也，意思相近。

《管子》作为齐国历史文献的精粹，论述了其城建思想。《乘马》云："凡立国都，非于大山之下，必于广川之上。高毋近旱而水用足，下毋近水而沟防省。因天材，就地利，故城郭不必中规矩，道路不必中准绳。"③建立国都，要在大山之下，在广阔的平原之地，须要水源充足，根据天地之势，建立都邑。都邑的形制不见得中规中矩，城邑内的道路不一定是正直方向，要根据自然地理环境建设都邑，齐都临淄的建设符合这一学

① 李学勤在《〈田法〉讲疏》中，认为"《田法》开首一段同于《尉缭子·兵谈》，后面多似《管子·乘马》，有的地方类似于《管子·立政》"。见李学勤：《简帛佚书与学术史·〈田法〉讲疏》，江西教育出版社2001年版，第362页。

② 改正文字参照银雀山汉墓整理小组的整理资料。

③ 黎翔凤：《管子校注·乘马》，中华书局新编诸子集成本2004年版，第83页。

说[①]。至于一般城市的建设，《管子》也有专门论述。《度地》云："圣人之处国者，必于不倾之地。而择地形之肥饶者，乡山，左右经水若泽，内为落渠之写，因大川而注焉。乃以其天材，地之所生利，养其人以育六畜。"[②] 选择土地肥沃的地方建立城邑，背靠大山，城邑的周围有河水，便于防守，也便于根据当地资源，种植谷物，养殖牲畜，民众更容易生活。这与《田法》观点接近。

至于国家规模，《田法》云："百里【而一】县，千里而一国，古之……" 其大意是古代之国家方圆一千里，县百里，这与《逸周书·作雒》"制郊甸方六百里，国（因）西土为方千里，分以百县"[③] 之规模接近。据《管子》，天子之国千里，一般诸侯国百里、七十里、五十里，大小不等。《事语》："彼天子之制，壤方千里，齐诸侯方百里，负海子七十里，男五十里，若胸臂之相使也，故准、徐疾羸不足，虽在下也，不为君忧。"[④] 尹桐阳曰："'齐'，众也。《尔雅》作'黎'。"[⑤] 天子之国，地方千里，众多诸侯国，地方百里，子国地方七十里，男国地方五十里，这些诸侯国大小各有差等。又《管子·轻重乙》："请与之立壤列天下之旁，天子中立，地方千里，兼霸之壤三百有余里，佌诸侯度百里，负海子男者度七十里。"[⑥] 云天子之国千里，霸王之国三百多里，众多诸侯国地方百里，依山傍海的子国、男国地方七十里，土地大小不等，长幼有序。《田法》所言之国，当是天子之国。

治理国家，要使人民勤勉，重视农业生产，民众富裕则没有诸侯攻打并吞之患，也没有国内之乱，如此内外平安。《田法》云："□示民明（萌）以作务□□□…………□□□□□□示民明（萌）毋解（懈）怠。如此则外无诸侯之患，内无□□之忧，出可以御僪（敌），入可……"

---

① 群力：《临淄齐国故城勘探纪要》，《文物》1972年第5期。
② 黎翔凤：《管子校注·度地》，中华书局新编诸子集成本2004年版，第1050～1051页。
③《逸周书》，辽宁教育出版社1997年版，第41页。
④ 黎翔凤：《管子校注·事语》，中华书局新编诸子集成本2004年版，第1240～1241页。
⑤ 黎翔凤：《管子校注·事语》，中华书局新编诸子集成本2004年版，第1242页。
⑥ 黎翔凤：《管子校注·轻重乙》，中华书局新编诸子集成本2004年版，第1443～1444页。

二、授田、赋役与农业

《田法》主张根据家庭人口多少的不同，分给不同的土地，家庭人口多，须供养的人多，要分上好的土地，人口少，则分次等的土地："□□法之大术也。食口七人，上家之数也。食口六人，中家之数也。食口五人，下【家之数也】"。这里所说，与《周礼》接近。《周礼·地官·小司徒》云："乃均土地以稽其人民而周知其数。上地家七人，可任也者家三人。中地家六人，可任也者二家五人。下地家五人，可任也者家二人。"郑玄注曰："一家男女七人以上，则授之以上地，所养者众也。男女五人以下，则授之以下地，所养者寡也。正以七人六人五人为率者，有夫有妇然后为家，自二人以至于十，为九等，七六五者为其中，可任谓丁强任力役之事者，出老者一人，其余男女强弱相半其大数。"《周礼》疏曰："彼言五等，此云七、六、五三等，其人不同。故郑为九等计之，此经皆云家，故郑云，有夫有妇乃成家。从此二人为一等，至十人，则为九等。自二人三人四人是下地之三等也。五人六人七人是中地之三等。八人九人十人是上地之三等。此经唯言七六五者，据中地之三等，则知有上地、下地之三等。"① 《礼记》对此亦有论说，《王制》云："百亩之分，上农夫食九人，其次食八人，其次食七人，其次食六人，其次食五人"。《管子》更有明确的说法，《乘马数》云："有一人耕而五人食者，有一人耕而四人食者，有一人耕而三人食者，有一人耕而二人食者。此齐力而功地，田筴相员，此国筴之时守也。君不守以筴，则民且守于上，此国筴流已"②。黎翔凤认为这是因为"田地有别，田养人多，地较少，故一人耕而所食不同，田地以筴均调之"③。此处所言与《田法》接近。

《田法》还规定了人民承担和免除赋役的年龄："□□□以上、年十三岁以下，皆食于上。年六十【以上】与年十六以至十四，皆为半作。"银雀山汉简整理小组《注》曰："半作，犹言半劳动力。"《周礼》的说

① 贾公彦：《周礼注疏》，中华书局影印阮元校刻《十三经注疏》本，1980 年版，第 711 页中。
② 黎翔凤：《管子校注·乘马数》，中华书局新编诸子集成本 2004 年版，第 1233 页。
③ 黎翔凤：《管子校注·乘马数》，中华书局新编诸子集成本 2004 年版，第 1236 页。

法与此有不同，《地官·乡大夫》云："以岁时登其夫家之众寡，辨其可任者。国中自七尺以及六十，野自六尺以及六十有五，皆征之"。《正义》："七尺谓年二十……六尺谓年十五。"《汉书·食货志上》："民年二十受田，六十归田。七十以上，上所养也。十岁以下，上所长也。十一以上，上所强也。"所说与汉简有出入。根据《管子》，成年男子与半劳动力的徭役量不同。《管子·乘马》："距国门以外，穷四竟之内，丈夫二犁，童五尺一犁，以为三日之功。"此处是说成年男子与未成年男子的劳动量不同，未成年男子的劳动量是成年男子的一半，这三日的徭役，是借民力以完成土地的耕种。五尺之童，指尚未成年的儿童。古代尺短，故称。朱熹集注《孟子·滕文公上》："五尺之童，言幼小无知也。"①

《田法》认为，从事农业生产的人数越多，其国家实力越强："什八人作者王，什七人作者朝（霸），什五人作者存，什四人作者亡。"必须有足够的劳动力从事农业生产，才能生产出足够的粮食，粮食多，则民富裕，故能王霸。从事农业生产的人，每人耕种的土地面积越大，所生产的粮食越多，则国家越强盛，简文云："一人而田大亩廿【四者王，一人而】田十九亩者朝（霸），【一人而田十】四亩者存，一人而田九亩者亡。"耕种的田亩多不是标准，还需要在单位亩产量上下功夫。若是单位亩产量高，国家就富裕。王者之国，农夫一人生产的粮食，能够满足三年的生活需要；霸者之国，农夫的粮食产量，一年耕种而满足二年的需要；存者之国和将要灭亡之国，粮食的单位产量都很低："王者一岁作而三岁食之，霸者一岁作而二岁食【之，存者一岁作□□□食】之，亡者一岁作十二月食之"。这里所述与《管子》说法接近。《揆度》云："一岁耕，五岁食，粟贾五倍。一岁耕，六岁食，粟贾六倍。二年耕，而十一年食。夫富能夺，贫能予，乃可以为天下。"② 惟《管子》所说的亩产量为高。

三、税收与岁收

对于不同职业的人，有不同的税收标准。有技巧的人，政府需要利用他们的技巧，其余的人根据其才能而任之以相应的职位。邑啬夫负责

---

① 朱熹：《四书章句集注》，中华书局1983年版，第261页。

② 黎翔凤：《管子校注·揆度》，中华书局新编诸子集成本2004年版，第1380页。

考虑民之土地的大小，均衡农人与其他职业者的劳动量。汉简《田法》云："……有技巧者为之，其余皆以所长短官职之。邑啬夫度量民之所田小…………□明示民，乃为分职之数，齐其食畬（饮）之量，均其作务之业。"这种说法与《管子》的观点接近。《管子》将民分为士、农、工、商四业，对于从事士、工、商的人员，其赋税有其自己的标准，与农人不同。《乘马》："士闻见博学意察，而不为君臣者，与功而不与分焉。贾知贾之贵贱，日至于市，而不为官贾者，与功而不与分焉。工治容貌功能，日至于市，而不为官工者，与功而不与分焉。"[①] 刘绩曰："此言士、贾、工虽习其业，不在官者，正亦与耕公田三日，借民力以尽地利也。"士、工、商，尽管不从事农业生产，士需要为君主做事，商贾需要在经营过程中为官府做事，工作为有手工技艺的人员，也要为官家做一些事情，不然会受到处罚。《管子》对于士、农、工、商人员，都有要求。如对于农人，《乘马》云："民乃知时日之蚤晏，日月之不足，饥寒之至于身也。是故夜寝蚤起，父子兄弟不忘其功，为而不倦，民不惮劳苦。故不均之为恶也，地利不可竭，民力不可殚。不告之以时而民不知，不道之以事而民不为。与之分货则民知得正矣，审其分则民尽力矣，是故不使而父子兄弟不忘其功"[②]。士、工、商人员，亦要求他们子承父业，兢兢业业，从事本业。至于在某一方面出类拔萃者，则给予厚重的奖赏，以激励人们。《山权数》："民之能明于农事者，置之黄金一斤，直食八石。民之能蕃育六畜者，置之黄金一斤，直食八石。民之能树艺者，置之黄金一斤，直食八石。民之能树瓜瓠荤菜百果使蕃衮者，置之黄金一斤，直食八石。民之能已民疾病者，置之黄金一斤，直食八石。民之知时，曰岁且阨，曰某谷不登，曰某谷丰者，置之黄金一斤，直食八石。民之通于蚕桑，使蚕不疾病者，皆置之黄金一斤，直食八石。谨听其言而藏之官，使师旅之事无所与，此国筴之大者也。"[③] 民众各有不同才能，政府分别给予奖励。

岁收，每年的粮食收入。《田法》云："……岁收：中田小亩亩廿斗，中岁也。上田亩廿七斗，下田亩十三斗，大（太）上与大（太）下相复

① 黎翔凤：《管子校注·乘马》，中华书局新编诸子集成本 2004 年版，第 91 页。
② 黎翔凤：《管子校注·乘马》，中华书局新编诸子集成本 2004 年版，第 91 ~ 92 页。
③ 黎翔凤：《管子校注·山权数》，中华书局新编诸子集成本 2004 年版，第 1309 页。

（覆）以为衛（率）。”中田，中等田地。《汉书·食货志上》：“民受田，上田夫百亩，中田夫二百亩，下田夫三百亩。”每年的粮食收入，是中等田地之小亩，亩产二十斗。土质最好的土地每亩粮食产量二十七斗，下等的土地，粮食产量每亩十三斗。将最好的土地与最下等的土地产量进行平均，以之作为比率。《管子》亦是以收入中年的粮食收成作为标准，《治国》：“常山之东，河、汝之间，蚤生而晚杀，五谷之所蕃孰也。四种而五获，中年亩二石，一夫为粟二百石”①。常山之东，河、汝之间，一年四季适合耕作农作物，五谷皆宜生长，粮食产量较高。一般年景，一亩收成粮食二石，一个成年男子能够收获粮食二百石，则一个男子平均种植的土地是一百亩。《治国》云：“民作一则田垦，奸巧不生。田垦则粟多，粟多则国富。奸巧不生则民治，富而治，此王之道也。”农民专心从事农田劳作，就不会变得奸巧，农夫因为从事农业生产，则粮食收成会增多，因之国家富裕而且大治，这是王道之术。《管子·乘马》：“方六里，一乘之地也。方一里，九夫之田也。黄金一镒，百乘一宿之尽也。无金则用其绢，季绢三十三，制当一镒，无绢则用其布，经暴布百两当一镒。一镒之金，食百乘之一宿，则所市之地六步一㪷，命之曰中岁，有市、无市则民不乏矣。”② 中岁之年，一镒之金与百乘之一宿的价格相当，这个价格也能够购买六步一㪷的土地。金与绢、布亦有一定的换算比率。

四、乡里之制

《田法》规定了农村行政机构的设置：“五十家而为里，十里而为州，十乡（州）而为州（乡）。州、乡以地次受田于野，百人为区，千人为或（域）。人不举或（域）中之田，以地次相……五人为伍，十人为连，贫富相……”即五十家组成一里，十里组成一州，十州组成一乡。州、乡的官员将土地授给农夫，一百人形成一个区，千人形成一域。行政机构还有其他的划分方法，即五人组成一伍，十人组成一连。其乡里之制为：1乡 =10 州 =100 里 =5000 家。

《管子》对于乡里之制亦有详细的规定，《立政》云：“分国以为五

① 黎翔凤：《管子校注·治国》，中华书局新编诸子集成本 2004 年版，第 926 页。
② 黎翔凤：《管子校注·乘马》，中华书局新编诸子集成本 2004 年版，第 90 页。

乡，乡为之师。分乡以为五州，州为之长。分州以为十里，里为之尉。分里以为十游，游为之宗。十家为什，五家为伍，什伍皆有长焉。”[①] 将国家分为五个乡，每乡分为五州，每州分为十里，每里分为十游，每个乡、州、里、游都有最高长官。按照居民划分，则是五家组成伍，十家组成什，伍、什都有长官进行管理。即：1 国 = 5 乡 = 25 州 = 250 里 = 2500 游。

《乘马》：“方六里命之曰暴，五暴命之曰部，五部命之曰聚。聚者有市，无市则民之。五聚命之曰某乡，四乡命之曰方，官制也。官成而立邑。五家而伍，十家而连，五连而暴，五暴而长，命之曰某乡，四乡命之曰都，邑制也。邑成而制事。”[②] 即：1 都 = 4 乡 = 20 暴 = 100 连 = 1000 家。

《小匡》：“制国以为二十一乡，商工之乡六，士农之乡十五。公帅十一乡，高子帅五乡，国子帅五乡，叁国故为三军。公立三官之臣，市立三乡，工立三族，泽立三虞，山立三衡。制五家为轨，轨有长。十轨为里，里有司。四里为连，连有长。十连为乡，乡有良人。三乡一帅。”[③] 即：1 乡 =10 连 =40 里 =400 轨 =2000 家。

《小匡》讲述五鄙之制，云：“制五家为轨，轨有长。六轨为邑，邑有司。十邑为率，率有长。十率为乡，乡有良人。三乡为属，属有帅。五属一大夫，武政听属。文政听乡，各保而听。”[④] 即：1 属 =3 乡 =30 率 = 300 邑 =1800 轨 =9000 家。

《小匡》作内政以寓军令的方针是：“制五家以为轨，轨为之长。十轨为里，里有司。四里为连，连为之长。十连为乡，乡有良人，以为军令。是故五家为轨，五人为伍，轨长率之。十轨为里，故五十人为小戎，里有司率之。四里为连，故二百人为卒，连长率之。十连为乡，故二千人为旅，乡良人率之。五乡一师，故万人一军，五乡之师率之。三军故有中军之鼓，有高子之鼓，有国子之鼓。春以田曰搜，振旅。秋以田曰狝，治兵。”[⑤] 此处“五家为轨，五人为伍，轨长率之”，可以与《田法》对读。

---

① 黎翔凤：《管子校注·立政》，中华书局新编诸子集成本 2004 年版，第 65 页。

② 黎翔凤：《管子校注·乘马》，中华书局新编诸子集成本 2004 年版，第 89 页。

③ 黎翔凤：《管子校注·小匡》，中华书局新编诸子集成本 2004 年版，第 400 页。

④ 同注③。

⑤ 黎翔凤：《管子校注·小匡》，中华书局新编诸子集成本 2004 年版，第 413 页。

根据上述记述，其建制分别为：

《管子·小匡》都中之制：1 乡 =10 连 =40 里 =400 轨 =2000 家。

五鄙之制：1 乡 =10 率 =100 邑 =600 轨 =3000 家。

《田法》乡里之制：1 乡 =10 州 =100 里 =5000 家。

《田法》云："五人为伍，十人为连。"《管子·乘马》云："五家而伍，十家而连。"《小匡》："是故五家为轨，五人为伍，轨长率之。"则《管子》是军政合一的制度，每家出兵役 1 人，五家共 5 人，轨长不仅管理五家，还负责五家兵役的选拔工作。《乘马》"五家而伍，十家而连"，与银雀山汉简"五人为伍，十人为连"含义相通。唯《田法》中的 1 乡 =5000 家，与《管子·小匡》之都制（1 乡 =2000 家）、鄙制（1 乡 =3000 家）规模不同。《管子》中的都规模较小，鄙在城外，面积较大，地广人稀，故鄙的规模较都为大。银雀山汉简《田法》的 1 乡 =5000 家，其规模较《管子》的都鄙制度中 1 乡的规模为大，当是战国时期人口增多，乡邑制度有所变化。《管子》之《乘马》与《小匡》是齐桓公时期的政治制度，银雀山汉简《田法》是战国时期齐国的政治制度。战国时期，随着生产力的提高，人口增多，人口密度增大，乡包含的家自然增多。至于《管子·度地》："州者谓之术，不满术者谓之里。故百家为里，里十为术，术十为州，州十为都，都十为霸国，不如霸国者国也。"① 此处 1 都 =10 州 =100 术 =1000 里 =100000 家，其制度与《管子》之《立政》《乘马》《小匡》不同，《管子》之《立政》《乘马》《小匡》成书时间较早，当是不同时期采用不同制度之故。

五、藏富于民

《田法》重视农业生产，认为当藏富于民，故云："……赋，余食不入于上，皆瓶（藏）于民也"。将多余的粮食藏在百姓家中，是齐国政策中的一项重要的方针，《管子》亦有此观点，《山至数》云："王者藏于民，霸者藏于大夫，残国亡家藏于箧"。藏于民乃是"散栈台之钱散诸城阳，鹿台之布散诸济阴"。认为："民富，君无与贫；民贫，君无与富。故赋无钱布，府无藏财，赀藏于民。岁丰，五谷登，五谷大轻，谷贾去上

① 黎翔凤：《管子校注·度地》，中华书局新编诸子集成本 2004 年版，第 1051 页。

岁之分。以币据之，谷为君，币为下。国币尽在下，币轻谷重，上分上岁之二分在下，下岁之二分在上，则二岁者四分在上。则国谷之一分在下，谷三倍重。邦布之籍，终岁十钱，人家受食，十亩加十，是一家十户也。出于国谷筴而藏于币者也。以国币之分，复布百姓。四减国谷，三在上，一在下。”[①] 故齐国采取轻税的方针，《管子·大匡》：“桓公践位十九年，弛关市之征，五十而取一，赋禄以粟，案田而税，二岁而税一。上年什取三，中年什取二，下年什取一，岁饥不税”[②]。齐桓公的关市赋税是五十取一，即百而取二。至于土地征收的赋税，是根据土地的土壤好坏，年成的丰歉，两年征收一次赋税，平均下来，是什取二。《管子》主张减轻民众赋税，因为“夫民之所生，衣与食也。食之所生，水与土也”，在缴纳赋税之后，民众应当有足够的粮食满足日常生活。《管子·禁藏》云：“所以富民有要，食民有率。率三十亩而足于卒岁。岁兼美恶，亩取一石，则人有三十石。果蓏素食当十石，糠秕六畜当十石，则人有五十石。布帛麻丝，旁入奇利，未在其中也。故国有余藏，民有余食。”[③] 这里以人均三十亩地为最低标准，以每亩地收获一石为最低限度，则每人每年粮食收成三十石，加上其他农副产品的收成，人均能够达到50石，这样，民众能够过着富足的生活。

《田法》主张藏富于民，也认识到唯有保证粮食产量达到较高的水平，国家的税收才能得到保证，民众家中才能够有多余的粮食，粮食富足，则民众衣食充足，国家自然安定。岁末年终，土地的粮食产量达不到相应的标准，有严格的处罚措施：“卒岁田入少入五十斗者，□之”。粮食产量少收入一百斗，则罚为公家服徭役一年；年终少收入二百斗，则罚农夫为公家服徭役二年；更严重的，则罚其为公家终身赋役：“卒岁少入百斗者，罚为公人一岁。卒岁少入二百斗者，罚为公人二岁。出之之岁【□□□□】□者，以为公人终身”。年底收入比预计产量低出三百斗，则受黥刑，并终身为公家赋役，“卒岁少入三百斗者，黥刑以为公人”。对于怠惰于农业生产的人，处罚非常严厉。《管子》没有记载这些惩罚措施。《管子》作为治国的根本指导方针，规定了治理国家

① 黎翔凤：《管子校注·山至数》，中华书局新编诸子集成本2004年版，第1333页。
② 黎翔凤：《管子校注·大匡》，中华书局新编诸子集成本2004年版，第368页。
③ 黎翔凤：《管子校注·禁藏》，中华书局新编诸子集成本2004年版，第1025页。

的基本策略、君臣官吏的职责，对违犯法律的人有惩罚，对于从事农业生产的农人，以承认他们辛勤劳动为起点，重视民众生活，减轻他们的税收，使之有更多的收入，以保护农人的生产与生活。《田法》对偷惰者有明确的处罚，这与战国时期社会动荡、人民观念变化、许多农人不能安心农业生产有关。

六、民之财产与岁末

《田法》规定了农民可以支配的农产品。百姓种植农作物，产出粮食之后，可以使用豆秆、麦秸。其允许的使用量是所有量的十分之一。刍草可以有每人一斗的使用量，主要农产品则存放在人们家里："叔（菽）萁（萁）民得用之，槁民得用其什一，刍人一斗，皆䑌（藏）于民。"菽，豆类的总称。萁，豆秆。

民可以饲养畜类。家庭富有的上等人家可以畜养一头猪，一条狗，养鸡可以有雌雄各一只，《田法》："上家畜一豕、一狗、鸡一雄一雌"。至于租借公家的牲畜，归还时在保有原来牲畜的情况下，还要按照一定的利息量，交付官府。这种利息，主要通过产出的牲口来算。简文《田法》："诸以令畜者，皆䑌（藏）其本，赍其息，得用之。"银雀山汉简整理小组云："'赍'，疑当读为'资'，二字古通。资，利也，取也。资其息得用之，盖是允许用所繁殖之牲畜之意。《汉书·食货志下》谓武帝时'令民得畜边县，官假马母，三岁而归，及息什一。'先秦时代当已有此类制度，简文所谓'以令畜'，亦可能指牧养官畜而言，'本'即官畜，'息'即官畜所产之小畜。"《管子》亦主张日用生活中，饮食、服饰、房屋、牲畜都有限度规定。《立政》云："度爵而制服，量禄而用财。饮食有量，衣服有制，宫室有度，六畜人徒有数，舟车陈器有禁，修生则有轩冕、服位、谷禄、田宅之分。"①

年终活动。《田法》以十月为岁终之月，年终休息，国家每十人供给一斗肉，自带酒食，一起吃肉："粟九升，上为之出日大半升，以为卅日之休□……醪。卒岁大息，上予之十人而一斗肉，使相食之。酒食自因其所"。在政府中服役的公人，他们中有人善于饲养牲畜，官家就委派他们

① 黎翔凤：《管子校注·立政》，中华书局新编诸子集成本2004年版，第76页。

饲养牛、马、狗、豕、鸡。简文《田法》云："上使公人可使畜长者，养牛马及狗豕鸡。"畜长一词先秦和汉代多有使用，主要指饲养牲畜。《管子·重令》："畜长树艺，务时殖谷，力农垦草，禁止末事者，民之经产也。"《史记·货殖列传》："农工商贾畜长，固求富益货也"，亦是此意。

年终休息，有狩猎演习。休息五日之后，使人民中身体强壮者，在吏的带领下进行狩猎活动，这是一种军事演习。打猎获得的野兽，可以作为冬季这段休息时间的耗费。《田法》："先大息五日，上使民之壮者，吏将以邋（猎），以便戎事，及助大息之费。"《礼记·月令》谓孟冬之月举行腊祭，"劳农以休息之"。周正以建子之月（夏正十一月）为岁首，孟冬之月为周正岁终。银雀山汉简整理小组《注》曰："《月令》郑注：'腊（指腊祭），谓以田猎所得禽祭也。'简文谓先大息五日，使田猎以助大息之费，此亦大息与腊有关之证。古以田猎教战，'戎事'即指兵戎之事，《月令》季秋之月'天子乃教于田猎，以习五戎'。或谓古代田猎有为农田除害之作用，'以便戎事'当读为'以便农事'。"打猎亦有节制，故《田法》云："邋（猎）毋过二日必错"。打猎两天之后一定要停止，不可过分。

七、换田之制

这一部分脱简比较严重，从中可以辨识的官员有邑啬夫、田啬夫，其主要职责是督促民人进行农业生产："……民岁□□称□人邑啬夫□□吏邑□吏二人与田啬夫及主田之所□参也，而课民之"。邑啬夫这一职官在《市法》篇中已出现，是级别较高的官员，承担较多的职责，管理市场的市啬夫就受其管辖。这里的田啬夫当是主要掌管赋税、徭役及农事的低层官吏。田啬夫这一职官名称存在的时间比较久长，睡虎地秦墓竹简《秦律十八种·厩厩苑律》："以四月、七月、十月、正月肤田牛。卒岁，以正月大课之。最，赐田啬夫壶酉（酒）束脯。"董仲舒《春秋繁露·求雨》："田啬夫亦斋三日，服青衣而立之。"在《管子》中，有专门管理农业生产的职官，《小匡》云："宁戚为田"。尹知章注曰："教以农事。"田官的主要职责是组织民众开垦土地，种植农作物，尽可能取得更好的收成，故《小匡》云："垦草入邑，辟土聚粟，多众尽地之利，臣不如宁戚，请立为大司田"。

负责农业生产的官员巡视、考察庄稼成熟的情况，考察土地的美恶，《田法》：“……□□居焉，循行立稼之状，而谨□□美亚（恶）之所在”。“循”通巡，“循行”即巡视之义。《墨子·号令》：“大将信人行守，长夜五循行，短夜三循行。”立，庄稼的成熟状况。《后汉书·张奋传》：“时岁灾旱，祈雨不应，乃上表曰：‘比年不登，人用饥匮，今复久旱，秋稼未立，阳气垂尽，岁月迫促’。”李贤注：“立，成也。”根据土质，而三年将用来交田地税的土地更换一次，“以为地均之岁……□巧（考）参以为岁均计，二岁而均计定，三岁而壹更赋田”。赋，田地税。《尚书·禹贡》：“厥赋惟上上错。”孔传：“赋，谓土地所生以供天子。”《汉书·食货志上》：“顺于民心，所补者三：一曰主用足，二曰民赋少，三曰劝农功。”三年则农民所有的土地都能够更换一遍，使农民得到的土地，无论好坏，都达到均等的状态，“十岁而民毕易田，令皆受地美亚（恶）□均之数也。”土地的肥沃与贫瘠程度不同，上古时期施行换田制度。《管子》亦有论说。《乘马数》云：“郡县上腴之壤，守之若干。间壤守之若干，下壤守之若干。故相壤定籍而民不移，振贫补不足，下乐上。故以上壤之满，补下壤之众。章四时，守诸开阖，民之不移也，如废方于地。此之谓筴乘马之数也。”[①] 刘绩云：“间上下之间，中算也。”间壤，一般的土壤。又《山权数》云：“高田十石，间田五石，庸田三石，其余皆属诸荒田。地量百亩，一夫之力也。粟贾一，粟贾十，粟贾三十，粟贾百。其在流筴者，百亩从中千亩之筴也。然则百乘从千乘也，千乘从万乘也。故地无量，国无筴。”[②] 张佩纶云：“《汉书·食货志》：‘李悝作尽地力之教，治田百亩，岁收亩一石半，为粟百五十石。上熟，其收自四，余四百石。中熟，自三，余三百石。下熟，自倍，余百石。小饥则收百石，中饥七十石，大饥三十石。’然则一亩之地，大熟之年岁收亦止四石。”黎翔凤：“一亩二石计，收二百石，则‘十石’指税言。”[③]

银雀山汉简整理小组云：“三岁而壹更赋田，疑谓国家授予农民之田三年更换一次。”《国语·晋语》“赋职任功”，韦注：“赋，授也”。《汉书·赵充国传》：“田事出，赋人二十亩”，颜注：“赋谓班与之也”。

---

① 黎翔凤：《管子校注·乘马数》，中华书局新编诸子集成本 2004 年版，第 1237 页。
② 黎翔凤：《管子校注·山权数》，中华书局新编诸子集成本 2004 年版，第 1306 页。
③ 黎翔凤：《管子校注·山权数》，中华书局新编诸子集成本 2004 年版，第 1307 页。

简文“赋”字亦当训为“授”或“班与”。古有三年换地易居之制。《公羊传·宣公十五年》何休注：“司空谨别田之高下善恶，分为三品，上田一岁一垦，中田二岁一垦，下田三岁一垦，肥饶不得独乐，硗埆不得独苦，故三年一换主易居，财均力平。”① 《汉书·地理志》“制辕田”注：“张晏曰：周制三年一易，以同美恶。……孟康曰：三年爰土易居，古制也。”三岁一更赋田疑即“爰土”之制。简文云：“令皆受地美亚（恶）□均之数也”，亦即“以同美恶”之意。简文又言：“十岁而民毕易田”，似“三岁而壹更赋田”仅及于三分之一左右之民户，故须至十岁方能“毕易田”。此疑是爰土之制后来发生变化。或谓田分上中下三等，农民三岁耕上田，三岁耕中田，三岁耕下田，换田三次之后，每个农民都耕种过上中下三等田一遍，所以说“十岁而民毕易田”。在周代，爰土之制是统治者限制农民间的贫富分化以便加以控制的一种手段。

因土地肥沃、跷薄不同，施行换田，有一定的换算方法。将山川草泽之地，土地换算，以公平税收。一般山林的守卫，县令可以管理，若是城邑附近山林中有可以制作农具的木材，或者可以为国家制作重要器具的木材，则限制使用。简文《田法》云：“恒山林□□□者，县得制之。”山上有大的木材，可以用来打造各种器具，这种土地五份，相当于一份田地。山地上有小木材，可以砍伐，或用来做柴草，这种山地的九份，相当于一份田地。有的童山，只有杂草，则是十倍相当于一份田地。“……大材之用焉，五而当一。山有木，无大材，然而斤斧得入焉，九而当一。秃……□□兼（镰）纆得入焉，十而当一。”至于水田，若是生长鱼类，七份水田相当于一份良田。小溪不能生长鱼类，但是还能够生长其他作物，则一百份水田相当于一份良田。此外还有水地中只生长蒲苇，也规定一定量的税收，“秃尺（斥）津□……罔（网）得入焉，七而当一。小溪浴（谷）古（罟）罔（网）不得入焉，百而当一。美霈（沈）泽蒲苇……□□石，百而【当一】。……□，百而当一。”从上述情况来看，《田法》根据良田、山川、沼泽，地形地貌，产出的作物各不相同，规定了不同的税收标准。

银雀山汉简《田法》的地均之制，与《管子》最为接近。《管子·乘马》云：“地之不可食者，山之无木者，百而当一。涸泽，百而当一。地

① 徐彦：《春秋公羊传注疏》，中华书局阮元校刻《十三经注疏》本，1980年版，第2287页上。

之无草木者，百而当一。樊棘杂处，民不得入焉，百而当一。薮，镰纆得入焉，九而当一。蔓山，其木可以为材，可以为轴，斤斧得入焉，九而当一。泛山，其木可以为棺，可以为车，斤斧得入焉，十而当一。流水，网罟得入焉，五当一。林，其木可以为棺，可以为车，斤斧得入焉，五而当一。泽，网罟得入焉，五而当一。命之曰地均，以实数。"[①] 丁士涵云："《管子》书多以'命'为名。'地均'，土均也，即《管子》'地员'。"《周礼》言"土均"。《地官·大司徒》："以土均之法，辨五物九等，制天下之地征，以作民职，以令地贡，以敛财赋，以均齐天下之政。"[②] 大司徒之属官有均人，"均人掌均地政，均地守，均地职，均人民牛马车辇之力政"[③]，又有土均，"土均掌平土地之政，以均地守，以均地事，以均地贡"[④]。《管子》之"地均"，专言计算土地面积时，各种山林薮泽之地所应取之折算比例，其范围较窄。简文所言"地均"之含义，与《周礼》之"土均"较为接近。《管子·乘马》篇中《右士农工商》这一节，讲述各种土地状况，包括山上不长草木、土地不长庄稼，以及山林薮泽各种状况之下，所使用的税收状况。其税收标准各不相同。与汉简《田法》相比较而言，《乘马》的规定更加详细充实。《乘马》篇内下文又论述根据土地的大小实施的行政管理状况。顺序与《田法》不同，但是内容有交叉的地方。《管子》的记载，较汉简《田法》为详细，规定的种类更多，说明《管子》之《乘马》篇使用的范围更为广泛。

又《管子·山至数》："有山处之国，有泛下多水之国，有山地分之国，有水泆之国，有漏壤之国。此国之五势，人君之所忧也。山处之国，常藏谷三分之一。泛下多水之国，常操国谷三分之一。山地分之国，常操国谷十分之三。水泉之所伤，水泆之国，常操十分之二。漏壤之国，谨下诸侯之五谷，与工雕文梓器，以下天下之五谷。此准时五势之数也。"[⑤] 张佩纶云："'与工雕文梓器以下天下之五谷'乃总结'五势'语。'雕文'谓女工，'梓器'谓百工。此太公、管子所以富齐之法，盖以工商补

① 黎翔凤：《管子校注·乘马》，中华书局新编诸子集成本 2004 年版，第 89 页。
② 贾公彦：《周礼注疏》，中华书局影印阮元校刻《十三经注疏》本，1980 年版，第 704 页上。
③ 贾公彦：《周礼注疏》，中华书局影印阮元校刻《十三经注疏》本，1980 年版，第 730 页上。
④ 贾公彦：《周礼注疏》，中华书局影印阮元校刻《十三经注疏》本，1980 年版，第 746 页上。
⑤ 黎翔凤：《管子校注·山至数》，中华书局新编诸子集成本 2004 年版，第 1348 ~ 1349 页。

农事之不足。”[①] 黎翔凤：“《书·梓材》马注：‘治木器曰梓。’‘雕文梓器’即‘工’也，以此换五谷。”对于高地，《管子》规定的税收也与一般土地不同。因为土地越高，得到的水分越少，则土地越容易干旱，故土地地势越高，所交税收越低。《乘马》云：“十仞见水不大潦，五尺见水不大旱，十一仞见水，轻征。十分去二三，二则去三四，四则去四，五则去半，比之于山。五尺见水，十分去一，四则去三，三则去二，二则去一。三尺而见水，比之于泽。”[②] 刘绩云：“地高则难涝，故曰十仞见水不大涝。地低则难旱，故曰五尺见水不大旱。当涝之时，若高亢地十一仞见水，则常征十分中免二三分，十二仞见水，则免三四分，十四仞见水，则免四分。十五仞见水，则免五分。以其极高难灌溉，可以比于山也。当旱之时，若污下地五尺见水，则常征十分免四分。四尺见水，则免三分；三尺见水，则免二分；二尺见水，则免一分。以其极低，易灌溉，可以比于泽也。十分去一，当作十分去四，乃字之误也。”[③]《管子》其他篇章有相应记载。《山至数》云：“国之广狭、壤之肥硗有数，终岁食余有数，彼守国者，守谷而已矣。曰：某县之壤广若干，某县之壤狭若干，则必积委币，于是县州里受公钱。泰秋，国谷去参之一，君下令，谓郡县属大夫里邑皆籍粟入若干。谷重一也，以藏于上者，国谷三分，则二分在上矣。”[④] 并对县、乡、家的不同情况有论说，《山至数》云：“币准之数，一县必有一县中田之策，一乡必有一乡中田之策，一家必有一家直人之用。故不以时守，郡为无与；不以时守，乡为无伍”[⑤]。

银雀山汉简《田法》主张根据土地的肥瘠程度而选择建城市的地址；在种植粮食作物时，应当按照土地之肥瘠，分为上、中、下三等；征收赋税应有年龄限制；一人以能够多种土地为佳；规定了一年税收的标准；详细规定行政区域建制；对于农业生产者，没有完成粮食收成，规定了详细的处罚标准；相壤定籍的制度；对于其他田地折算成农田的标准和规定。较之《管子》和先秦其他齐国典籍，《田法》为我们今天研究齐国制度提供了重要的文献资料。主要是详细记载年终的狩猎活动，及猎获禽兽的归

① 黎翔凤：《管子校注》，中华书局新编诸子集成本 2004 年版，第 1349 ~ 1350 页。
② 黎翔凤：《管子校注·乘马》，中华书局新编诸子集成本 2004 年版，第 90 页。
③ 黎翔凤：《管子校注·乘马》，中华书局新编诸子集成本 2004 年版，第 100 页。
④ 黎翔凤：《管子校注·山至数》，中华书局新编诸子集成本 2004 年版，第 1330 ~ 1331 页。
⑤ 黎翔凤：《管子校注·山至数》，中华书局新编诸子集成本 2004 年版，第 1333 页。

属；详细规定了对那些不能完成农业生产任务的人的处罚措施；详细规定了赋税标准，粮食生产达到的标准，民众可以使用农副产品的种类与数量，其内容当是延续齐国历来的制度，并根据时代的需要有所变化。其乡村建制与《管子》及《国语》不同，当是因为时代变迁，而对于春秋时期齐国“作内政以寓军令”政策的修正。管仲时期的农业税收，施行“相壤定籍”之制，故《管子》有多篇文章详细说明各种土地条件下的税收标准，还规定了丰歉年份对于粮食收成的税收标准，其他山川渔泽之地，亦有与土地的换算方法。相较之下，《田法》的换田制度与各种土地的征收标准虽然有规定，其内容没有《管子》详细。《管子》主要阐述了治国的大政方针，对于农业生产，主要是鼓励、奖赏，很少有惩罚措施。在法律实施方面，则有严格的惩处措施。《田法》则主要是对于田地的种植、管理、处罚制度有详细的规定，是一部具体的法规，其内容继承了齐国原有的制度，而有新的推进。与其他先秦齐国相关典籍相较，在细节的规定上有了新的内容。

第二章　马王堆帛书与《管子》研究

1973年，马王堆三号汉墓中出土了很多帛书，其中大部分是汉以后早已失传的佚书。帛书计有28件，共有12万多字。帛书随墓主下葬的时间是汉文帝时期（前179—前157年）①。这些久佚的帛书包括《老子》甲本卷后四篇《五行》《九主》《明君》《德圣》，《老子》乙本卷前四篇《经法》《十大经》《称》《道原》。此外《易说》《战国纵横家书》《相马经》《医经方》《天文星占》《春秋事语》《式法》《导引图》中亦保留了一些遗失的文献。帛书的发现，其中一项重大的意义，就是证明帛书成书的时间要早于下葬时间，许多伪书之说，不攻自破。学者已经从多个方面对于马王堆展开研究②。笔者研治《管子》，发现出土的帛书中有与《管子》相关的文献，将二者结合在一起研究，是件非常有价值的事情。因为帛书是尘封了二千多年的原始资料，展现了下葬之前典籍的原始风貌，原始的出土文献对于现阶段的《管子》研究具有重要的价值③。传世文献对于简帛的释读具有重要作用，可以帮助我们考订帛书中漫灭不清之字，补充抄写者在抄写过程中的脱漏和讹误。二者的互证，使古典文献和学术思想的研究更具科学性和准确性。

《马王堆汉墓帛书》（叁）的《春秋事语》中，许多文献对于《管

---

① 马王堆三号墓主是谁，下葬的确切时间还有争议，然在汉文帝时期下葬没有问题。关于研究者对于这个问题的争论，可以参看黎石生：《长沙马王堆三号墓主再议》，《故宫博物院院刊》2005年第3期。

② 马王堆研究的广泛程度令人瞠目。其研究范围涉及美术、医药、思想史、文化史、学术史。甚至有人认为应该形成马王堆学。

③ 曹峰认为，传世文献“被反复筛选，诠释，注上加注，层层叠叠，作品面貌发生很大变化。从这个角度来看，出土资料在思想史研究方面，为我们提供了较为真实的文本，在研究思想史流变时提供了某一时段的可信的参照物”。曹峰：《出土文献可以改写思想史吗?》，《文史哲》2007年第5期。

子》研究很有价值。特别是《齐桓公与蔡夫人乘舟章》（七）与《鲁桓公与文姜会齐侯于乐章》（十四），许多内容与《管子》记载接近，可以借以考证《管子》，同时亦证明《管子》材料的真实性，以匡正宋代以来对于《管子》材料真实性的怀疑。宋人以理学的眼光看待先秦的历史人物，怀疑文姜行动的真实性，马王堆汉墓帛书的出土，证明研究历史必须打破情感的局限，以事实为依据，尽量还原历史。

第一节 《鲁桓公与文姜会齐侯于乐章》与《管子》互证

本节拟就传世文献对于帛书隶定的价值、帛书可以订正传世文献之不足、帛书文字的释读需要依据其本身含义，共三个方面进行说明。

一、《管子》可以校订帛书文字

帛书《鲁桓公与文姜会齐侯于乐章》是《春秋事语》的第十六章。马王堆汉墓帛书整理小组根据“书法由篆变隶，不避邦字讳”，推断“当是汉初或更早一些时候抄写的”①。此处的齐侯，是齐襄公。“乐”通“泺”，河水名，在现在的山东省济南市历城小清河附近。鲁桓公与齐侯在泺盟会，是重大事件，因鲁桓公为此丧命，故先秦典籍中，《春秋》《左传》《公羊传》《穀梁传》《管子》都有记载，司马迁《史记》之《齐太公世家》和《鲁周公世家》中亦有著录。上述诸多的文献资料，经过比对，我们发现以《管子·大匡》的记载最为详细，与帛书的记载也最为接近。根据马王堆汉墓帛书整理小组编写的《马王堆汉墓帛书》（叁）中的《出版说明》，我们可以知道，出土时帛书绢质已经腐朽，《春秋事语》已经分裂成二百来个大小不同的残片，复原时比较困难。同时绢经

① 马王堆汉墓帛书整理小组编写的《马王堆汉墓帛书》（叁）的《出版说明》。又，此是马王堆汉墓帛书整理小组对于《春秋事语》十六章总的说明。马王堆汉墓帛书整理小组编写：《马王堆汉墓帛书》（叁），文物出版社 1983 年版，第 1 页。

水浸，“卷在木片上面的部分，字迹多渗透到后面的绢上；反之，下面部分，多渗到前幅”①。因此文字有漫灭不清者。

此章成书较早，文字比较古奥，可参照今本《管子》，将帛书校订为通行的文字，帛书释文中对于异体字和假借字也都做了标记②；篇章在文字抄写的过程中，脱漏和讹误，我们可以根据《管子》来做出判断。

1. 鲁亘（桓）公与文羌（姜）会齐侯于乐

今按：帛书中“亘”假借为“桓”。《说文·木部》：“桓，从木，亘声。”③ 则帛书中的“亘”是同音假借。帛书“羌”，假借为“姜”。这是字形相近而形成的假借。帛书中“乐”，假借为“泺”，同音假借。《说文·水部》：“泺，齐鲁间水也。从水，乐声。”段注《春秋·桓公十八年》：“公会齐侯于泺。”杜预注：“泺水在济南历城县。西北，入济。”

2. 贤者死忠以辱尤，而百姓愚焉

今按《说文·心部》：“愚，戆也。”王筠《句读》：“从心，禺声。”帛书“愚”同音假借为“寓”。《说文·宀部》“寓，寄也。”寄寓。此句与下文“知（智）者瘽李（理）长【虑】而身得比（庇）焉”相对；“愚”与“庇”相对，“愚”当是“寓”的意思。所以百姓有所寄托。《管子》作“寓”。

3. 知（智）者瘽李（理）长【虑】而身得比（庇）焉

今按：帛书“知”同“智”。“知”，《说文·矢部》段注：“知、智义同，故‘智’作‘知’。”《说文·白部》段注：“智”，“与矢部‘知’音义皆同，故二字多通用。”清徐灏《说文解字注笺·矢部》：“知，智能即知识之引申，故古只作知。”则“知”是“智”的古字。《论语·里仁》：“里仁为美，择不处仁，焉得知？”陆德明《释文》：“知，音智。”

“李”通“理”。段玉裁《说文解字注·木部》：“古李、理同音通

---

① 《马王堆汉墓帛书》（叁），《出版说明》，文物出版社 1983 年版，第 1 页。

② 根据《马王堆汉墓帛书》（叁）中的《凡例》，“帛书中的异体字、假借字，在释文中随文注明，外加（）标志。帛书中的错字，随文注出正字，用〈〉表示。帛书中涂去及未写全的废字，释文中用○代替。帛书中原有夺字、衍字，释文中不作增删，在注释中说明。帛书中不可辨识或无法补出的残缺文字，释文用□代替。缺文字数据旁行推定，与实际情况可能有出入。佚书残缺文字凡能根据上下文义或参照其他古籍补的，均在释文中补入，补文一律以【】标出。这主要是为了便于阅读，并不是恢复帛书原貌。”马王堆汉墓帛书整理小组编：《马王堆汉墓帛书》（叁），文物出版社 1983 年版，第 9 页。

③ 段玉裁：《说文解字注》，浙江古籍出版社影印经韵楼本 2006 年版，第 257 页下。

用，故‘行李’与‘行理’并见，‘大李’与‘大理’不分。”此处为“道理，规律”之义。在马王堆汉墓帛书其他部分，“李”也作“理”用。如《经法·四度》：“极而反，盛而衰，天地之道也，人之李也。”《经法·论约》：“四时有变，天地之李也。”则帛书中多以“李”代替“理”。“比”通“庀”，寄托。“庀”，《说文·广部》：“从广，比声。”《庄子·秋水》：“自以比形于天地，而受气于阴阳。”高亨注：“按‘比’读为‘庀’。《方言》卷二：‘庀，寄也。’”

4. 有（又）勒（力）成吾君之过

今按：帛书“有”通“又”。《说文·有部》：“‘有’，‘又’声。”段注：“古多叚‘有’为‘又’字。”朱骏声《说文通训定声·颐部》：“有，叚借为又。”表示重复连续。《诗·邶风·终风》：“终风且曀，不日有曀。”郑玄笺：“有，又也。”董仲舒《春秋繁露·天道无二》：“故开一塞一，起一废一，至毕时而止，终有复始于一。”凌曙注：“（有），‘又’通。”

5. 礼成而不反（返）

今按：《说文·又部》：“反，覆也。”《说文·辵部》：“返，还也。”《汉语大词典》：“反，还归，回。后多作‘返’。《书·五子之歌》：‘畋于有洛之表，十旬弗反。’”则“反”“返”二字可通用。

6. 齐侯果杀彭生以说（悦）鲁

今按：帛书“说”，《说文》曰：“说，释也。”段注：“说释即悦怿，说、悦、释、怿皆古今字，许书无悦怿二字也。说释者，开解之意，故为喜悦。”后作“悦”，取悦。《左传·襄公二十五年》：“欲弑公以说于晋，而不获间。”《国语·楚语下》：“又能上下说于鬼神，顺道其欲恶，使神无有怨痛于楚国。”韦昭注：“说，媚也。”此句是齐襄公果然杀掉彭生，以取悦于鲁人。齐襄公个性极不稳定，故有此举。

二、帛书对于通行本《管子》的文字证明

帛书的一个重要作用，就是能够校订通行本《管子》的讹误。《管子》现存最早的版本是南宋绍兴年间（1131—1162 年）翻刻的杨忱《序》本。此本与明代初年刘绩刻本不是一个版本系统，有些文字存在争议，我们可以根据帛书《鲁桓公与文姜会齐侯于乐章》，对于《管子》相

关篇章的文字做出比较正确的判断[①]。

1. 贤者死忠以振疑百姓寓焉

今按：研究者对于“百姓”一词有争议。陶鸿庆云：“‘百姓’疑当作‘身如’，‘身’隶书作‘㐆’，上半与‘百’相似。‘如’字偏旁与‘姓’相同，故‘身如’误为‘百姓’。‘贤者死忠以振疑，身如寓焉’，言贤者死忠，视身如寄也，与下文‘智者究理而长虑，身得免焉’，文义相对。”[②] 帛即作“百姓”，与尹知章看到的原文同。尹知章《注》曰：“振救也。贤者死于忠义以救当时之疑，故百姓有所托焉。寓，寄托也。”证明陶鸿庆的判断有误。“振疑”，帛书作“辱尤”。“辱”，有受耻辱的意思。《孟子·梁惠王上》：“南辱于楚，寡人耻之”，即是此义。“尤”，过失；罪愆。《诗·小雅·四月》：“废为残贼，莫知其尤。”郑玄笺：“尤，过也。”“辱尤”当是因为过失而受到耻辱的意思。此句的意思是：“贤者死于忠义，以避免因过失而受到的耻辱。”因为贤者具有良好的品行，所以百姓对于他们有寄托。《大匡》“贤者死忠以振疑百姓寓”与下文“智者究理而长虑身得免”相对。

2. 今彭生二于君

今按：“二”，尹知章注曰：“不以正道辅君，而从之于昏，故曰二。”俞樾云：“‘二’当为‘贰’。《礼记·坊记篇》：‘唯卜之日称二君。’郑《注》曰‘二当为贰，唯卜之时，辞得曰：君之贰，某尔’，然则彭生贰于君，谓彭生为君之贰也。彭生为公子，故云然。”俞樾认为尹知章的注不当，他说“夫从君于昏，非有二心之故，安得云‘二于君’乎?”[③]“贰”，副手；副职。《国语·晋语一》：“夫太子，君之贰也。”韦昭注：“贰，副也。”“二于君”，帛书作“近君”。《说文》：“近，附也。”“近君”，指与齐襄公关系亲近。彭生与齐襄公关系亲密，依附于齐襄公，襄公信任他，派他将鲁桓公杀死。“二于君”或当是“近君”之讹。“近”可能是抄写过程中有脱漏，而讹为“二”，“彭生二君”，在传抄过程中，在“二”下加上“于”字，成为现在的样子。

---

① 以下例句出自《管子》。

② 陶鸿庆：《读诸子札记》，中华书局 1959 年版，第 153 页。

③ 郭沫若：《管子集校》（一），《郭沫若全集·历史编》第五卷，人民出版社 1984 年版，第 435～436 页。

3. *又力成吾君之祸*

今按：句中“成”，明代刘绩本系统作“威”。郭沫若云：“古本‘成’作‘威’，刘本、朱本同。赵本以下各本均作‘成’，同宋本。”郭沫若之言甚是。明万历十年（1582 年）赵用贤《管韩合刻本》之《管子》作“成”，此后，其他各书，包括四库全书刘绩本《管子补注》亦作“成”。因为明代刘绩本《管子补注》与宋本《管子》不是一个版本系统，在版刻文字上有不同。赵用贤本《管子》尽管吸收刘绩本《管子补注》之长，其版本的主要特征与南宋浙江刻本《管子》接近。根据帛书“有勒成吾君之过”，帛书作“成”，与南宋初年浙江刻本同。赵用贤本系统用“成”甚是。

4. *夫君以怒遂祸不畏恶亲闻容昏生无丑也*

今按：戴望《管子校正》在“恶亲”之后断句，非是。根据帛书“不畏恶也。亲间容昏”，“恶”下有“也”字，帛书在“也”后断句，则《管子》当在“恶”下断句。戴望云：“‘闻容’当为‘间咎’，字之误。《广雅·释诂》‘间，加也’‘昏’读为‘泯’，‘生’读为姓，毛《传》曰‘泯，灭也’。《广雅》曰：‘丑，耻也。’言君以怒成二国之祸，不畏鲁之加咎（下文曰：‘礼成而不反，无所归咎’即加咎也），由其灭姓，无耻之甚，谓公与文姜淫，播其恶于万民。”[①] 刘师培认为，戴望的判断并非全是，云：“易‘容’为‘咎’，是也。‘闻’疑‘开’讹”。于省吾说：“（戴望）以‘闻容’为‘间咎’则非。金文‘闻’作‘䎽’，与惛音近相假。‘容’应读为庸。此文应读作‘不畏恶亲’句，‘惛庸泯姓’句，说文‘惛，不憭也’。惛庸谓惛愚庸碌也。《毛公鼎》‘余非庸又婚’，婚、惛字通。”[②] 根据出土文献，可以推断《管子》中的“闻”当是“间”的讹字。

5. *礼成而不反无所归死*

今按：帛书作“礼成而不反（返），恶【于】诸侯，无所归窓（怨）”。帛书“窓”亦作“怨”，怨恨、仇恨。《易·系辞下》：“益以兴利，困以寡怨。”“窓”，《左传》作“咎”，咎，灾祸，不幸之事。与“休”相对。《书·大禹谟》：“君子在野，小人在位，民弃不保，天降之

---

① 戴望：《管子校正》，中华书局影印世界书局 1935 年版，第 112 页。

② 于省吾：《双剑誃诸子新证》，中华书局 2009 年版，第 43～44 页。

咎。”孔颖达疏：“天降之殃咎。”《左传·庄公二十一年》：“郑伯效尤，其亦将有咎。”帛书“怨”，《管子》作“死”。王念孙云：“‘无所归死’当依《左传》作‘无所归咎’，字之误耳。”① 王念孙的判断，证明《大匡》中作“死”是不确的。帛书中作“怨”，非常有道理。帛书“恶【于】诸侯，无所归怨（怨）”，《左传》作“无所归咎，恶于诸侯”。顺序略有不同，则原文当有“恶【于】诸侯”句。

6. 生□无匿（慝）也

今按：“匿”与“慝”义同，邪恶；邪念。《玉篇·匚部》：“匿，阴奸也。”《集韵·德韵》：“慝，恶也。通作匿。”《管子·七法》：“百匿伤上威。”王念孙《读管子杂志》：“‘匿’与‘慝’同。‘百匿’，众慝也。言奸慝众多，共持国柄，则上失其威也。《逸周书·大戒篇》：‘克禁淫谋，众匿乃雍。’《韩子·主道篇》‘处其主之侧为奸匿’，‘匿’并与‘慝’同。《汉书·五行志》‘朔而月见东方，谓之仄慝’，《书·大传》作‘侧匿’。《汉书·酷吏传》‘上下为慝’，《史记》‘慝’作‘匿’。是‘匿’与‘慝’古字通。”② 又《管子·明法》“比周以相为匿，是忘主死交，以进其誉”，此处的“匿”与“慝”亦同。《管子》书中“慝”多作“匿”。又《逸周书·大戒》：“克禁淫谋，众匿乃雍。”王念孙《读逸周书杂志》：“匿，古慝字。慝，恶也。言能克禁淫谋，则众恶皆塞也。”③ 既然“匿”是“慝”的古字，意思相同，似乎没有必要将“匿”专门标出，通假为“慝”。

7. 无所归怨（怨）齐侯果杀彭生以说（悦）鲁

今按：马王堆汉墓帛书整理小组将“怨”作为“怨”的通假字。其实“怨”是“怨”的或体字。帛书《春秋事语》十六章中，“怨”字多处出现。《集韵·元韵》：“怨，或作怨。”

第二节　帛书其他文字含义的解释

帛书在隶定的时候，受传世文献的影响较大，与帛书文字本身含义有

① 王念孙：《读书杂志》，清嘉庆刻本，志五之三，第 15 页。
② 王念孙：《读书杂志》，清嘉庆刻本，志五之一，第 14 页。
③ 王念孙：《读书杂志》，清嘉庆刻本，志一之二，第 14 页。

时并不完全相符。现以《鲁桓公与文姜会齐侯于乐章》中几个文字举例说明。

1. 文姜迵（通）于齐侯①

今按：马王堆汉墓帛书整理小组认为“迵”是“通”的通假字②，非是。《说文·辵部》：“迵，远也。”《尔雅·释诂上》：“迵，遐也。”又班固《幽通赋》：“梦登山而迵眺兮。”蔡琰《悲愤诗二首》之一：“长驱西入关，迵路险且阻。”两诗中引用“迵”，都是“遥远”义，与《说文》和《尔雅》的解释相同。整理小组将“迵”假借为“通”，似乎不通。因为“通”，在此处是“通奸”之义。《左传·桓公十八年》：“公会齐侯于泺，遂及文姜如齐，齐侯通焉。”鲁桓公与齐襄公在泺地会见，鲁桓公的夫人文姜随行，与其兄齐襄公通奸，说的就是这件事。

既然“迵”没有“通”义，则不能直接将“迵”作为“通”的假借字。查《说文解字·辵部》，我们发现“迵”与“迵”字形比较接近。《说文》：“迵，迭也。”王筠《说文解字句读》：“迵迭即是迵达。上文达或曰迭，是也。”《玉篇·辵部》：“迵，通达也。”则“迵”有“通，通达”之义。《淮南子·要略》：“通回造化之母也。”王念孙《读淮南子杂志》云：“通回二字，义不相属，‘回’当为‘迵’，字之误也。‘迵’亦‘通’也，通迵造化之母，谓通乎造化之原也。”③ 王念孙所云“‘迵’亦‘通’也”，甚是。“迵”有“通”义，而“迵”则是‘遥远’的意思，两个字本来义不相属，可能因为字形比较接近的缘故，抄写者以“迵”表示“迵”。在汉字抄写过程中，这种事情是常见的。正如张涌泉老师所言：“文字是记录和传达语言的书写符号，为了便捷有效地记录语言以利于交际，字形的简省便成了古今文字演变的主流。”④ “迵”在《春秋事语》第二章《燕大夫章》也出现过。原文曰：“燕以使人迵言”。此处“迵”亦是“通”的意思。又，帛书《春秋事语》共十六章，在抄写过程中很有规律，字的写法一般不变。如“桓”，帛书作“亘”；“师”帛

① 例句以马王堆汉墓帛书整理小组编写《马王堆汉墓帛书》（叁）中《春秋事语》之《鲁桓公与文姜会齐侯于乐章》的释文为准，以下例句同，不再说明。

② 《马王堆汉墓帛书》（叁）中《凡例》说：“帛书中的异体字、假借字，在释文中注明，外加（）标志。”马王堆汉墓帛书整理小组：《马王堆汉墓帛书》（叁），文物出版社1983年版，第10页。

③ 王念孙：《读书杂志》，清嘉庆刻本，志九之二十一，第1页。

④ 张涌泉：《汉语俗字研究》，岳麓书社1995年版，第69页。

书作“币”；“智”作“知”；“庇”作“比”，“伺”作“司”；“措”作“昔”；“使”作“吏”；“谓”作“胃”，每章几乎都是如此。这样说来，帛书中“迥”表示的是“迥”，“迥”有“通”的意思，这样理解比较合适。

2. *有勒（力）成吾君之过*

今按：马王堆汉墓帛书整理小组将“勒”隶定为“力”的通假字，非是。《说文》：“勒，马头络衔也。从革，力声。”古文字“勒”，象以手用力张革之形。“勒”有时通“肋”，表示“肋骨”之义。《字汇·力部》：“勒，与肋字通用。”《文选·何晏〈景福殿赋〉》：“爰有禁楄，勒分翼张。”李善注：“言如兽勒之分，鸟翼之张”，并云《释名》曰：“‘勒’与‘肋’，古字通。”① 则“勒”与“肋”，古字通用。此处帛书中的“勒”，就是“肋”之义。“肋”在这里做动词用，指彭生勒断鲁桓公的肋骨，使鲁桓公死亡。因帛书此章上文没有指明鲁桓公的死因，此处通过论者医宁的口中说出。“有勒成吾君之祸”，指彭生勒断鲁桓公的肋骨，使齐国国君的祸患酿成，与上文“公薨于车”相应。这句话在《管子·大匡》中亦有，作“又力成吾君之祸”。整理小组将“勒”隶定为“力”的通假字，可能是受《大匡》的影响。其实帛书此章与《大匡》在记述过程中有很大的不同。帛书比较简捷，前文记述鲁桓公死亡，仅用“齐侯使公子彭生载，公薨于车”几个字来表示，帛书此处的“勒”，说明了鲁桓公死亡的具体原因，与上文相照应，这样帛书的整章成为完整的一体。而《管子·大匡》记载鲁桓公的死因则比较详细，说：“齐侯怒，飨公，使公子彭生乘鲁侯，胁之”②。齐襄公相信了文姜的谗言，在请鲁桓公喝酒的时候，使公子彭生在鲁桓公宴会之后，乘车时，勒断鲁桓公的肋骨，桓公毙命。尹知章《管子注》曰：“乘，谓扶公升车。拉其胁而杀之。”③ 解释的非常有道理。

正如前文所说，帛书《春秋事语》抄写过程中很有规律，字的写法一般不变。在《春秋事语》中，我们发现了“力”和“勒”字。《春秋事语》第七章《齐桓公与蔡夫人乘舟章》，有“而力□□□□□乎。”

---

① 李善注：《文选》卷十一，何晏《景福殿赋》，中华书局影印胡克家本，1977 年版，第 174 页下。

② 黎翔凤：《管子校注》，中华书局新编诸子集成本 2004 年版，第 336 页。

③ 同注②。

“力”即是用本字来表示。第九章《卫献公出亡章》，有“□入而勒正，能反邦者弗与治”，用“勒”字表示治理之义。则帛书中“力”与“勒”是分别用不同文字来表示的。

3. 彭生而能贞（正）之乎

今按：整理小组将“贞”隶定为“正”的通假字，非是。《说文》：“贞，卜问也。”即问卜、占卜之义。段玉裁《说文解字注》：“大郑云，贞，问也。国有大疑，问于蓍龟。后郑云，贞之为问，问于正者，必先正之，乃从问焉。”① 《周礼·春官·天府》：“季冬，陈玉，以贞来岁之媺恶。”郑玄注：“问事之正曰贞。”② 又《大卜》：“凡国大贞，卜立君，卜大封。”郑玄注引郑司农云：“贞，问也。国有大疑，问于蓍龟。”③ 帛书此处的“贞”字，即《说文》所谓“卜问”之义。此句意为：“彭生的命运还用卜问吗?”这是医宁的议论。医宁说，彭生纵容齐襄公没有理智的行为，帮助齐襄公“拉杀”鲁桓公，使襄公的灾祸酿成，让齐鲁两个国家交恶，帛书说：“彭生其不免【乎】，祸李（理）属焉”，彭生的祸患是不可避免的了，他应当有祸患，彭生的命运还用卜问吗？如果鲁国要有惩戒，彭生必然是替罪羊。这与下文“鲁若有诛，彭生必为说”正相对应。因为“贞”又有“正”的意思，故整理小组将“贞”作为“正”的通假字。其实，此处的“贞”，是“卜问”之义，用的是“贞”最早的含义，与“正”没有关系。

以上对《马王堆汉墓帛书》（叁）中《鲁桓公与文姜会齐侯于乐章》三个文字进行进一步释读。“迵”当释读为“迵”，“迵”有“通”之义。“勒”当释读为“肋”，这里做动词用，指勒断鲁桓公的肋骨。“贞”当释读为“卜”，为卜问之义。

第三节　齐襄公考

帛书《鲁桓公与文姜会齐侯于乐章》，标题中的“齐侯”是齐襄公。

① 段玉裁：《说文解字注》，浙江古籍出版社影印经韵楼本 2006 年版，第 127 页下。
② 贾公彦：《周礼注疏》，中华书局影印阮元校刻《十三经注疏》本，1980 年版，第 776 页中。
③ 贾公彦：《周礼注疏》，中华书局影印阮元校刻《十三经注疏》本，1980 年版，第 803 页下。

齐襄公是《鲁桓公与文姜会齐侯于乐章》中的关键人物，鲁桓公的死，齐襄公起到决定作用，这是齐鲁两国关系史上的重大事件。鲁桓公在继承君位之后的第十八年，与齐襄公在泺会见，同行的还有夫人文姜。鲁桓公发现文姜与其同父兄长齐襄公通奸，乃斥责文姜，襄公大怒，派力士彭生勒断鲁桓公肋骨，桓公死去①。此事发生在公元前 694 年②，这是鲁桓公十八年，齐襄公四年。会见前，鲁桓公欲携夫人文姜前行，大夫申繻反对，他说："女有家，男有室，无相渎也，谓之有礼。易此，必败"③。鲁桓公不听劝告。桓公十八年春，鲁桓公与夫人文姜到泺，后又随齐襄公来到齐国都城，直到夏四月丙子，齐襄公"享公"，请桓公喝酒而"拉杀"桓公。尽管鲁桓公带文姜参加会见，不尽符合宗周礼节，然诸侯带夫人参加盟会，春秋时期还是有其他的例子。关键是齐襄公，他以己之怒，杀死桓公，成为这一事件的始作俑者。鲁桓公被杀，齐鲁关系受到影响，鲁国的国内局势变化，鲁庄公继位。帛书的主要情节，《春秋》《左传》《公羊传》《管子》都有记载。历代学者，特别是宋代之后的学者，对齐襄公关注不足，研究甚少。齐襄公的性格特征、行为方式，对于泺地会盟的结果影响很大，他后来被杀也与其性格行为相关，我们有必要根据先秦史料，结合出土文献，对齐襄公的生平作出总的考查。

一、齐襄公其人其行

齐僖公生有三个儿子，公子诸儿、公子纠、公子小白。齐僖公还有女儿文姜，于桓公三年（前 709 年）嫁给鲁桓公，当时是齐僖公二十二年。齐僖公在位三十三年，于鲁桓公十四年（前 698 年）卒④，公子诸儿继位，是为齐襄公。诸儿的地位因年长而比两个弟弟公子纠和公子

---

① 其间文姜将鲁桓公的斥责告诉齐襄公，并且有虚构的成分。根据《公羊传》，文姜对齐襄公说，鲁桓公云"同非吾子"，暗示鲁国世子同是齐襄公的儿子，襄公因此大怒，借宴请鲁桓公的机会，命力士彭生勒杀桓公。鲁桓公去世之后，世子同继位，是为鲁庄公。

② 纪年根据杨伯峻《春秋左传注》，中华书局 1990 年版，第 150 页。

③ 《左传》，《管子・大匡》并有记载。

④ 《春秋》经，桓公十四年："冬十有二月丁巳，齐侯禄父卒。"孔颖达：《春秋左传正义》，中华书局影印阮元校刻《十三经注疏》本，1980 年版，第 1757 页中。

小白高,《管子·大匡》云:“齐僖公生公子诸儿、公子纠、公子小白”,顺序当是按照三个人年龄大小排列。称三人为公子,则都不是正妻所生,因为诸侯的庶子称为公子,这与继承君位的世子不同。郑玄注《仪礼·丧服》云:“公子,君之庶子也。”孔颖达疏《礼记·服问》曰:“公子,谓诸侯之妾子也。”郑玄注《礼记·玉藻》曰:“适而传世曰世子,余则但称公子而已。”又《管子·大匡》:“僖公卒。以诸儿长,得为君,是为襄公。”说明齐襄公取得君位,是因他的年龄最长而获得。正因为如此,《管子·大匡》中记载,早年鲍叔牙傅公子小白,管仲和召忽傅公子纠,当时谁能够成为齐国的国君,还不知道。管仲说:“将有国者,未可知也。”管仲估计公子小白成为国君的可能性比较大,因为“夫国人憎恶纠之母,以及纠之身,而怜小白之无母也。诸儿长而贱,事未可知也”[①]。管仲云“诸儿长而贱”,说明齐襄公不是齐僖公正妻所生,地位不高。齐襄公尽管是庶出,他成为国君,还是有其本身优势。齐襄公年龄最长,且貌美[②]。《诗经·卢令》写齐襄公,云“其人美且仁”,“其人美且鬈”,“其人美且偲”,说明齐襄公很漂亮,他的头发弯弯的,多才多艺,还特别喜欢打猎。春秋时期的战争主要依靠射猎,射猎技术的高超,是男子才华的重要表现。但襄公打猎毫无节制,百姓为此“苦之”,《毛诗序》云:“襄公好田猎,毕弋,而不修民事,百姓苦之,故陈古以风焉。”[③] 古代天子、诸侯打猎,有季节时令要求,襄公打猎超过了礼制的限度,后来也因为打猎而丧命,这又成为齐襄公的致命问题。

襄公的祖父庄公在位六十四年,父亲僖公在位三十三年,他们继承姜太公的遗业,发展渔盐之利,国家富强,于是小霸。《国语·郑语》云:“齐庄、僖于是乎小伯。”韦昭注:“小伯,小主诸侯盟会。”[④] 齐襄公于鲁桓公十五年(前697年)登上齐国君位。他继位之后,继承祖辈父辈的遗业,拓展疆土,首先向鲁国边境发动进攻。《左传·桓公十七年》:

---

① 黎翔凤:《管子校注·大匡》,中华书局新编诸子集成本2004年版,第332页。

② 《公羊传》隐公元年(前722年)云:“立嫡以长,不以贤。立子以贵,不以长。”如果嫡妻没有儿子,则一般以年龄最长者为世子。春秋时期对于人的外貌有要求,相貌有残疾,则不能称为继承人。徐彦:《春秋公羊传注疏》,中华书局影印阮元校刻《十三经注疏》本,1980年版,第2197页中。

③ 孔颖达:《毛诗正义·齐风·卢令》,中华书局影印阮元校刻《十三经注疏》本,1980年版,第353页上。

④ 《国语·郑语》,上海古籍出版社1998年版,第524~525页。

"夏，及齐师战于奚，疆事也。"齐鲁两国边境有摩擦，故桓公十八年（前694年）春，鲁桓公"会齐侯于泺"，结果却失掉了性命。根据清华简《系年》，齐襄公也影响了郑国君主的废立。《系年》第二章云："（郑）庄公即世，昭公即位。其大夫高之渠弥杀昭公而立其弟子眉寿。齐襄公会诸侯于首止，杀子眉寿，车轘高之渠弥，改立厉公，郑以始正。"[①] 根据简文，齐襄公会盟诸侯，成为霸主，杀死郑国君主子眉寿而改立了厉公[②]。齐襄公关注并干涉其他国家事务。《左传·庄公三年》云："三年春，溺会齐师伐卫"，庄公三年（前691年）春，齐国军队帮助公子溺讨伐卫国，同时在齐国东部谋求领土的扩张。同年秋，"纪季以酅入于齐，纪于是乎始判。"[③] 纪国一分为二，纪侯居纪，纪季以酅入齐而成为齐国的附庸，至庄公四年，"纪侯大去其国"[④]。《左传》云："纪侯不能下齐，以与纪季。夏，纪侯大去其国，违齐难也。"[⑤] 因为纪侯不能屈己以服从齐国，纪国在纪季以酅入齐之后，一分为二，庄公四年，纪侯又以其半与纪季[⑥]，纪侯在这年夏天永远离开了纪国。《史记》云齐襄公"伐纪，纪迁去其邑"[⑦]。襄公伐纪，《公羊传》以为是因齐襄公九世祖哀公为纪侯所诬陷，被烹于周，齐襄复仇而灭之，这不过是齐襄公向外扩展的一种托词。同时，齐襄公与其他国家会盟，以显示其强国地位。根据《春秋》经，庄公四年夏，"齐侯、陈侯、郑伯遇于垂"。杜预注曰："遇者，草次之期，两国各简其礼，若道路相逢遇也。"草次，杨伯峻云，即是"造次，犹言仓卒"[⑧]。垂，卫地。庄公五年（前689年）"冬，公会齐

---

① 李学勤主编：《清华大学藏战国楚简》（贰），中西书局2011年版，第138页。

② 这是一条珍贵的资料，传世文献所不载，可补历史之不足。《左传》桓公十八年云："秋，齐侯师于首止，子亹会之，高渠弥相。七月戊戌，齐人杀子亹而轘高渠弥。"内容和《系年》有不同。

③ 孔颖达：《春秋左传正义》，中华书局影印阮元校刻《十三经注疏》本，1980年版，第1763页中。

④ 孔颖达：《春秋左传正义》，中华书局影印阮元校刻《十三经注疏》本，1980年版，第1763页下。

⑤ 孔颖达：《春秋左传正义》，中华书局影印阮元校刻《十三经注疏》本，1980年版，第1764页上。

⑥ 此处采杨伯峻说。见杨伯峻：《春秋左传注》，中华书局1990年版，第165页。

⑦ 司马迁：《史记·齐太公世家》，中华书局1959年版，第1483页。

⑧ 杨伯峻：《春秋左传注》，中华书局1990年版，第34页。

人、宋人、陈人、蔡人伐卫”①。齐襄公会诸侯之师，讨伐卫国，为的是“纳惠公”。因卫惠公于鲁桓公十六年（前696年）奔齐，齐襄公于鲁庄公五年（前689年）成功帮助卫惠公登上君位，庄公六年，“夏六月，卫侯朔入于卫”。齐侯在鲁庄公八年联合鲁国围郕，“夏，师及齐师围郕，郕降于齐师”②。可惜襄公霸业未竟。在这一年的冬天，齐襄公的堂兄弟公孙无知“弑其君诸儿”③，齐襄公在位十二年后被杀。被杀的主要原因，是襄公国内人事关系没有处理好，他惹怒了公孙无知和连称、管至父。公孙无知的父亲是夷仲年，夷仲年乃齐僖公的同母兄弟，是齐僖公重要的辅佐。齐僖公很喜欢侄儿公孙无知，给他的待遇如同太子一般。《史记·齐太公世家》云：“厘公④爱之，令其秩服奉养比太子。”等到襄公继位，“绌无知秩服，无知怨”⑤。又，齐僖公派连称、管至父戍守葵丘，约好“瓜时而往，及瓜而代”，但是他们“往戍一岁，卒瓜时而公弗为发代。或为请代，公弗许。故此二人怒，因公孙无知谋作乱”。襄公十二年（前686年）冬十二月，“襄公游姑棼，遂猎沛丘。见彘，从者曰‘彭生’。公怒，射之，彘人立而啼。公惧，坠车伤足，失屦”。“无知、连称、管至父等闻公伤，乃遂率其众袭宫。”齐襄公到沛丘打猎，看见彘，齐襄公的从者说是彭生，且彘像人一样站立而且啼叫，齐襄公很害怕，从车上摔下来，足受伤，这给了谋乱者以机会。公孙无知、连称、管至父听说齐襄公负伤，率人打入宫中，杀死了齐襄公。

齐襄公的被杀，与他做事随意，不合礼义有关。他性情不稳定，喜怒无常，以自己的喜好处理事情。帛书记载的彭生勒杀鲁桓公，时人多谴责彭生，帛书中医宁就说彭生“容行阿君”，“有（又）勒（力）成吾君之过”⑥，鲁国人也追查彭生的罪过，齐襄公为此杀害彭生，为自己的行为

---

① 孔颖达：《春秋左传正义》，中华书局影印阮元校刻《十三经注疏》本，1980年版，第1764页上。

② 此据《春秋经》。孔颖达：《春秋左传正义》，中华书局影印阮元校刻《十三经注疏》本，1980年版，第1765页中。《左传·庄公八年》并有记载。郕，国名。根据《史记·管蔡世家》，初受封郕者为成叔武，他是周文王的儿子，周武王和周公的弟弟。

③ 《春秋经》，庄公八年（前686年）。孔颖达：《春秋左传正义》，中华书局影印阮元校刻《十三经注疏》本，1980年版，第1765页中。

④ 僖公，《史记》作“厘公”，名禄甫。本文从《春秋左传》《管子》。

⑤ 司马迁：《史记·齐太公世家》，中华书局1959年版，第1483页。

⑥ 马王堆汉墓帛书整理小组编：《马王堆汉墓帛书》（叁），文物出版社1983年版，第20页。

开脱。其实这一事件主谋是襄公，他作为大国的国君，不以君王之位为尊，以己之怒，酿成大祸，充分体现其行为的无常。《左传·庄公八年》云："初，襄公立，无常。"杨伯峻云，此谓襄公"言行无准则，使人莫知所措"[①]。《史记》亦云："襄公之醉杀鲁桓公，通其夫人，杀诛数不当，淫于妇人，数欺大臣，群弟恐祸及，故次弟纠奔鲁。其母鲁女也。管仲、召忽傅之。次弟小白奔莒，鲍叔傅之。小白母，卫女也，有宠于厘公。"[②]因为襄公做事没有准则，国家混乱，两个弟弟都逃奔到其他国家。公子纠到了鲁国，这是纠的外家；公子小白到了莒国，这是小白的外家。鲁桓公死后八年，襄公被公孙无知杀死，也不是偶然的了。《毛诗注》云，襄公"无礼义而求大功，不修德而求诸侯，志大心劳，所以求者，非其道也"[③]。襄公身无礼义，而求己有大功，不能自修其德，而求诸侯服从自己，不知唯有道德可以使诸侯服从。春秋时，王室微弱，诸侯无主，齐是大国，欲求霸王之业，齐襄公以父祖曾是小范围盟会之长，以此作为霸业的基础，又自以为国大民众，负恃强力，欲求为霸。但襄公无德，其功业很难成功。《甫田》云："婉兮娈兮，总角丱兮。未几见兮，突而弁兮。"说明人君需要善身修德，才可以立功。而齐襄公不修其德行，不可能取得功业，故诗人刺之。

二、齐襄公与文姜

齐襄公与文姜的交好与他的政治活动并行，从中也可以看出齐襄公性格的多个侧面。据《史记》载，齐襄公早年已经和文姜私通[④]。文姜于鲁桓公三年（前709年）出嫁到鲁国，与桓公结婚，桓公六年生下世子同，即后来的鲁庄公。桓公十八年（前694年），文姜随鲁桓公到齐国去。以女子二十岁结婚计算，这时文姜至少已经三十五岁。齐襄公本是有妻室的人，《左传·僖公二十三年》曰："男女同

---

① 杨伯峻：《春秋左传注》，中华书局1990年版，176页。

② 司马迁：《史记·齐太公世家》，中华书局1959年版，第1485页。

③ 孔颖达：《毛诗正义·齐风·甫田》，中华书局影印阮元校刻《十三经注疏》本，1980年版，第353页上。

④ 《史记》云："齐襄公故尝私通鲁夫人。"司马迁：《史记·齐太公世家》，中华书局1959年版，第1483页。

姓，其生不蕃”[①]。根据宗周礼义，同姓的人家，即使百代之后也不能够结婚。故鲁昭公的夫人是吴女，吴人本与鲁人同姓，昭公娶吴女这件事情，引起人们的非议，昭公夫人因此被称为“吴孟子”，而避免提她的姓。文姜作为齐襄公的妹妹，他们有着很近的血缘关系，遭到人们的非议，可想而知。

鲁桓公去世后，文姜在齐国居住了一段时间，鲁庄公继位时，她没有回到鲁国。《春秋》云：“三月，夫人孙于齐。”[②] 根据周代礼法，夫人未嫁从父，已嫁从夫，夫死从子。文姜的儿子继位之后，文姜应该住在鲁国。文姜在齐，与齐襄公的支持有很大关系。襄公在位期间，根据《左传》记载，曾经先后五次会见文姜。襄公和文姜的关系，很不为社会习俗认同，《齐风》有诗讽刺襄公与文姜，表达了诗人对于这件事的看法。《毛诗注》云《南山》：“刺襄公也。鸟兽之行，淫乎其妹，大夫遇是恶，作诗而去之。”[③] 诗云“南山崔崔，雄狐绥绥”，言襄公居人君之尊，而行为淫泆，其可耻恶如狐。“葛屦五两，冠緌双止”，言冠屦不宜同处，襄公文姜不宜为夫妇之道，兄妹不宜相配，斥责襄公与文姜的淫泆之行。鲁庄公二年（前692年），襄公与文姜在齐国禚地会见，《春秋·庄公二年》云：“冬十有二月，夫人姜氏会齐侯于禚”。《春秋》记载这件事情，是因这是不正当行为，《左传》因云：“二年冬，夫人姜氏会齐侯于禚，书奸也。”与文姜会见，齐襄公极其主动。鲁庄公四年春，襄公到鲁国祝丘与文姜会见，《春秋》云：“四年春王二月，夫人姜氏享齐侯于祝丘”。《左传》庄公六年（前688年），“冬，齐人来归卫宝”。根据《左传》，庄公六年春天，“王人救卫”，这是齐国与鲁国共同讨伐卫国而取得的胜利。依周代礼节，攻打蛮夷之国取胜之后，应向周天子献礼。齐国讨伐卫国，卫乃周天子的同姓，齐国向鲁国献宝，纯粹为了取悦文姜。杜预注曰：

① 孔颖达：《春秋左传正义》，中华书局影印阮元校刻《十三经注疏》本，1980年版，第1815页下。

② 孔颖达：《春秋左传正义》，中华书局影印阮元校刻《十三经注疏》本，1980年版，第1762页下。《春秋》注：“鲁人责之，故出奔，内讳奔谓之孙，犹孙让而去。”《公羊传》曰“孙者何？孙犹孙也。内讳奔谓之孙。”《穀梁传》曰：“孙之为言犹孙也。讳奔也。”《左传·庄公元年》：“元年春不称即位，文姜出故也。”《注》：“文姜与桓俱行而桓为齐所杀，故不敢还。庄公父弑母出，故不忍行即位之礼。据文姜未还，故传称文姜出也。”

③ 孔颖达：《毛诗正义·齐风·南山》，中华书局影印阮元校刻《十三经注疏》本，1980年版，第352页上。

"文姜淫于齐侯，故求其所获珍宝，使以归鲁，欲说鲁以谢惭"，说出了齐侯献宝的根本原因。鲁庄公七年（前687年）春，齐襄公又到鲁国防地与文姜会见，《春秋》云："七年春，夫人姜氏会齐侯于防"。同年，"冬，夫人姜氏会齐侯于谷"。他们多次会见，在《诗经·齐风》中也有记录。《载驱》这首诗，就是齐人刺襄公的，《毛诗注》云齐襄"无礼义，故盛其车服，疾驱于通道大都，与文姜淫，播其恶于万民焉"。襄公身无礼义，盛饰所乘的车马，衣着华丽，疾行驱驰于通达之道，与妹妹文姜淫通，播扬恶行，百姓都知道这件事，襄公却毫无羞惭之心，故诗人刺之。诗中"载驱薄薄，簟茀朱鞹"，言襄公乘车与文姜相会；"四骊济济，垂辔沵沵"，云襄公乘四骊而来，只不过是为淫乱的行为；"汶水汤汤，行人彭彭"，云襄公入于鲁境，去会文姜。

齐襄公的这种行为，应当是受到东夷文化的影响。东夷文化与宗周礼乐文明有较大的不同。从姜太公开始，齐国就发展渔盐之利。齐人的个人生活与周文明的要求也有较大不同。尽管周礼中有"同姓不婚，其生不蕃"的说法，在齐国，同姓依然有婚娶的现象。《左传·襄公二十五年》，齐国东郭偃的姐夫棠公去世，崔武子要娶东郭偃的姐姐。东郭偃认为不可，他说："男女辨姓，今君出自丁，臣出自桓，不可"。崔氏出自姜太公的儿子丁公，东郭偃出自齐桓公，同为姜姓，是姜太公的后代，本不可嫁娶，但是崔武子依然"取之"。又《左传·襄公二十八年》，齐国庆舍把女儿嫁给了同宗庐蒲癸，说明齐国同姓结婚的例子还是有的。但是，齐襄公的行为超出了"同姓不婚"的范畴，因为他们的血缘关系太亲密，用现代术语说，就是"乱伦"。

三、齐襄公的历史意义

齐襄公是齐僖公的儿子，齐庄公之孙。他继承了齐庄公的小霸之业，改立郑国国君，灭掉纪国，为齐国的强盛做出贡献。齐国自太公创立基业，后世逐渐发展成为强大的国家，齐襄公祖辈和父辈的小霸，为襄公的政治发展打下了基础。齐襄公继位不久，即攻打鲁国，谋求扩张，与其他国家盟会，证明他在政治上希冀有所创获。但齐襄公做事，有时从自己的感情出发，不顾及行为的后果。他因文姜的诉说，就派彭生将妹夫鲁桓公勒死，导致鲁国政治局势发生变化；因为不喜欢公子无知，一即位即削夺无知的禄秩，无知为此恼恨；在国家管理上，因为没有遵守诺言，导致连称、管至父的怨恨，他们与公子无知联合起来叛乱，杀死襄公，无知成为齐国国君。襄公杀死鲁桓公，枉杀彭生，得罪连称、管至父，又因喜好射猎而负伤，终给敌对者以报仇的机会，齐襄公被杀，君位易人。继任者无知很快因暴虐被杀，这给了公子纠和公子小白机会。小白先下手为强，在齐国卿大夫的帮助之下即位，任用管仲，成为春秋五霸之首，开创了齐国历史的新时代。齐襄公的功业，为齐桓公小白的称霸诸侯打下了坚实的基础；襄公的被杀，为小白即位铺平了道路。

第四节　文姜考

文姜是齐僖公之女，桓公三年（前 709 年）与鲁桓公结婚。桓公十八年（前 694 年），鲁桓公、齐襄公在齐国泺地会盟，文姜跟随，复与同父之兄襄公有染，鲁桓公发现二人奸情，怒斥文姜，文姜诉诸襄公，桓公被杀。马王堆汉墓帛书《鲁桓公与文姜会齐侯于乐章》记载的就是这件事情，证明传世文献的正确。本节以帛书和传世文献为基础，考查文姜与鲁桓公、齐襄公、鲁庄公之间的关系，及齐、鲁两国在这一阶段的交往，并简略探讨文姜行为之渊源。[①]

据《春秋左传注疏》，鲁国自隐公到哀公共十二位诸侯王，他们的夫人中，三位不见记载，三位来自别国，有六位与齐国结亲：桓公，夫人文姜；庄公，夫人哀姜；僖公，夫人声姜；文公，夫人姜氏；宣公，夫人穆姜；成公，夫人齐姜，则鲁与齐国通亲占有很大的比重。周朝建国之后，周公姬旦和太公姜尚都是开国重臣，周公封鲁，太公封齐，时有“男女同姓，其生不蕃”之说，鲁、齐同是大

---

① 20 世纪 70 年代在长沙马王堆汉墓中出土了大量帛书，这些帛书对研究先秦历史具有重要价值。《鲁桓公与文姜会齐侯于乐章》亦是如此，此是帛书《春秋事语》的第十六章，可以帮助考证历史文献的真实性，弥补传世文献之不足。帛书所记之事，《左传》《管子》《公羊传》《穀梁传》《史记》亦有记载，内容有不同，借助简帛文献，可以考证传世文献，较清楚地把握这一历史事件。

国，通婚实属必然[1]。

一、文姜与齐僖公

齐僖公有女儿文姜，很得他的喜欢。郑太子忽没有结婚时，僖公曾想将文姜嫁给他，忽推辞了。《左传》云："公之未昏于齐也，齐侯欲以文姜妻郑大子忽，大子忽辞。"[2]

桓公三年（前709年），文姜与鲁桓公结婚。齐僖公极重视这门亲事，婚前专门在齐国嬴地与桓公会见[3]。文姜结婚时，僖公依依不舍，桓公三年"九月，齐侯送姜氏于讙。"[4] 讙，鲁地。齐僖公送女出嫁，竟然到了鲁国境内。《左传》曰："凡公女，嫁于敌国，姊妹，则上卿送之，以礼于先君；公子，则下卿送之。于大国，虽公子，亦上卿送之。于天子，则诸卿皆行，公不自送。于小国，则上大夫送之。"[5] 根据宗周礼乐文明，文姜是齐僖公之女，与鲁国结婚，则应卿送之。且女儿结婚，父母不应下堂，故《公羊传》说："诸侯越竟送

① 《左传》哀公二十四年（前471年），爨夏曰："周公及武公娶于薛，孝、惠娶于商，自桓以下娶于齐，此礼也则有"，说的便是齐鲁世代通婚的事实。孔颖达：《春秋左传正义》，中华书局影印阮元校刻《十三经注疏》本，1980年版，第2181页下。

② 这是《左传》桓公六年（前706年）追记以前的事情。桓公六年夏，北戎攻齐，齐使乞师于郑，太子忽率领郑国军队打败戎师，《左传》云，桓公"六年夏，北戎伐齐，齐使乞师于郑。郑大子忽帅师救齐。六月，大败戎师，获其二帅大良、少良，甲首三百，以献于齐"。"及其败戎师也，齐侯又请妻之。固辞。人问其故，大子曰：'无事于齐，吾犹不敢，今以君命奔齐之急，而受室以归，是以师昏也。民其谓我何?'遂辞诸郑伯。"孔颖达：《春秋左传正义》，中华书局影印阮元校刻《十三经注疏》本，1980年版，第1750页下。《史记·齐太公世家》亦有记载，可知齐僖公曾想要将女儿文姜嫁给郑太子忽，忽拒绝了，等到郑太子忽率军将北戎击败的时候，齐僖公又想将另外的女儿嫁给忽，又被忽拒绝。忽因为没有和大国结亲，失去强有力的外援，即位后不久即被逐，《诗经·有女同车》即是说这件事。《诗序》云："刺忽也。郑人刺忽之不昏于齐。太子忽尝有功于齐，齐侯请妻之。齐女贤而不取，卒以无大国之助，至于见逐。故国人刺之。"表达了一种惋惜之情。孔颖达：《毛诗正义》，中华书局影印阮元校刻《十三经注疏》本，1980年版，第341页上。

③ 《春秋》桓公三年："公会齐侯于嬴。"孔颖达：《春秋左传正义》，中华书局影印阮元校刻《十三经注疏》本，1980年版，第1746页上。

④ 孔颖达：《春秋左传正义》，中华书局影印阮元校刻《十三经注疏》本，1980年版，第1746页中。

⑤ 孔颖达：《春秋左传正义》，中华书局影印阮元校刻《十三经注疏》本，1980年版，第1746页下。

女，非礼也。"[①] 僖公在文姜出嫁的这一年冬天，还派他的同母弟夷仲年到鲁国聘问，《左传》"冬，齐仲年来聘，致夫人也"，这是为加强与鲁国的友好关系，因女子出嫁后，如不符合夫家的心意，则有可能被打发回娘家[②]。

文姜在少女的时候，父亲齐僖公很喜欢她，僖公看到郑太子忽优秀，想将文姜嫁给他，没有成功。鲁桓公继位之后，齐僖公亲自与桓公会面，讨论结婚事宜，文姜结婚时，僖公不顾礼俗，送女儿直到鲁国境内。直至齐僖公去世，史书没有记载文姜回齐国探望父亲僖公的情况，根据宗周礼乐文明，父母在，出嫁的女儿应每年回娘家省亲；依据常理推测，齐僖公去世的时候，文姜应是回齐国奔丧。

二、文姜与鲁桓公

鲁桓公名允，是《春秋》记载的第二位鲁国国君。桓公的庶兄鲁隐公，因桓公年幼，代他摄政。鲁隐公十一年（前 712 年），桓公与公子挥合谋，"挥使人弑隐公于蔿氏而立子允为君，是为桓公"。根据《史记》，桓公即位后，"元年，郑以璧易天子之许田。二年，以宋之赂鼎入于太庙，君子讥之"[③]。这两件事情《春秋》亦有记载[④]。桓公成为君主之后，第一件事情就是将周天子的土地与郑国的璧交换，又将宋国的鼎运到鲁国周公庙中，这些都不符合礼节，臧哀伯劝谏，因为"德俭而有度，登降

---

① 何休《注》说："礼，送女，父母不下堂，姑姊妹不出门。"然父母对子女之爱，乃人之天性，并非因为天子、诸侯而减弱。观西周青铜器中的"己姜簋盖"铭文即可推知。铭文云："己侯貉子分己姜宝，乍簋。"己侯即纪侯，铭文记载纪侯分珍宝于其女己姜，己姜铸簋志之。陈梦家云："此簋记己侯分其女以宝，因以作器。"见陈梦家：《西周青铜器断代》，中华书局 2004 年版，第 130 页。宗周礼乐文明虽在提倡，然每个诸侯国当地的习俗又有不同，或者不可过多指责。又根据皮锡瑞《经学通论》，有"论古礼多不近人情，后儒以俗情疑古礼，所见皆谬"章，云："礼之近人情者，非其至者也。古人制礼坊民，不以谐俗为务，故礼文之精意，自俗情视之，多不相近"。皮锡瑞：《经学通论》，中华书局 1954 年版，第 38 页。

② 杜预《注》云："古者女出嫁，又使大夫随加聘问，存谦敬，序殷勤也。"女子出嫁后，如果"不堪事宗庙，则欲以之归也"。故战国晚期赵太后的女儿嫁到燕国，太后"持其踵而为之泣，曰：'必使勿归'"，即是此意。

③ 司马迁：《史记·鲁周公世家》，中华书局 1959 年版，第 1530 页。

④ 《春秋》经文云：桓公元年（前 711 年）"三月，公会郑伯于垂，郑伯以璧假许田。"桓公二年"夏四月，取郜大鼎于宋。戊申，纳于大庙。"《左传》云，桓公二年"戊申，纳于大庙，非礼也。臧哀伯谏"。

有数”，但是鲁桓公不纳。

鲁桓公其实还注意发挥鲁的大国影响，尽管成效并不显著。齐僖公多次讨伐纪国，因纪与鲁是姻亲，纪侯请求鲁国帮助。《左传》桓公六年（前706年）“夏，会于成。纪来咨，谋齐难也”。“冬，纪侯来朝，请王命以求成于齐。”① 齐僖公于桓公十四年（前698年）去世，此后鲁桓公继续调解，希望齐与纪国友好。桓公十七年“春正月丙辰，公会齐侯、纪侯，盟于黄”。黄，齐地。《左传》云，这次会盟，是“平齐、纪”②。然齐对纪国觊觎已久，尽管经鲁桓公的斡旋，齐襄公与纪国订立和平盟约，然五年之后，襄公还是给纪国以毁灭性打击。《史记·齐太公世家》云：“（齐襄公）八年（前690年），伐纪，纪迁去其邑。”鲁桓公亦注意协调其他国家之间的关系。桓公十二年（前700年）“夏六月壬寅，公会杞侯、莒子盟于曲池”。《左传》云“平杞、莒也”③。桓公十二年，鲁桓公三次与宋庄公会见，调解宋、郑关系④。宋国因助郑国公子突为国君，自恃有功，不停地向郑国索要财物，郑不堪忍受，联合鲁国、纪国，与宋、卫、燕作战，鲁国和郑国空前和睦⑤。桓公十四年（前698年），“春正月，公会郑伯”，这是修旧好，“夏五月，郑伯使其弟语来盟”。同时，鲁桓公与齐襄公也为谋求许国的安定而会盟，桓公十五年（前697年）“公会齐侯于艾”。《左传》云：“谋定许也。”鲁是大国，鲁桓公有时征伐外围小国，以显示其强大地位，以保持外围环境的稳定。桓公八年（前704年）“秋伐邾”。附近小国亦多与鲁国订立和平盟约。桓公十四年“郑人、牟人、葛人来朝”，桓公十七年“二月丙午，公会邾仪父盟于趡”。

然齐、鲁两国交往过程中，鲁国始终不占主导地位。太公封齐之后，

---

① 杜预注：“纪微弱，不能自通于天子，欲因公以请王命，公无宠于王，故告不能。”

② 杨伯峻曰：“齐欲灭纪，十三年（前699年）纪又随鲁、郑败齐师，故鲁为间以使两国和好。”杨伯峻：《春秋左传注》，中华书局1990年版，第149页。

③ 杨伯峻曰：“隐四年（前719年），莒人伐杞，自是遂不和，鲁与两国相邻，因而和之。”杨伯峻：《春秋左传注》，中华书局1990年版，第134页。

④ 《春秋》经，桓公十二年（前700年）“秋七月丁亥，公会宋公、燕人盟于谷丘”，“公会宋公于虚”，“冬十有一月，公会宋公于龟”。据《左传·桓公十二年》：“公欲平宋、郑。秋，公及宋公盟于句渎之丘。宋成未可知也，故又会于虚；冬，又会于龟。宋公辞平，故与郑伯盟于武父，遂帅师而伐宋，战焉，宋无信也。”孔颖达：《春秋左传正义》，中华书局影印阮元校刻《十三经注疏》本，1980年版，第1756页上、1756页中。

⑤ 《左传·桓公十三年》：“宋多责赂于郑，郑不堪命，故以纪、鲁及齐与宋、卫、燕战。”孔颖达：《春秋左传正义》，中华书局影印阮元校刻《十三经注疏》本，1980年版，第1757页上。

结合齐地特点，重视农业，同时发展渔盐之利，齐国迅速强盛；相较之下，鲁国遵循宗周礼乐文明，强调尊尊亲亲，只重视农业，国家实力发展很慢，这在外交上亦有显现。桓公十年（前702年）“秋，公会卫侯于桃丘，弗遇”。卫侯与鲁桓公约定会期，卫侯中途违犯约定，转向齐国、郑国，鲁桓公“独往而不相遇”，说明鲁国实力还不够强大。齐鲁的交往，既有共同利益，又有冲突，在齐僖公时已是如此。鲁桓公十年（前692年）“冬十有二月丙午，齐侯、卫侯、郑伯来战于郎”。这是鲁桓公得罪了郑公子忽，“郑人怒，请师于齐，齐人以卫师助之”[①]。桓公十四年，齐僖公去世，之后齐鲁冲突有加剧的倾向，这与齐襄公政治野心有关。桓公十七年（前695年）“夏五月丙午，及齐师战于奚”。奚，鲁地。齐国与鲁国摆开军队，为争夺疆域而战。《左传》云：“夏及齐师战于奚，疆事也。于是齐人侵鲁疆，疆吏来告。公曰：‘疆场之事，慎守其一，而备其不虞。姑尽所备焉，事至而战，又何谒焉。’”齐国侵占鲁国疆域，疆吏向桓公汇报此事，桓公告诉属下，要准备好，齐兵来侵占疆土，就与之作战。两国果然在鲁国边境打仗了，从道义上看，这次是鲁直齐屈。因为这次战事，桓公十八年（前694年）两国之君在泺会盟[②]。会盟之后，桓公被杀，庄公继位。

鲁桓公被杀，与文姜有很大关系。文姜登上历史舞台时，对周围的人产生了影响。鲁桓公本是野心勃勃的人，为夺取君位，他可以弑庶兄隐公，然在与文姜的关系上，很可以看出他的柔情。鲁桓公看重与文姜的婚姻，桓公三年（前709年），专门到齐国嬴地与齐僖公会见，商讨结婚事宜。婚姻不由媒介，不合礼义，时人刺之[③]。桓公三年，文姜嫁到鲁国；

---

① 《左传·桓公十年》云：“初，北戎病齐，诸侯救之，郑公子忽有功焉。齐人饩诸侯，使鲁次之，鲁以周班后郑。”孔颖达：《春秋左传正义》，中华书局影印阮元校刻《十三经注疏》本，1980年版，第1755页上。《史记·齐太公世家》亦有记载。

② 《春秋》经：“十有八年春王正月，公会齐侯于泺。”孔颖达：《春秋左传正义》，中华书局影印阮元校刻《十三经注疏》本，1980年版，第1759页中。

③ 宗周礼乐文明很重视礼的作用，认为婚姻是合“二姓之好”，不是个体行为。鲁桓公与齐僖公的会见，人们很不以为然。杜预《注》云：“不由媒介，自与齐侯会而成昏，非礼也。”结婚需要媒介，鲁桓公自己去与齐僖公商讨婚事，不符合结婚的礼节。元代程端学《春秋本义》云：“婚礼有六，皆称父兄之命以遣使者，所以养廉远耻，示万世之嗣不可轻也。今桓公不由介绍之命，媒妁之言，身至齐境以与齐谋己之婚，丑恶见矣。”即是这种观念的抒发。参见程端学：《春秋本义》，上海古籍出版社影印文渊阁《四库全书》本，1987年版，第160卷，第83页。

六年（前706年）“九月丁卯，子同生”，是为鲁庄公，乃鲁桓公的嫡长子[①]，同的出生，提高了文姜的地位。桓公十八年，鲁桓公不顾大臣的反对，带着文姜与齐襄公在泺会盟[②]。据帛书《鲁桓公与文姜会齐侯于乐章》，“鲁亘（桓）公与文羌（姜）会齐侯于乐。文羌（姜）迵（通）于齐侯，亘（桓）公以訾文羌（姜），文羌（姜）以告齐侯。齐侯使公子彭生载，公薨于车”[③]。其实在会盟之前，鲁国大臣申𦈡反对桓公带夫人去[④]，因为男女有别，可能会产生严重后果。“申𦈡”，《管子·大匡》作“申俞”，当是一人。这是文姜出嫁后的第十五年。鲁桓公与襄公在泺会盟之后，又随襄公到了齐国，《左传》云“公会齐侯于泺，遂及文姜如齐”，时间长达三个月之久，齐襄公与文姜的私情被鲁桓公发现。正如前面所说，桓公斥责文姜，文姜诉诸齐襄公，襄公借设宴款待桓公之机，派力士彭生去杀桓公，彭生拉断桓公的肋骨，“公薨”。帛书“齐侯使公子彭生载，公薨于车”，说的就是这件事[⑤]。根据《史记·齐太公世家》，文姜是“襄公女弟”，这次泺地会见，“襄公复通焉”，说明之前两人就有私情。至于文姜赴诉襄公的具体内容，《公羊传》云：“夫人谮公于齐侯公曰：同非吾子。”故“齐侯怒”，鲁桓公因而被杀。鲁人责问齐国，“齐人杀彭生以说鲁”[⑥]，帛书云“齐侯果杀彭生以说鲁”，与《史记》记载相应。齐人深感桓公不能防止文姜与襄公的交往，作《敝笱》刺之。诗云：“敝笱在梁，其鱼鲂鳏，”“齐子归止，其从如云。”鲁桓公是“微弱之君”，作为强盛齐国文姜的夫婿，很难控制文姜，于是被杀，君位易人。

尽管鲁桓公在位期间，鲁国保持强盛之势，能协调其他国家之间的关系，能使周围弱小国家服从，并化解了齐鲁两国的边界冲突，但鲁疆域较

---

① 《史记》云：“与桓公同日，故名曰同。同长，为太子。”司马迁：《史记·鲁周公世家》，中华书局1959年版，第1530页。

② 这个地方在现在的济南市北的小清河附近。

③ 马王堆汉墓整理小组编：《马王堆汉墓帛书》（叁），文物出版社1983年版，第20页。

④ 这一部分可以参看本章第三节《齐襄公考》，内容互相补充。

⑤ 《公羊传》曰：“于其出焉，使公子彭生送之，于其乘焉，搚干而杀之”。徐彦：《春秋公羊传注疏》，中华书局影印阮元校刻《十三经注疏》本，1980年版，第2224页中。《史记·齐太公世家》云：“齐襄公与鲁君饮，醉之，使力士彭生抱上鲁君车，因拉杀鲁桓公。”司马迁：《史记》，中华书局1959年版，第1484页。

⑥ 司马迁：《史记·齐太公世家》，中华书局1959年版，第1530页。

齐为小，国家实力相对较弱，与齐交往不占优势。桓公十八年（前 694 年），鲁桓公在与齐襄公盟会时，因为感情纠葛而被杀。

三、文姜与齐襄公

齐僖公于鲁桓公十四年（前 698 年）去世①，这是齐僖公三十三年。诸儿因为年长而继承君位，此时齐鲁两国有和有战。齐襄公继位的第二年，与鲁桓公在艾地会见。齐襄公四年（前 694 年），又与鲁桓公在黄地会盟，《左传》云："十七年春盟于黄，平齐纪，且谋卫故也"②。但是在鲁桓公十七年（前 695 年）的夏天，齐鲁两国为边疆问题而起了战争，齐国进攻鲁国，两国开战。大约为了这件事情，第二年春天，两国国君在泺盟会，鲁桓公被杀。

齐襄公继承祖辈、父辈的遗业，时称小霸。但齐襄公做事随意，与文姜的交往不避讳，影响很坏。鲁桓公去世，他们的交往更加明目张胆。庄公继位的时候，文姜没有回到鲁国，不仅如此，之后文姜多次与襄公相会③。自鲁庄公二年至庄公八年（前 692—前 686 年），文姜与齐襄公有五次会见④。文姜有时如齐与襄公相会⑤，有时齐襄公到鲁国境内与文姜相会⑥。文姜和齐襄公之间的交往积极主动，频繁张扬，齐国人很不以为然，作《载驱》刺之。

---

① 《春秋经》云："冬十有二月丁巳，齐侯禄父卒。"孔颖达：《春秋左传正义》，中华书局影印阮元校刻《十三经注疏》本，1980 年版，第 1757 页中。

② 《春秋经》云"十有七年春正月丙辰，公会齐侯、纪侯，盟于黄。"孔颖达：《春秋左传正义》，中华书局影印阮元校刻《十三经注疏》本，1980 年版，第 1758 页下。

③ 孔颖达《疏》曰："礼，妇人在家则天父，出嫁则天夫。为夫斩衰三年，为兄大功九月。今兄杀己夫，于文姜之义，宜与齐绝。"孔颖达：《春秋左传正义》，中华书局影印阮元校刻《十三经注疏》本，1980 年版，第 1762 页下。然文姜与齐国的感情似乎没有减弱。

④ 此是根据《春秋》的记载。这五次会面分别是：庄公二年（前 692 年）"冬十有二月，夫人姜氏会齐侯于禚"。庄公"四年春王二月，夫人姜氏享齐侯于祝丘"。庄公五年"夏，夫人姜氏如齐师"。庄公"七年春，夫人姜氏会齐侯于防"。同年"冬，夫人姜氏会齐侯于谷"。

⑤ 庄公七年（前 687 年）"冬，夫人姜氏会齐侯于谷"即是。谷，齐地。孔颖达：《春秋左传正义》，中华书局影印阮元校刻《十三经注疏》本，1980 年版，第 1765 页上。

⑥ 《春秋》庄公"七年春，夫人姜氏会齐侯于防"。防，鲁地。杜预《注》曰："文姜数与齐侯会。至齐地则奸发。夫人至鲁地则齐侯之志。"杜预认为，在齐相会是文姜的意愿，在鲁地相会是齐襄公的意愿。孔颖达：《春秋左传正义》，中华书局影印阮元校刻《十三经注疏》本，1980 年版，第 1764 页下、1765 页上。

文姜与齐襄公的交往，当不完全是私情使然，有时也有政治目的，对文姜来说尤其如此。庄公“四年（前690年）春王二月，夫人姜氏享齐侯于祝丘”。祝丘，鲁地。杜预《注》曰：“享，食也。两君相见之礼，非夫人所用。”① 文姜“享齐师”，是用诸侯王的礼节慰问齐襄公，以抬高自己的政治地位。文姜还发挥她对齐襄公的影响，为鲁国谋利益。鲁庄公五年，庄公与齐、宋、陈、蔡伐卫，庄公六年（前688年）“齐人来归卫宝，文姜请之也”。庄公五年春天，“王人救卫”，这是齐国与鲁国共同讨伐卫国，取得了胜利。根据周代礼法，贺献是给周天子，诸侯之间不相献宝，但是齐国献了，这是文姜请求齐襄公这么做的。杜预曰：“文姜淫于齐侯，故求其所获珍宝，使以归鲁，欲说鲁以谢惭。”② 证明文姜看重在民众中的影响，请齐将宝物献给鲁国，乃是弥补鲁桓公被杀的缺憾，以提高其地位。

综上所述，文姜结婚之前已与齐襄公有私情，桓公十八年（前694年），鲁桓公与齐襄公在齐国泺地会盟，文姜随行，与齐襄公重叙旧好，鲁桓公被杀。之后，文姜与齐襄公的交往频率加快，次数增多，这种会面恐怕不全是因为感情，当与国家之间的事务往来有关联。文姜曾“享齐侯”，这是以两国国君相见之礼去犒劳齐襄公；庄公五年（前689年）齐师、鲁师讨伐卫国，“齐人来归卫宝”，这是文姜的请求。献宝，一般是献给周天子，齐国不应向鲁国献宝，况卫与鲁本是同姓之国，但文姜为取悦鲁国人，弥补以前的过失，请求齐国这样做，这是一种政治行为。他们的交往，直至鲁庄公八年（前686年）齐襄公被杀为止。

---

① 《春秋左传注疏》杜预疏：“‘《穀梁传》曰：‘妇人不言会’，言会非正也。飨甚矣。是享非夫人所当用也。礼不合用而夫人用之，故直书以见其失也。”孔颖达：《春秋左传正义》，中华书局影印阮元校刻《十三经注疏》，1980年版，第1763页下。然根据叶梦得，夫人“有飨诸侯之礼”。叶梦得云：“礼，夫人有飨诸侯之礼，而无会诸侯之礼。”“内宰凡宾客之祼献瑶爵，皆赞谓同姓也。瑶爵，夫人之器，盖同姓则后夫人亲献，异姓则使摄献。由是言之，周之盛时夫人有飨同姓诸侯之礼矣。盖诸侯朝聘其致飨致饔饩相与为好者，后夫人无不同是以礼成，而飨者亦如之。”参见叶梦得：《春秋考》卷九，上海古籍出版社影印文渊阁《四库全书》本，1987年版，第149卷，第386～387页。

② 孔颖达：《春秋左传正义》，中华书局影印阮元校刻《十三经注疏》本，1980年版，第1764页下。

四、文姜与鲁庄公

综观中国古代历史，特别是先秦时期，各诸侯国为争夺君位，子弑父，弟弑兄，臣弑君，这样的事件非常多，而子弑母很少见到。这不仅因为母亲为抚育儿女付出了巨大心血，还因为女性在权力争夺中，多不具威胁性，故尽管母亲有违背礼法者，其子也多能原谅，鲁庄公亦是如此。据先秦史料，我们发现鲁庄公对文姜非常包容，作为儿子，庄公的生活和婚姻也受到母亲文姜的影响。鲁桓公去世之后，文姜多次与齐襄公相会，庄公似乎也没有阻止。文姜是齐僖公的女儿，庄公不可避免地要与齐国发生各种关系。相较之下，我们发现鲁庄公在齐襄公时期，与齐国的关系较桓公时更为顺畅。

鲁桓公被杀，文姜本应返鲁，可能鲁人舆论强大，文姜难以居住，又回齐国。庄公继位时，文姜没有参加大典。《左传》言庄公“元年（前693年）春，不称即位，文姜出故也”[①]。据周代礼法，夫人未嫁从父，已嫁从夫，夫死从子。庄公继位之后，文姜本应在鲁。然鲁庄公继位后，文姜有了更大的行动自由。此时的鲁庄公似乎已经忘掉杀父之痛，与齐国保持良好的关系。有时齐鲁国君会盟。鲁庄公于庄公四年（前690年）冬，“公及齐人狩于禚”[②]。有时鲁庄公与齐襄公有共同的军事行动。《春秋》庄公五年（前689年）“冬，公会齐人、宋人、陈人、蔡人伐卫”[③]。《左传》曰：“冬伐卫，纳惠公也。”[④] 庄公八年夏，“师及齐师围郕。郕降于齐师”[⑤]。鲁庄公与齐国关系密切，又不能阻止母亲文姜与齐襄公的交往，

---

① 杜预《注》云：“文姜与桓俱行，而桓为齐所杀，故不敢还。庄公父弑母出，故不忍行即位之礼。”孔颖达：《春秋左传正义》，中华书局影印阮元校刻《十三经注疏》本，1980年版，第1762页中。

② 杜预以为会猎者是齐之微者，《公羊传》《穀梁传》则云鲁庄公乃是与齐侯会猎，杨伯峻赞同后者之说，认为鲁庄公“不至与齐之贱吏共田猎”，很有道理。

③ 孔颖达：《春秋左传正义》，中华书局影印阮元校刻《十三经注疏》本，1980年版，第1764页上。

④ 孔颖达：《春秋左传正义》，中华书局影印阮元校刻《十三经注疏》本，1980年版，第1764页中。

⑤ 孔颖达：《春秋左传正义》，中华书局影印阮元校刻《十三经注疏》本，1980年版，第1765页中。

齐人感叹，因此而作《猗嗟》[①]。

齐鲁两国的友好关系因襄公被杀出现波折。庄公八年（前686年）"冬十有一月癸未，齐无知弑其君诸儿"[②]。襄公被堂兄无知杀害，无知即位。然无知暴虐，于第二年春天被杀[③]，君位空缺。此时，可继承君位的有公子纠和公子小白。据《史记·齐太公史家》，齐襄公在位期间，齐国混乱，鲍叔牙与小白逃往莒国；公子纠与他的老师管仲、召忽逃往鲁国，这是子纠的外家[④]。从鲁国利益出发，鲁庄公支持子纠做齐君，故于庄公九年（前685年）夏，"伐齐，纳子纠"[⑤]，而公子小白得到齐国贵族高、国的支持，"齐小白入于齐"，登上齐国君位，是为齐桓公[⑥]，鲁国外交上变得被动[⑦]。为使子纠登上齐国君位，鲁国攻打齐国，与齐人在乾时作战，庄公九年"八月庚申，及齐师战于乾时"，鲁师大败。《左传》云："秋，师及齐师战于乾时，我师败绩。公丧戎路，传乘而归。"[⑧] 此时齐桓公已登上君位，迫使鲁国杀死子纠。《春秋》

---

① 《猗嗟》云："猗嗟昌兮，颀而长兮。抑若扬兮，美目扬兮。巧趋跄兮，射则臧兮。""不出正兮，展我甥兮。""舞则选兮，射则贯兮。四矢反兮，以御乱兮。"孔颖达：《毛诗正义》，中华书局影印阮元校刻《十三经注疏》，1980年版，第355页上、355页中。鲁庄公身材颀长，面目英俊，很有威仪，善舞善射，射则中于正鹄，重射四矢，皆能射到故处。威仪技艺如此，而不能阻止母亲的淫乱，令人感叹。

② 孔颖达：《春秋左传正义》，中华书局影印阮元校刻《十三经注疏》本，1980年版，第1765页中。

③ 《春秋》经："九年（前685年）春，齐人杀无知。"孔颖达：《春秋左传正义》，中华书局影印阮元校刻《十三经注疏》本，1980年版，第1766页上。

④ 《史记》云："初，襄公之醉杀鲁桓公，通其夫人，杀诛数不当，淫于妇人，数欺大臣，群弟恐祸及，故次弟纠奔鲁。其母鲁女也。管仲、召忽傅之。次弟小白奔莒，鲍叔傅之。小白母，卫女也，有宠于厘公。"司马迁：《史记》，中华书局1959年版，第1485页。

⑤ 杜预《注》："二公子各有党，故虽盟而迎子纠，当须伐乃得入。"孔颖达：《春秋左传正义》，中华书局影印阮元校刻《十三经注疏》，1980年版，第1766页上。本来齐人是迎接公子纠的，但是鲁国不交出子纠，反而先与齐人盟誓，《公羊传》云："九年春，齐人杀无知，公及齐大夫盟于暨。"徐彦：《春秋公羊传注疏》，中华书局影印阮元校刻《十三经注疏》，1980年版，第2230页中。

⑥ 《左传》昭公十三年称，桓公有国、高以为内主，则国子、高子是小白之党。《史记》云："小白自少好善大夫高傒。及雍林人杀无知，议立君，高、国先阴召小白于莒。鲁闻无知死，亦发兵送公子纠，而使管仲别将兵遮莒道，射中小白带钩。小白详（佯）死，管仲使人驰报鲁。鲁送纠者行益迟，六日至齐，则小白已入，高傒立之，是为桓公。"司马迁：《史记》，中华书局1959年版，第1485～1486页。

⑦ 根据何休《注》："齐迎子纠欲立之，鲁不与而与之盟。齐为是更迎小白。然后乃伐齐，欲纳子纠，不能纳，故深讳。"徐彦：《春秋公羊传注疏》，中华书局影印阮元校刻《十三经注疏》，1980年版，第2230页中。

⑧ 孔颖达：《春秋左传正义》，中华书局影印阮元校刻《十三经注疏》本，1980年版，第1766页中。

庄公九年（前685年）云“九月，齐人取子纠杀之”，这是隐讳之辞。《公羊传》云“胁我，使我杀之也”，所言甚是。何休《注》说：“小白得国，与鲍叔牙图国政”，“乃胁鲁使杀子纠，求管仲、召忽。鲁惶恐，杀子纠，归管仲，召忽死之。故深讳，使若齐自取杀之”[①]。

庄公八年（前686年）十一月齐襄公被杀，庄公九年春，无知被齐人杀死；夏，齐桓公继位；秋七月，安葬齐襄公；八月，鲁国与齐国在乾时作战，鲁国大败；九月，鲁被迫杀死公子纠。两国因齐国的君位继承问题而矛盾尖锐，并伴有军事冲突，鲁国内政受到影响。为防备齐人进攻，鲁国“冬浚洙”。《公羊传》云：“浚之者何？深之也。曷为深之？畏齐也。”[②] 鲁国人很紧张，于庄公九年冬天深挖洙水以备齐。庄公深谋远虑，判断准确，来年春天齐国果然入侵，《左传》云：庄公“十年春，齐师伐我”[③]。鲁庄公高度重视，听取曹刿的谏议，虚心敬民，一鼓作气，大败齐师，《春秋》庄公“十年春王正月，公败齐师于长勺”，说的就是这件事。之后的齐国逐渐强盛[④]，鲁国与之交战多有失败，很多土地被齐侵占。为谋求和平，鲁庄公与齐桓公在柯会盟。庄公十三年（前681年）“冬，公会齐侯盟于柯”[⑤]。柯之盟《左传》记载简略，根据《管子·大匡》，这次会盟乃鲁庄公携带匕首，挟持齐桓公，迫使桓公将侵占鲁国的土地返还。《史记·鲁周公世家》亦云：“十三年，鲁庄公与曹沫会齐桓公于柯”，“求鲁侵地，已盟而释桓公”[⑥]。

---

① 此事在《管子·大匡》中亦有详细的叙说，与何休所言大略相同。

② 洙水在鲁城北。

③ 《左传》。《史记·诸侯年表》云：“伐我，为纠故。”尽管鲁国支持的公子纠没有成为齐王，且在威逼之下，鲁杀子纠以悦齐，然齐人并未善罢甘休。因鲁国纳公子纠，齐桓公即位后的第一件事，就是讨伐鲁国。

④ 齐桓公在管仲的帮助下，作内政以寓军令，进行改革，国家实力增强，齐国很快强盛。鲁庄公十三年（前681年），齐桓公在北杏会盟，“齐侯、宋人、陈人、蔡人、邾人会于北杏”。四个国家承认齐国的强国地位。

⑤ 《左传》：“冬，盟于柯，始及齐平也。”杜预《注》云，鲁国“始与齐桓通好”。孔颖达：《春秋左传正义》，中华书局影印阮元校刻《十三经注疏》本，1980年版，第1770页下、1771页上。

⑥ 司马迁《史记·鲁周公世家》，中华书局1959年版，第1531页。齐桓公信守诺言，在邀盟之后依然将答应返还鲁国的土地归还，从此之后，齐国在诸侯国中的威望大大提高，信誉增强。齐桓公七年（前679年），齐国开始称霸，《左传》云：“（庄公）十五年春复会焉，齐始霸也”。此时鲁庄公面对的，是强大的齐国。《史记·刺客列传》以为是曹刿劫持的齐桓公，可能司马迁在写作过程中受到战国策士言论的影响，杨伯峻以为此事不可信，当是司马迁好奇而为之。可参看本书第四章第四节《曹刿劫持了齐桓公吗》。

此后的鲁国与齐国的关系好转，不断联盟，当与文姜有关。齐桓公七年（前679年）夏，文姜如齐[①]。文姜到齐国，具体的原因史书未载，注家多有推测，未必尽合史实。文姜当为谋求鲁国利益[②]，亦可推知文姜为何于庄公十九年（前675年）和二十年两次到莒国[③]。文姜两次如莒，杜预《注》曰："非父母国而往，书奸"[④]。妇人出行需要正当理由，又因文献之不足，故书"奸"。根据《周礼》，男子三十而婚，女子二十而嫁，以此推算，至庄公十九年时，文姜已经五十五岁了。莒国是齐桓公曾避难的地方，文姜到莒，或与齐桓公有关。又据《春秋左传》，莒国比较强大，经常征伐其他国家[⑤]，又与鲁国往来较多，文姜如莒，势所必然[⑥]。且文姜于庄公二十一年（前673年）去世，在她去世的前一年，在交通极不便利的情况下，到遥远的莒国，当有特别的原因。无论如何，文姜为庄公与齐国的友好做出了巨大努力，之后鲁与齐国关系走向亲密，文姜去世之后，这种倾向更为明显。庄公二十三年（前671年），庄公与齐桓公有两次会见[⑦]，此后，鲁与齐有了更多的共同利益和军事行动。庄公二十

---

① 这是鲁庄公十五年（前679年）。《春秋》云："夏，夫人姜氏如齐。"孔颖达：《春秋左传正义》，中华书局影印阮元校刻《十三经注疏》本，1980年版，第1771页下。

② 尽管齐桓公颇好女色，有夫人三个、如夫人六个，姑姊妹不嫁者七人。但是在大是大非问题上，齐桓公毫不含糊。哀姜在鲁庄公去世之后，扰乱鲁国政局，庄公子开、愍公先后被杀，齐桓公于是将哀姜杀死。《史记》云："齐桓公闻哀姜与庆父乱以危鲁，乃召之邾而杀之，以其尸归，戮之鲁。"可知齐桓公以霸主自居，也很重视鲁国国内的稳定。

③ 《春秋》经，庄公十九年"夫人姜氏如莒"。庄公"二十年春王二月，夫人姜氏如莒"。

④ 《春秋左传正义》曰："不知何为如莒。妇人不以礼出为奸，故曰书奸。"孔颖达：《春秋左传正义》，中华书局影印阮元校刻《十三经注疏》，1980年版，第1773页中。

⑤ 《春秋》鲁隐公二年（前721年），"夏五月莒人入向"。杨伯峻据《春秋传》认为莒人"似灭其国而取其地"。隐公四年"春王二月，莒人伐杞取，牟娄"。根据《海岱文化与齐鲁文明》，"在春秋时期的莒国是海岱地区内仅次于齐、鲁的第二等大国"，"莒与鲁国的往来比与齐频繁"。参见高广仁、邵望平：《海岱文化与齐鲁文明》，江苏教育出版社2005年版，第497页。

⑥ 鲁隐公二年冬，"纪子帛莒子盟于密"，《左传》云"鲁故也"，根据杜预《注》，纪国的子帛与莒盟乃是为调解鲁国与莒国的不和。《春秋》云，鲁隐公八年（前715年）"九月辛卯，公及莒人盟于浮来"，《左传》云"以成纪好也"。杨伯峻认为，隐公二年"纪、莒两国既为鲁国而盟会，则鲁与莒盟，亦与纪友好之表示"。见杨伯峻：《春秋左传注》，中华书局1990年版，第60页。此后鲁国与莒国关系走向亲密，《春秋》鲁桓公十二年（前700年）"夏六月壬寅，公会杞侯、莒子盟于曲池"。此因隐公四年（前719年）莒人伐纪，从此之后，两国不和，鲁国与这两国关系都相近，因而和之，故《左传》云"平杞莒也"。

⑦ 《春秋》云："公及齐侯遇于谷。""冬十有二月甲寅，公会齐侯盟于扈。"孔颖达：《春秋左传正义》，中华书局影印阮元校刻《十三经注疏》本，1980年版，第1778页下。

四年（前670年）“秋，公会宋人、齐人伐徐”。庄公二十七年（前667年），“会齐侯于城濮”。庄公二十八年“秋，荆伐郑，公会齐人、宋人救郑”。鲁国出现灾荒时，亦向齐国请求救助。庄公二十八年，谷没有成熟，冬，“大无麦、禾，臧孙辰告籴于齐”[①]。齐桓公伐山戎后，竟然也到鲁国献宝。据《春秋》，庄公三十年（前664年）“冬，公及齐侯遇于鲁济”[②]。山戎侵燕，此为谋划讨伐山戎。这次战役齐国取得巨大胜利，庄公三十一年“六月，齐侯来献戎捷”。《左传》以为“非礼”，云：“凡诸侯有四夷之功劳，则献于王，王以警于夷；中国则否。诸侯不相遗俘”。然《周礼·天官·玉府》郑玄《注》云：“古者致物于人，尊之则曰献，通行曰馈。《春秋》曰：‘齐侯来献戎捷。’尊鲁也。”则此时的齐桓公甚为尊重鲁国，两国关系友好。

文姜去世的次年[③]，鲁庄公即为自己的婚事而到齐国纳币，《春秋》云：“冬，公如齐纳币”[④]。春秋时期，男女结婚有六个环节。在纳吉之后，择日具书，送聘礼至女家，女家受物复书，婚姻才能确定[⑤]。此次纳币，结婚的对象是哀姜，娣有叔姜。庄公于桓公六年（前706年）出生，桓公十八年父亲去世之后即位。此是鲁庄公二十二年（前672年），庄公已三十五岁。根据周礼，男子三十岁而娶，但国君为继承宗庙祭祀之大事，一般“十五而冠，二十而娶”。无论按何种标准，鲁庄公都是晚婚。

---

① 孔颖达：《春秋左传正义》，中华书局影印阮元校刻《十三经注疏》本，1980年版，第1782页上。很可见两国之渊源。根据《国语·鲁语》，“文仲以鬯圭与玉磬如齐告籴”，“齐人归其玉而予之籴”。臧文仲云：“岂唯寡君与二三臣实受君赐，其周公、大公及百辟神祇实永飨而赖之”。《国语》，上海古籍出版社1998年版，第158页。

② 齐鲁两国国君相会，是为商讨伐山戎的事情。因为山戎伐燕，燕国告急，燕国是召公之后，故齐桓公救之。

③ 文姜是鲁庄公二十一年（前673年）七月去世的。《春秋》经：庄公二十一年“秋七月戊戌，夫人姜氏薨”。庄公二十二年“癸丑，葬我小君文姜”。

④ 何休《注》：“纳币即纳征。纳征礼曰：主人受币，士受俪皮是也。礼言纳征，春秋言纳币者，春秋质也。凡婚礼皆用雁取其知时候，唯纳征用玄纁束帛俪皮。玄纁取其顺天地也，俪皮者鹿皮，所以重古也。”徐彦：《春秋公羊传注疏》，中华书局影印阮元校刻《十三经注疏》，1980年版，第2236页下、2237页上。

⑤ 诸侯王纳币应当派卿去，庄公亲自前往齐国，不符合礼节，故杜预《注》曰：“公不使卿，而亲纳币，非礼也”。况且母亲文姜去世不到两年，“母丧未再期而图昏”，此时纳币也不符合礼节，故宋吕大圭《春秋或问》卷九云：“公如齐纳币，其失礼者三。齐为雠国而公与之图婚姻，一也。文姜之丧始练而纳币，二也。纳币大夫之事而公亲之，三也。”吕大圭：《春秋或问》，上海古籍出版社影印文渊阁《四库全书》本，1987年版，第157卷，第564页。

庄公到齐国纳币，居住了相当长的一段时间，直到来年春天才回鲁国①。二十四年（前670年）夏，鲁庄公结婚。他亲自到齐国迎接王后，《左传》云“公如齐逆女”。庄公很看重夫人，齐女哀姜来到鲁国，庄公“使宗妇觌，用币”。古时拜见男女，“贽”有别。《左传》云：“女贽，不过榛、栗、枣、脩，以告虔也。”庄公让宗妇携带拜见男子的礼物拜见小君，不合礼仪。大臣御孙劝谏庄公，男女同贽，是男女无别，易引起混乱，庄公不纳。这种行为，可能助长了哀姜的政治野心。

尽管婚姻多是“父母之命，媒妁之言”，然就鲁庄公的行为来看，他对与哀姜的婚姻充满热情。他亲自如齐纳币，亲自到齐迎娶夫人哀姜。哀姜归鲁后，庄公令宗妇以“贽”拜见哀姜。庄公对齐国社会习俗亦充满热情，二十三年（前671年），鲁庄公到齐国观社，《春秋》言：“夏，公如齐观社”。对于“社”，学者有不同解释。杜预《注》：“齐因祭社搜军实，故公往观之。”杜预注与韦昭注大略相同。然据《左传》：“二十三年夏，公如齐观社，非礼也。曹刿谏曰：不可。夫礼，所以整民也。”则观社不符合礼义②。《墨子》将齐国的“社”与宋国的“桑林”、楚国的“云梦”并提，云：“燕之有祖，当齐之社稷，宋之有桑林，楚之有云梦也。”③ 杨伯峻亦云，“社”是“所以聚男女而相游观者也”④，则是男女相会游乐的地方，故曹刿劝谏鲁庄公：“君举必书。书而不法，后嗣何观？”曹刿说，国君言行都有记载，故应慎之。然“君不听，遂如齐”⑤。总之，在文姜去世之后，鲁齐交往密切，鲁庄公多次到齐国，有时长时间在齐居住，并与齐国缔结婚姻，对齐国的民俗也充满热情。庄公对齐国感情较深，喜欢齐国文化，母亲文姜的影响不可忽视。

---

① 《春秋》云，庄公“二十有三年春，公至自齐”。孔颖达：《春秋左传正义》，中华书局影印阮元校刻《十三经注疏》本，1980年版，第1778页下。

② 据《公羊传》，庄公观社，《春秋》讥之，何休《注》云：“观社者，观祭社。讳淫。言观社者，与亲纳币同义。”何休认为“社”为“祭社”，是祭祀土地之神。然《疏》则云：“实以淫泆大恶不可言，因其有事于观社，故以观社讥耳。”徐彦：《春秋公羊传注疏》，中华书局影印阮元校刻《十三经注疏》，1980年版，第2237页上。可以推知，鲁庄公观社是不合礼仪的了。

③ 孙诒让：《墨子间诂·明鬼下》，中华书局新编诸子集成本2001年版，第229页。

④ 杨伯峻：《春秋左传注》，中华书局1990年版，第226页。

⑤ 《国语·鲁语上》，上海古籍出版社1998年版，第153页。

五、文姜行为之渊源

齐乃周天子的分封国，然太公是殷人之后，文化传统与周有不同。太公到齐国，因其俗，简其礼，适应当地东夷文化，形成独特的齐国文化①，这当是周文化、殷商文化与东夷文化融合的结果。殷文化或有母系氏族的遗留，女子社会地位较高，商代妇好即是其例②，齐国女子亦受到影响。根据《汉书》，先秦齐国女性地位较高，长女多有不嫁者，在家中管理家务，主持祭祀，谓之“巫儿”。齐国的女性在政坛上亦有参与，齐宣王时的无盐女，齐王建的母亲君王后③，都展示出齐国女性的丰采。其实周代女性社会地位亦较高，根据陈梦家《西周青铜器断代》，《乍册睘卣》“王姜命乍册；《令簋》王姜赏乍册；《友鼎》友颂内史与天君之万年；《召圜器》召事皇辟君、赏赐毕土，召是作册毕公。如此则成王君后所直接命令者乃属作册、内史之官”。说明她掌握了较大的权力④。据青铜器，周天子有时专门召见高官夫人，并且给予赏赐，《庚赢卣》即记此。铭文有云：“王逄于庚赢宫。王蔑庚赢历，易贝十朋，又丹一庥，庚赢对扬王休，用乍厥文姑宝奠彝。”陈梦家云，作器者“当是赢姓之女而婚于庚者。王锡以丹粉”。又云“此器作者为一妇人，王亲临其宫室而赏锡之，其人当是公侯的妻氏”，则“西周君后与公侯的妻氏，其地位很高”⑤。《春秋左传》亦记载了诸多女性的活动及对政治的参与。则文姜在

① 曹丕《典论·论文》说徐干“时有齐气”，则直到东汉之后的齐地，与别处的文化依然有很大的不同。

② 曹定云认为，妇好在武丁朝的地位别人难以企及。妇好是武丁的法定配偶，是一员战将。她统率过一个方面军，立下赫赫战功。她还主持祭祀，参与朝中军政大事，“是殷王朝中具有相当发言权的人物”，“武丁时代的强盛与妇好的政治、军事生涯紧密联系在一起”。参见曹定云：《殷墟妇好墓铭文中人物关系综考》，《考古与文物》，1995年第5期，第44~54页。

③ 无盐女聪明睿智，很有政治头脑，为齐宣王所敬服。君王后帮助齐王建管理齐国政务多年，善于处理与六国之间的关系，与秦国交往的时候，充满智慧，游刃有余。《战国策·齐策》云：“君王后事秦谨，与诸侯信，以故建立四十有余年不受兵。”《战国策》，上海古籍出版社1985年版，第472页。

④ 文中的王姜，陈梦家云：“此王姜或君应是成王之后，当是齐大公之女。”陈梦家：《西周青铜器断代》，中华书局2004年版，第61~62页。

⑤ 陈梦家：《西周青铜器断代》，中华书局2004年版，第98~100页。

个人生活方面当是受到齐地文化的影响[①]，在政治生活方面，殷周都有女性参与，这当对文姜有影响。

综上所述，文姜是齐僖公之女，嫁到鲁国三年后，生下嫡长子同，地位大大提高。桓公十八年（前 694 年），文姜请求与桓公一起出访齐国，桓公不顾大臣的反对而携其前往。桓公去世之后，文姜的政治活动增多，曾以诸侯之礼飨齐师，又在齐鲁诸国取得伐卫战役胜利后，请齐人到鲁国献卫宝，以提高她在鲁国的地位，弥补鲁桓公被齐人杀害的缺憾。齐桓公继位之后，文姜曾到齐国，并在她去世前两年，先后两次如莒。少女时期，文姜很难有什么政治活动；成人之后的文姜，对鲁桓公、齐襄公、鲁庄公都产生了很大影响[②]。特别是庄公，在情感上与母亲文姜更亲近，故曾长时间在齐国居住，与齐女结婚，亦喜欢齐国的民俗。齐鲁两国在齐襄公时关系密切，齐桓公时期，经过一番波折，走向顺畅。文姜的行为，对此后的哀姜亦有影响。作为文姜的儿媳，同时又都是齐国姜姓女子，哀姜在鲁庄公去世之后，与庆父为乱，杀戮鲁庄公的儿子，国家动荡，她死不得其所，比文姜走得更远。

第五节　帛书《齐桓公与蔡夫人乘舟章》的文献价值

帛书《齐桓公与蔡夫人乘舟章》是《春秋事语》的第七章，可以帮助考证历史文献的真实性，弥补传世文献资料之不足。齐桓公和蔡夫人乘舟之事，发生在齐桓公二十九年（前 657 年），与齐国侵蔡、伐楚这样重大的历史事件相关联。乘舟的细节，先秦文献资料记载有不同；历代学者

---

① 前文说过，当时有“男女同姓，其生不蕃”之说。然在齐国，同姓依然有婚娶的现象。参见本章第三节《齐襄公考》之《齐襄公与文姜》部分。又据《管子·小匡》齐桓公说：“寡人有污行，不幸而好色，而姑姊有不嫁者。”则齐国生活习俗或与宗周礼乐文明的要求有不同。

② 齐襄公被杀亦间接与文姜有关。襄公派力士彭生杀死鲁桓公，为推托罪责，“杀彭生以谢鲁”。襄公于鲁庄公八年（前 686 年）狩猎，看到一野猪“人立而啼”，随行者以为是彭生，襄公大怒，杀死野猪。襄公不慎从马车上摔下，脚负伤，行动不便，为谋杀者提供了机会。见《管子·大匡》和《史记·齐太公世家》。

对齐国率领鲁、宋、陈、卫、郑、许、曹七个国家侵蔡、伐楚之间的关系有争论，我们可以借助于帛书的记载，对历史事实做出考订。

一、帛书与传世文献的比勘

帛书云："齐亘（桓）公与蔡夫人乘周（舟），夫人汤（荡）周（舟），禁之，不可，怒而归之，未之绝，蔡人嫁之。亘（桓）公衛（率）**帀**（师）以侵蔡，蔡人遂溃。"①

帛书中"蔡夫人"，《左传》中作"蔡姬"②，是一人。《左传·僖公十七年》曰："齐侯之夫人三，王姬、徐嬴、蔡姬，皆无子。"③ 则蔡姬是齐桓公三个夫人中的一个，称之为"蔡夫人"，固无不可。帛书"乘舟"，与《左传》中作"乘舟于囿"，说明了乘舟的所在。"囿"为先秦帝王蓄养禽兽以供观赏的园林，汉以后称苑。《诗经·大雅·灵台》云："王在灵囿，麀鹿攸伏。"毛传曰："囿，所以域养鸟兽也。"桓公的苑囿中有水，桓公与蔡夫人乘舟游玩，蔡夫人晃动他们乘坐的舟。根据《说文》："舟，船也。"《方言》卷九："舟，自关而西谓之船，自关而东或谓之舟。"则古代舟、船的称呼是因地域的不同。帛书云蔡夫人"荡舟"，估计舟不算大；《左传》作"荡公"，根据帛书，当是摇动舟船，使桓公身体发生了晃动。《韩非子》作"夫人荡舟"，与帛书同。

帛书"禁之，不可"之上，《左传》有"公惧，变色"四字，加入了细节描写。桓公不会游泳，才会害怕。帛书"怒而归之，未之绝，蔡人嫁之"，与《左传》记载同。桓公虽然将蔡夫人打发回家，但不是

---

① 《马王堆汉墓帛书》（叁），异文照录。根据《凡例》，"帛书中的异体字、假借字，在释文中随文注明，外加（）标志"。"帛书中不可辨识或无法补出的残缺文字，释文中用□代替。"又按，上文引述的原文，在"蔡人嫁之"之后，有士对于这件事情的评论，传世文献不见记载。士评论说："蔡其亡乎。夫女制不逆夫，天道也。事大不报怒，小之利也。说之□小邦□大邦之□亡将□□□则□□□□是故养之以□好，申之以子□，重以□□□□□□□□□□□□□□□□今蔡之女齐也，为□以为此，今听女辞而嫁之，以绝齐，是□䆩（怨）以□也。□□□□□□恶角矣。而力□□□□□乎。"马王堆汉墓帛书整理小组编：《马王堆汉墓帛书》（叁），文物出版社1983年版，第10页。

② 《史记·齐太公世家》亦作"蔡姬"，与《左传》同。

③ 孔颖达：《春秋左传正义》，中华书局影印阮元校刻《十三经注疏》本，1980年版，第1809页中。

“大归”，因为“未之绝”，桓公还没有打算与蔡夫人彻底断绝关系，然“蔡人嫁之”。蔡人改嫁蔡夫人的原因，《左传》没有说明，《史记》中说，是“蔡侯怒，嫁其弟”。蔡夫人惹怒了桓公，桓公一怒之下，送蔡夫人回娘家，蔡侯因齐桓公的行为，也引发了愤怒之情，将蔡夫人改嫁了。据《史记·管蔡世家》，此时蔡国当政的是缪侯，名肹。缪侯的妹妹嫁给了齐桓公，故《史记》云，缪侯“其女弟为齐桓公夫人”。蔡缪侯十八年（前657年）时，发生了荡舟事件，桓公“归蔡女”。蔡侯与蔡夫人乃同父所生，感情较深，齐桓公把蔡夫人打发回家，蔡侯很生气，又听信蔡夫人一面之词，蔡夫人于是改嫁了[①]，《史记》云缪侯“嫁其弟”。帛书中，士人评论说：“今听女辞而嫁之，以绝齐”，然“事大不报怒，小之利也”[②]。蔡缪侯感情冲动，将妹妹改嫁，当然是没有考虑到此举之后果。然与大国打交道，弱小的国家是没有发怒的权利的。可是，蔡侯发怒了，且与齐国外交关系破裂，这不符合小国和大国打交道的原则。简帛中的“愻”，当是指使桓公产生了怨恨之情。

帛书结尾处云：“桓公率师以侵蔡，蔡人遂溃。”记载与《左传》合。《春秋·僖公四年》：“四年（前656年）春王正月，公会齐侯、宋公、陈侯、卫侯、郑伯、许男、曹伯侵蔡。蔡溃。”[③] 帛书的“侵”，有不用钟鼓，偷袭的意思。“溃”，杜预注曰：“民逃其上曰溃”。不仅蔡国的人背叛蔡国，逃离故土，蔡缪侯也被齐桓公俘获，《史记》云：“遂虏缪侯”。桓公将缪侯虏获后，带到召陵。当时一起出击的国家，包括齐国在内，共八个国家，有为蔡缪侯求情说好话的，齐桓公才将缪侯放了，《史记》云：“已而诸侯为蔡谢齐，齐侯归蔡侯”[④]。

蔡国和周天子是本家，最早封到蔡国的是蔡叔度，他是周武王同母弟，周公旦之兄，周建国之后，封“叔度于蔡”，根据裴骃《集解》，此时都城为上蔡。蔡叔叛乱被迁，其子姬胡有善行，乃“复封胡于蔡，以奉蔡叔之祀，是为蔡仲”，都新蔡。到缪侯的父亲蔡哀侯时，国家微小，

---

① 杨伯峻云，再嫁出于蔡姬本人之意，所言甚是。见杨伯峻：《春秋左传注》，中华书局1990年版，第286页。

② 马王堆汉墓帛书整理小组编：《马王堆汉墓帛书》（叁），文物出版社1983年版，第10页。

③ 孔颖达：《春秋左传正义》，中华书局影印阮元校刻《十三经注疏》本，1980年版，第1792页上。

④ 司马迁：《史记·管蔡世家》，中华书局1959年版，第1566～1567页。

国力衰弱，哀侯曾经被楚文王掳去，“留九岁，死于楚”①。弱小国家处于大国之间，必须善于搞好与大国之间的关系。蔡哀侯没有正确考虑到楚国的强大，被掳掠了去。齐桓公北杏之会后，齐国霸主地位逐渐得到中原各国的承认。蔡缪侯因处在江淮之间，与楚国接近，多次没有参加齐国会盟，而是加强了与楚国的联系；且缪侯以己之怒，听信胞妹蔡夫人的话，将其改嫁，惹恼齐桓公，桓公直击蔡国，蔡国溃败，蔡缪侯被掳，蔡国也遭到重大损失。帛书中士人的议论非常有针对性。

二、帛书对于史实的证明

出土文献可以用来考订传世文献。帛书《齐桓公与蔡夫人乘舟章》与《左传》《史记·齐太公世家》记载接近，却与《管子·大匡》不同。《大匡》云，桓公二年（前684年），“桓公与宋夫人饮船中，夫人荡船而惧公，公怒出之。宋受而嫁之蔡侯”②。帛书中“蔡夫人”，《大匡》作“宋夫人”，云荡舟后，桓公将她赶回宋国，宋人转嫁蔡侯。上述《春秋左传正义·僖公十七年》已经提到，“齐侯之夫人三。王姬、徐嬴、蔡姬”，则桓公夫人中没有“宋夫人”，在如夫人中倒有一位来自宋国，《左传》云：“齐侯好内，多内宠，内嬖如夫人者六人：长卫姬，生武孟；少卫姬，生惠公；郑姬，生孝公；葛嬴，生昭公；密姬，生懿公；宋华子，生公子雍”③。桓公如夫人共有六人，来自宋国的华子是其中之一，她为桓公生了个儿子即公子雍④。就常理推断，齐桓公一生不可能有两位夫人荡舟让桓公发怒，从而引发国家之间的战争，帛书和《大匡》中当有

① 见《史记·管蔡世家》。又，《春秋左传注》曰：“以蔡侯献舞归”，与《史记》此处记载不同。又，《史记·楚世家》记载与《左传》同，云蔡哀侯被俘后，“献舞以归”，或是司马迁在记载过程中存异。

② 黎翔凤：《管子校注》，中华书局新编诸子集成本2004年版，第351页。

③ 孔颖达：《春秋左传正义》，中华书局影印阮元校刻《十三经注疏》本，1980年版，第1809页中。《史记》有相同记载。

④ 根据上博简（五）《鲍叔牙与隰朋之谏》，齐桓公晚年非常宠幸宋华子。简文中隰朋与鲍叔牙提出谏议说：“公身为亡道，进华孟子，以驰于倪廷，逌逐畋，乡亡旗宅。”释文参考了李学勤《试释楚简〈鲍叔牙与隰朋之谏〉》之说，见《文物》，2006年第9期。桓公与宋华子驰于倪廷，乘车奔驰游玩，荒废了有讲武作用的例行田猎。华孟子是宋国华氏的庶长女，子姓。根据上博简《鲍叔牙与隰朋之谏》，宋华子直到齐桓公的晚年还颇受桓公的宠幸，可见宋华子非常讨齐桓公的喜欢，相较之下，蔡夫人似乎更有个性。

一个记载是不准确的。又《管子·大匡》云，齐桓公二年（前684年），齐国因为宋夫人改嫁而攻打宋国，“诸侯兴兵而救宋，大败齐师”[①]。但桓公二年，齐国攻打宋国的事件不见于历史文献。又据《大匡》，诸侯救宋的国家中有鲁国，则鲁国与宋国关系应当是友好的，这也与历史事实不符。根据《左传》，齐桓公二年二月，鲁“侵宋”；同年夏六月，齐师、宋师攻打鲁国，驻扎在鲁国的郎，鲁“败宋师于乘丘”。齐桓公三年（前683年），鲁国“败宋师”。证明在桓公二年和三年期间，鲁国一直与宋国有战争，并将宋国打得大败。齐国这个时期倒是与宋国交好，与宋国共同讨伐鲁国。宋夫人荡舟之事或是错简，故梅士享在《铨叙管子成书》中说：“安得有齐伐宋，而诸侯救，如《大匡》所云者”[②]。所言甚是。

帛书的记载亦与《韩非子·外储说左上》有不同。《韩非子》云，因为荡舟，桓公怒，“将伐蔡”，管仲劝阻桓公，认为“夫以寝席之戏，不足以伐人之国”，桓公不听。不得已，管仲曰：“君不如举兵为天子伐楚。楚服，因还袭蔡”，理由是，“为天子伐楚，而蔡不以兵听从”，侵蔡的结果是“遂灭之”[③]，则据《韩非子》，齐国侵蔡是在攻打楚国之后，楚国承认齐国霸主地位，两国结盟，齐国班师时，“因还袭蔡”，可见《韩非子》认为“袭蔡”在“伐楚”之后。然据《左传》，召陵会盟之后，楚服，桓公直接回齐国。当时，陈国辕涛涂不欲齐国路过陈，被郑申侯揭发，“齐人执陈辕涛涂”，《史记》亦有相同的记载。杨伯峻云：“《韩非子·外储说左上》则谓‘桓公藏蔡怒而攻楚’，‘举兵为天子伐楚，楚服，因还袭蔡’云云，此盖说客及作者欲以证成其说之言，仍当以《左传》为信。”[④] 可谓的论。帛书中直言“公衛（率）帀（师）以侵蔡，蔡人遂溃”，证明《左传》和《史记》记载是准确的，齐国是直接攻打蔡国的。

---

① 黎翔凤：《管子校注·大匡》，中华书局新编诸子集成本2004年版，第351页。

② 张固也认为《大匡》《中匡》《小匡》当是出自齐国历史文献资料，因正式成书在战国末年，故文字记载或有疏漏。参见张固也：《管子研究》，齐鲁书社2006年版，第177～201页。本文从张说。

③ 王先谦：《韩非子集解》，中华书局1998年版，第275页。

④ 杨伯峻：《春秋左传注》，中华书局1990年版，第289页。

三、侵蔡和伐楚的关系

齐国与其他七个国家侵蔡之后，于鲁僖公四年（前656年）春，军队挺进，驻扎在陉，后来又退到召陵，准备征服楚国。召陵之战虽然没有正式开打，然是《左传》所记载的重要事件。因为这是齐桓公在称霸中原之后，第一次南进到楚国，声讨这个偏远的国家。齐国征伐楚国的理由，用管仲的话来说，是“昔召康公命我先君大公，曰：五侯九伯，女实征之，以夹辅周室。赐我先君履，东至于海，西至于河，南至于穆陵，北至于无棣”。且楚国“贡包茅不入，王祭不共，无以缩酒，寡人是征。昭王南征而不复，寡人是问”。楚国没有向周天子供应包茅，周天子没法祭祀，“国之大事，在祭与戎”，祭祀是周礼中重要的一个部分，自然应当讨伐；又因为周昭王南征途中，遭遇沉船而丧命，这也是征讨的重要理由。楚国屈完极善辞令，他说：“贡之不入，寡君之罪也，敢不供给?”屈完承认没有供给包茅，是不对的，保证以后供应，但昭王南征而不复，楚国没有任何过错。昭王是因荒淫而丧命，故屈完说：“昭王之不复，君其问诸水滨。”齐国没有善罢甘休，以强大的兵力相威吓：“以此众战，谁能御之？以此攻城，何城不克?”屈完看清楚了齐国的目的，说：“君若以德绥诸侯，谁敢不服?”如果以道德征服诸侯，楚国听服，如果用武力征伐，“楚国方城以为城，汉水以为池，虽众，无所用之”①。桓公听后，觉得有理，遂与楚国订立了盟约。

当时楚国是中原之外的国家，与中原国家习惯不同，楚国也自称为“蛮夷之国”。齐国率领中原七个国家攻打楚国，主要是因为楚国实力日渐强大，欺凌周围国家，霸王之气逐渐显露。据《史记·楚世家》，楚文王“二年伐申”，“六年伐蔡，虏蔡哀侯以归，已而释之”，“楚强，陵江汉间小国，小国皆畏之”，“十二年，伐邓，灭之。”楚成王继位后，改变乃父只是用武力征服的手段，以“布德施惠，结旧好于诸侯。使人献天子”。周天子终于承认楚成王的地位，天子赐楚成王胙曰：“镇尔南方夷

① 孔颖达：《春秋左传正义》，中华书局影印阮元校刻《十三经注疏》本，1980年版，第1792页下、1793页上。《史记·齐太公世家》亦有记载。

越之乱，无侵中国”。俨然将楚国与其他诸侯国并列，“于是楚地千里”[①]。楚成王实施善政，与诸侯交好，其目的显然是为得到周天子的承认。根据历史记载，楚成王时期其实依然不断侵犯中原国家。楚成王六年（前666年），“秋，荆伐郑”[②]。从楚成王十三年至十五年，楚国连年发动战争，攻打郑国[③]。郑国为中原国家，与齐国是盟国，齐国不会坐视不管，多次率兵与众诸侯国救郑，齐国霸主地位确立。鲁僖公二年（前658年），楚国的邻国江、黄两国来“服齐”；僖公三年，齐国与中原诸多国家会盟于阳谷，谋划讨伐楚国的事宜。接着，发生了蔡姬荡舟的事件，两件事情都需要解决。蔡国是小国，容易击败，同时，客观上来说，击败蔡国后，无论驻扎在“陉”还是在“召陵”，都属于已经降服的蔡国境内。军队驻扎在离楚国很近的安全地带，对于与楚国的军事作战和军事威慑都非常有利。楚成王十六年（前656年），齐桓公“以兵侵楚，至陉山”[④]。根据《春秋》，齐桓公伐楚非常谨慎，先驻扎在陉这个地方，后“师退，次于召陵”[⑤]。经过屈完的外交，楚国承认了齐国的霸主地位，在召陵会盟，齐楚结盟。管仲谋划成功，齐国目的达成。

历代的研究者对于齐桓公侵蔡和伐楚之间的关系有争论。有认为侵蔡是为伐楚，有认为两件事情没有关联。宋代学者多认为齐国侵伐蔡国，是战略上的考虑，是为更有把握地征服楚国，突出了齐桓公的霸主形象。吕祖谦就认为桓公欲伐楚，经营多年，本要伐楚，顺便讨伐蔡国，至于蔡夫人荡舟，与侵蔡伐楚无关。叶梦得则云齐桓公“攘荆蛮而抗中国”，功劳甚大，不可能因为一妇人而发动战争。清代张尚瑗则说“蔡姬荡舟”，是楚国人捏造出来的，是为诋毁齐桓公而捏造，事情并

① 司马迁：《史记·楚世家》，中华书局1959年版，第1696～1697页。

② 这是鲁庄公二十八年（前666年）。

③ 根据《春秋》，鲁庄公二十八年秋，“荆伐郑，公会齐人、宋人救郑”。《左传·鲁庄公三十二年》：“齐侯为楚伐郑之故，请会于诸侯。”杨伯峻注曰：“楚伐郑在二十八年，请会，谋为郑报复也。”杨伯峻：《春秋左传注》，中华书局1990年版，第238～251页。《春秋》：“（僖公）元年楚人伐郑。”《左传·僖公二年》：“楚人伐郑。”《左传》僖公二年，“秋，盟于贯。服江、黄也”。杜预注：“江、黄，楚与国也。始来服齐，故为合诸侯。”《春秋》：（僖公）三年，“楚人伐郑”。《左传·僖公三年》：“秋，会于阳谷，谋伐楚也。”孔颖达：《春秋左传正义》，中华书局影印阮元校刻《十三经注疏》本，1980年版，第1790页中、1792页上。

④ 司马迁：《史记·楚世家》，中华书局1959年版，第1697页。这是齐桓公三十年（前656年）。

⑤ 孔颖达：《春秋左传正义》，中华书局影印阮元校刻《十三经注疏》本，1980年版，第1793页上。

不可靠[①]。宋代以后的学者，认为齐桓公为维护天下的安定和统一，做出了巨大的牺牲，过分强调齐桓公的社会角色，忽视齐桓公的个人喜好。其实先秦时期，本无过分的名教要求，桓公曾经说过，自己“好色”。他对管仲说：“寡人有污行，不幸而好色，而姑姊有不嫁者。”[②] 齐桓公喜欢女色，他有三个夫人，六个如夫人，甚至姑姊妹中，他都有喜欢的，为此姑姊妹中不嫁者有七人。这并不妨碍桓公的历史功绩。桓公继位之后，就用心于霸王之术，经过多次挫折，找到称霸天下的最好办法，首先以德服天下，辅之以武力，成为春秋五霸之首。

根据简帛，我们发现齐国攻打蔡国，目的性很强，就是因为蔡国将桓公的夫人改嫁了。侵蔡与攻打楚国，是前后发生的两件事，这两件事关联性不大，这与《春秋》的记载也是吻合的。《春秋》鲁僖公“四年（前656年）春王正月”，齐国及其他七个国家“侵蔡，蔡溃，遂伐楚，次于陉”。杜预注曰：“遂，两事之辞。楚强，齐欲绥之以德，故不速进而次陉。”[③] 所说甚是。孔颖达疏曰：“此云两事之辞，谓既有上事，复为下事，不以本谋有心无心为异也。”“本无谋而因事便行也。”[④] 这本来是两件事情，只是同时发生了。如果没有蔡姬荡舟的事件，桓公还是要去攻打楚国的。齐桓公“九合诸侯，一匡天下”，春秋初年在周天子势力衰微的情况下，团结中原国家，驱逐夷狄和犬戎的入侵，保全燕国的安全，存邢卫，特别是桓公十五年（前671年）北杏之会，确定了其盟主的地位。然通过《齐桓公与蔡夫人乘舟章》与历史文献的比勘，可以看出，齐桓公是个性情中人。齐桓公因蔡夫人荡舟被逐后，没有征得同意而改嫁，于是大怒，打败蔡国，俘虏蔡缪侯。又借地利，以楚不供给周天子“包茅”为名，进行讨伐，在军事威吓和外交手段下，迫使楚国承认了齐的盟主地位，齐国的影响延伸到楚地。尽管侵蔡对伐楚提供了客观上的便利条件，然齐桓公侵蔡和伐楚关联不大，即使没有蔡夫人荡舟的事件，齐国不去侵蔡，齐桓公还是要讨伐楚国，以显示其霸主地位。

---

① 以上参见吕祖谦《左氏传续说》卷四，叶梦得《叶氏春秋传·僖公一》卷八，张尚瑗《左传折诸》卷五，上海古籍出版社影印台湾文渊阁《四库全书》本，1987年版。

② 黎翔凤：《管子校注·小匡》，中华书局新编诸子集成本2004年版，第446页。

③ 孔颖达：《春秋左传正义》，中华书局影印阮元校刻《十三经注疏》本，1980年版，第1792页上。

④ 同注③。

第六节　《管子·大匡》的材料来源

此节主要根据马王堆帛书《春秋事语》对《管子·大匡》的材料来源和成书时间做出断定。亦根据上博简及银雀山汉墓竹简的相关文献，对于《管子》的成书做出论断[①]。

一、马王堆帛书《春秋事语》对于《管子·大匡》的证明

《管子》有《大匡》《中匡》《小匡》三篇，研究者称之为“《三匡》”。《三匡》记载了齐桓公称霸的经过，以及管仲、鲍叔牙诸人事迹，史料性很强。以前的学者多数认为《管子》成书较晚，且因材料不同，传闻异词，而形成《大匡》《中匡》《小匡》。《三匡》中，因为《小匡》与《左传》《国语》接近，最无争议。《大匡》争议最多，因为《大匡》中的记载，许多不见于先秦史书，很难证明此篇是历史事实的真实记载，还是管仲事迹的不同传闻记录。罗根泽在《管子探源》中认为，《大匡》是“战国人作”，因为此篇记事有“明袭《左传》者”。罗根泽说，《大匡》于“齐侯通焉”，易为“文姜通于齐侯”；于“享公”，易为“齐侯怒，飨公”；于“使公子彭生乘公”，易为“使公子彭生乘鲁侯，胁之。”“《管子》之文，极不一律，亦足征其抄袭《左传》，非《左传》抄袭此书。”[②] 罗根泽又说：“大、中、小《三匡》杂记桓公、管仲事迹，小半可征信于《左传》《国语》，大半书阙有间，稽考无由。”[③] 张固也的《管子研究》，考证《三匡》是出自齐国真实的史料，在传抄过程中，可能将古奥的文字改变为通俗的语言，然其真实性不容怀疑[④]。张固也的这种判

---

① 《管子》成书年代和材料来源争论颇多，从宋代叶梦得开始，到当今学者，各有论证。参见笔者《〈管子〉文献学研究》的《绪论》部分，第 1 ~ 19 页。

② 罗根泽：《诸子探源·管子探源》，上海古籍出版社 2001 年版，第 320 页。

③ 罗根泽：《诸子探源·管子探源》，上海古籍出版社 2001 年版，第 321 页。

④ 张固也：《管子研究》，齐鲁书社 2006 年版，第 177 ~ 201 页。

断，部分可以通过出土的简帛文献资料得到证实。在马王堆汉墓出土的帛书中，除《黄帝四经》中有与《管子》接近者，可以推断《管子》书中的内容，对于楚地文化的影响之外，前面已经提及，在《马王堆汉墓帛书》(叁) 的《春秋事语》十六章中，与《管子·大匡》内容相关的有两章。其一为《齐桓公与蔡夫人乘舟章》，这是《春秋事语》的第七章；其二为《鲁桓公与文姜会齐侯于乐章》，这是《春秋事语》的第十六章。

(一)《齐桓公与蔡夫人乘舟章》对于《大匡》的证明

马王堆帛书《齐桓公与蔡夫人乘舟章》，与《左传》《管子》《史记》的记载比较符合，《韩非子》也有相关记载。这是齐国历史上重大事件，文章中的士人评论，不见于先秦其他文献，当是有其独立的来源。此章的叙事资料，在《左传》《公羊传》《穀梁传》《管子》《史记》都有记载，而以《管子·大匡》的记载最为详细，与帛书最为接近，特别是帛书中间医宁的一段议论，除个别文字仍然有差异外，内容几乎全同。骈宇骞认为："《事语》《大匡》的资料来源当同出于《左传》，只是《事语》和《大匡》的作者在采用《左传》成说时又增加了医宁（竖曼）的一段评述来阐发作者自己的主张。"[①] 医宁，《大匡》作"竖曼"。帛书中的议论者"医宁"与《大匡》中的"竖曼"当是一人。张固也认为"竖曼"当从帛书作"医宁"，形近致讹。"医宁或即齐国医生而名宁者"[②]，他推断医宁是医生，医宁诊视鲁桓公的死因，然后发出了这段议论。尹知章认为竖曼是齐国的大夫。尹知章《管子》注云："竖曼，齐大夫也。"笔者认为，"医宁"当作"竖曼"，帛书在传抄的过程中可能因为字形相近而产生了讹误。"竖曼"当是齐襄公宫中的小臣，他的名字叫"曼"。《周礼·天官·内竖》："内竖掌内外之通令、凡小事。"则"竖"为宫中供役使的小臣。《左传·僖公二十四年》："晋侯之竖头须，守藏者也。"杜预注："竖，左右小吏。"《左传·昭公四年》："皆召其徒，使视之，遂使为竖。"杜预注："竖，小臣也。"春秋有将职业放在名字前面者，晋文公时期，晋国有宦官叫寺人披，"寺人"是他的身份，"披"是他的名字。根据常理推断，"竖曼"当是齐襄公身边的小臣。沈文倬先生研究"三礼"，

---

① 骈宇骞：《帛书〈春秋事语〉与〈管子〉》，《文献》1992 年第 2 期。

② 张固也：《管子研究》，齐鲁书社 2006 年版，第 190 页。

他发现《周礼》中一些职位较低的官员，因为在宫中接近天子诸侯，他们掌握较大的权力，知道更多的秘密①。竖曼即是此类。他的职位接近齐襄公，很早知道了鲁桓公死亡的真相，是力士彭生助纣为虐，“拉杀”鲁桓公。其实鲁桓公死后，包括鲁国人在内，多数人以为是彭生所为，故请齐国杀彭生以除怨。直到过了很长时间，才知道这件事与齐襄公和文姜有关。竖曼非常清楚地知道这件事情的来龙去脉，证明他是与齐襄公关系密切的人；他的评论很有分寸，对于齐鲁两国关系的前景判断准确，他同鲁国的申繻一样，是识时务的智者②。这种看问题清楚、做事能力很强的人，春秋时有很多，上文说的寺人披即是，师旷也是这样的人。春秋时有一些识时务的智者，他们有的作为诸侯国君主的顾问，君主向他们咨询事宜，吕祖谦曰：“晋之师服，鲁之臧僖伯、申繻之徒，皆是国家所咨访底人。盖古者诸侯之国，必有知典故备访问底人，所以三代之源流，先王之制度，不至于断续而不知者，正缘有这般人”③。这些智者有的居于较高的位置，作为国家的卿大夫。有的只是国君身边一般小吏，他们职位虽然卑微，但忠于国家和国君，恪尽职守，见识高远，看问题清楚，很了不起。

（二）《鲁桓公与文姜会齐侯于乐章》对于《大匡》的证明

帛书《鲁桓公与文姜会齐侯于乐章》能够证明传世文献的不足，对于《管子》的来源研究也具有重要价值。帛书中医宁的议论，不见于其他传世文献，唯有《管子》中有记载。帛书提供了传世文献唯有《管子》独有的资料。帛书此章的内容与《大匡》中的相关记载，除了个别文字差异之外，几乎全部相同，《大匡》中竖曼的评论与帛书内容也几乎全部相同，这二者当有相同的来源。合理的推测是，这些资料应当是齐国太史所记载的早期档案资料。

---

① 沈文倬：《菿闇文存》，商务印书馆 2006 年版。

② 申繻是鲁国的大夫。在鲁桓公带领夫人文姜去泺地与齐襄公会见的时候，申繻就明确提出反对意见，说“女有家，男有室”，结婚的女子不宜会见家人。鲁桓公没有听取。以上所言在《左传·庄公十八年》和《管子·大匡》中都有记载。又，申繻是个非常有学问的人，《左传》中对于他的事迹多有记载。

③ 宋吕祖谦：《左氏传续说》卷二，《师服论名子》，上海古籍出版社影印文渊阁《四库全书》本，1987 年版，第 146 卷，第 158 页下。

中国的史官起源甚早，在殷商时期已经有太史（即大史），殷墟卜辞云："大史其□"（《邺三》三九·三），"其唯大史寮令"（《前》五·三九·八），这些记载表明，早在商代后期，已经出现了大史和大史寮。从西周早期开始，在铭文中就见有大史之职。《周礼·春官·宗伯》职文云："大史，掌建邦之六典，以逆邦国之治。"张亚初、刘雨根据西周铭文，结合传世文献，考证大史的职掌主要是：助王册命、赏赐；命百官箴王阙；保存整理文化典籍；为王之助手和顾问。即大史掌握西周王国的文书起草，策命诸侯卿大夫，记载国家之大事，编著史册，管理天文、历法、祭祀之事，并掌管图书典籍，他是一种兼管神职与人事，观察记载社会动态和自然现象的职官[①]。其中记载和保存整理文化典籍是大史的重要职责。在春秋和战国时期，各个诸侯国家都设有大史[②]，记载各个国家的历史。《左传·昭公二年》："春，晋侯使韩宣子来聘，且告为政，而来见，礼也。观书于大史氏，见《易》《象》与《鲁春秋》，曰：'周礼尽在鲁矣。吾乃今知周公之德与周之所以王也'。公享之。"杨伯峻云："《鲁春秋》即《孟子·离娄下》'鲁之春秋'。《春秋》为列国史之通名，《墨子·明鬼下篇》有周之《春秋》、燕之《春秋》、齐之《春秋》，故鲁史曰《鲁春秋》。下言'吾乃今知周公之德与周之所以王'，则韩起所见《鲁春秋》，必自周公姬旦以及伯禽叙起，今《春秋》起隐公，讫哀公，自惠公以上皆无存。"[③] 又《左传·昭公十二年》楚王谓左史倚相："是能读三坟、五典、八索、九丘。"又《孟子》曰："晋之《乘》，楚之《梼杌》，鲁之《春秋》，一也。其事则齐桓晋文，其文则史。"孙奭疏曰："自晋国所记言之则谓之《乘》，以其所载以田赋乘马之事，故以因名为《乘》也。自楚国所记而言之，则谓之《梼杌》，以其所载以记嚚凶之恶，故以因名为《梼杌》也。鲁以编年举四时记为事之名，故以因名为《春秋》也。"[④] 根据上引文献，可知从殷商时期，即已有史官负责记载国之

---

① 张亚初、刘雨：《西周金文官制研究》，中华书局1986年版，第26～27页。

② 根据铭文，有"蔡大史（蔡大史盉）、齐之大史（𬭚镈），莒大史（𨜒大史申鼎）等。西周时期在铭文中只见有王室之大史，而东周时期诸侯都设有大史，于此亦可见诸侯僭越、王室兴衰之一般"。张亚初、刘雨：《西周金文官制研究》，中华书局1996年版，第26～27页。

③ 杨伯峻：《春秋左传注》，中华书局1990年版，第1227页。

④ 赵岐：《孟子注疏·离娄章句下》，中华书局阮元校刻《十三经注疏》本，1980年版，第2728页上。

大事，到春秋战国时，天子权力下移，许多诸侯国家也有了太史等史官，史官将国家的文献档案策书整理出来，形成各国的史书。根据《墨子》，这些诸侯国家史书的名称各不相同，但都是各国历史的记录，形成了不同的国别史，作为治理国家的借鉴。又东晋太康年间（280—289 年）发现的《竹书纪年》主要记载晋国和魏国的历史，许多文献不见于其他传世资料，这充分证明每个国家记载的历史档案，主要是本国发生的重大事件。沈长云认为："从文献上看，史官制度在春秋时期似乎更加健全。除周王室外，晋、卫、虢、鲁、齐、楚诸国均设有史官，与史职有关的官名多种多样，有史、太史、内史、左史、外史、南史、筮史、祝史，等等。"①。春秋时期各个国家都有史官，他们具有很多分职，对于诸侯国家的历史记载应当是详细的。春秋时的史官对于历史记载亦非常严肃，直至春秋中后期崔杼弑齐庄公时，依然如此，甚至牺牲生命来维护历史的真实。齐国卿大夫崔杼弑齐庄公，《左传·襄公二十五年》载："大史书曰：'崔杼弑其君。'崔子杀之。其弟嗣书，而死者二人。其弟又书，乃舍之。南史氏闻大史尽死，执简以往"②。这是当时普遍的历史观。

《大匡》，尹知章注曰："以大事匡君"。郭沫若认为《三匡》记载的简册有长、中、短之不同，而分为大、中、小《三匡》，与尹知章的理解有不同。《管子》八十六篇，分为《经言》《外言》《内言》《短语》《区言》《杂篇》《管子解》《轻重》八部分。《管子·内言》共包括九篇，为《大匡》《中匡》《小匡》《王言》《霸形》《霸言》《问》《谋失》《戒》。其中《王言》《谋失》已经佚失，其余诸篇，除《霸言》之外，均有较强的叙事色彩。《三匡》属于《管子》内言部分。黎翔凤根据《庄子》《孟子》分为内篇和外篇，推测《管子》的分类，认为："其《经言》类《庄》《孟》之《内篇》，《内言》《外言》则类《庄》《孟》之《外篇》。《外言》用以辅经，《内言》多叙杂事，藏于宫内，不公之于外。所谓'《内言》不出于阃'，'阃以内寡人制之，阃以外将军制之'"③。则黎翔凤认为《大匡》中的资料是在宫中档案记载的文献，这种看法是非常有道理的。《大匡》当是齐国太史记载，与这段历史相关的是齐僖公的三个

① 沈长云、李晶：《春秋官制与〈周礼〉比较研究》，《历史研究》2004 年第 6 期。

② 孔颖达：《春秋左传正义》，中华书局影印阮元校刻《十三经注疏》本，1980 年版，第 1984 页上。

③ 黎翔凤：《管子校注》，中华书局新编诸子集成本 2004 年版，第 330 页。

儿子——公子诸儿、公子纠、公子小白。诸儿、纠是小白的兄长，诸儿是齐襄公，小白是齐桓公，公子纠后被小白杀死，他们的生平经历在《大匡》都有比较详细的记载，这与《管子》的主旨一致。管仲本是公子纠的老师，为了齐国的兴盛，忍辱负重，在公子纠被杀之后，回到齐国，在鲍叔牙的推荐之下，辅佐齐桓公，成就了春秋霸业。《大匡》叙述了齐国君位的更替过程和桓公时期的重大事件，为国家治理提供借鉴，这是齐国非常宝贵的档案资料。齐国史官记载的原始历史档案，有一部分整理到《管子》中保存下来，还有很多资料在秦统一之后被毁弃。这些来源于齐国的档案材料，经过筛选，与齐桓公和管仲相关的历史，由管仲学派整理归入《管子》，成为完整的一体。《管子》记载的鲍叔牙、隰朋做的事情，多以管仲为中心，其他人物也多是围绕管仲，展现管仲和齐桓公时期的政治，这与《管子》的主旨一致。在六国统一之前，齐国太史记载的一些重要资料，春秋末年和战国年间开始在各国流传，马王堆帛书《春秋事语》中关于《管子》的两篇即是此类。《春秋事语》记载的是各国政治中的大事，抄录者在编选时，当是以类相从，有所选择，后作为宝贵的财富随马王堆汉墓主人下葬，几千年过后，这些文献重新为世人所见，证明了《大匡》史料的真实。

帛书的抄写完成时间是在汉高祖刘邦之前[①]，秦国统一六国之前。因为秦统一后不久，李斯协助秦始皇“焚书”，子书都在禁毁之列。《史记·秦始皇本纪》云：“非博士官所职，天下敢有藏《诗》《书》、百家语者，悉诣守、尉杂烧之。”[②] 王充《论衡·正说》亦云：“秦始皇下其议丞相府，丞相斯（李斯）以为越（淳于越）言不可用，因此谓诸生之言惑乱黔首，乃令史官尽烧五经，有敢藏《诗》《书》、百家语者刑，唯博士官乃得有之。”[③] 我们说马王堆帛书《春秋事语》的写定时间在六国统一之前，并不表示此书的成书时间。古代成书不便，从成书到传抄经过相当一段时间。且马王堆地处偏远，汉文帝时贾宜到长沙为长沙王傅，还觉得此处地处偏远，气候潮湿，不适于生活。帛书《鲁桓公与文姜会齐

---

① 根据《马王堆汉墓帛书》（叁）的《出版说明》，帛书《春秋事语》与《战国纵横家书》抄写时代不同，前者“不避‘邦’字讳”，后者“避‘邦’字讳，当是公元前一九五年前后的写本”。马王堆汉墓帛书整理小组编：《马王堆汉墓帛书》（叁），文物出版社1983年版，第1页。

② 司马迁：《史记·秦始皇本纪》，中华书局1959年版，第255页。

③ 黄晖：《论衡校释》，中华书局1990年版，第1126页。

侯于乐章》记载的详细资料，特别是医宁的议论，为其他先秦书籍所无，应当是从其他地方传抄到长沙，其来源与《大匡》相同，故记载一致。帛书中《齐桓公与蔡夫人乘舟章》和《鲁桓公与文姜会齐侯于乐章》在《大匡》和《左传》中都有记载，帛书与《大匡》接近，比较详细，《左传》相对简略。《春秋事语》中与《大匡》有关的两章内容，个别文字有异，证明各地在传抄的过程中会出现歧异。传世文献在传抄的过程中，特别是宋代版刻出现之后，多次传刻，书籍文字亦会出现较多的不同。帛书的面世，对于传世文献的修订具有重要价值。

二、上博简对于《管子》的证明

《上海博物馆藏战国楚墓竹书》（五）中有《鲍叔牙与隰朋之谏》一文，乃鲍叔牙与隰朋对齐桓公提出谏议，驱逐竖刁和易牙。鲍叔牙和隰朋之谏合理的时间，是在管仲去世前后。鲍叔牙、隰朋提出一次谏议，管仲在去世之前提出一次谏议，两次谏议，使桓公痛下决心，将竖刁、易牙赶走，发布各种命令，简文云："重命九月除路，十月而徙粮成，一之日而车梁成"。进行各种设施的建设，取得重大的成效。上博简（五）《鲍叔牙和隰朋之谏》的资料，可以间接证明《管子》内言部分记载的真实性。正如上文所说，《管子》八十六篇，分为八部分，《管子·内言》包括九篇，除《霸言》之外，均有较强的叙事色彩。上博简（五）中《鲍叔牙与隰朋之谏》，研究者多数认为与《管子·霸形》叙事手法比较接近，有人甚至认为此篇是借鉴了《霸形》。其实，《霸形》的叙事与《鲍叔牙与隰朋之谏》接近，恰恰说明二篇同源，时代记录较早。这些篇章用对话体，通过交谈解决问题，在《管子》内言中，除《霸言》之外，其他篇章也具有这样的特点。又《晏子春秋》主要是对话体，证明这种体裁在先秦时期流传较广。《银雀山汉简》中的《见吴王》亦是对话体，此篇在春秋末年成书①。这种对话体，《左传》也有很多，许多重大事件，都用对话来解决。郩山之战之前，晋国侵郑时，秦穆公与蹇叔的对话；召陵之

① 何炳棣考证现存《孙子兵法》和《吴问》都是撰就于吴王阖闾召见孙武之年（前512年），前者成书于吴王召见之前，后者成书于吴王召见之后。参见何炳棣：《中国现存最古的私家著述〈孙子兵法〉》，《历史研究》1999年第5期。

战，管仲与楚国使者屈完的对话，都是当时情况的记录。《管子》内言从多方面支撑了鲍叔牙、隰朋在《大匡》中的文献资料，充分证明鲍叔牙、隰朋的历史资料的准确性。上博简（五）《鲍叔牙与隰朋之谏》内容不见于《管子》，但是，帛书中记载的鲍叔牙、隰朋事迹与《管子》内容遥相对应。鲍叔牙、隰朋是齐桓公时期重要的卿大夫，上博简（五）为先秦文献补充了资料。根据上博简，亦可知齐国的文献在战国时期已流传到其他国家，包括楚国这样相对偏远的诸侯国。其他各国根据需要抄录不同的齐国文献资料，文献在流传过程中，多数佚失，只有少数埋藏在地下的得以保存下来，而齐国的原始文献已毁弃。又因《鲍叔牙与隰朋之谏》内容与管仲关系不大，没有收入《管子》。

三、《管子》成书之考察

在《银雀山汉简〈王兵〉与〈管子〉相关篇章的互证及其他》中，笔者将银雀山汉简《王兵》与《管子》相关的篇章作了仔细比对，发现《管子》内容更为丰富，篇章结构层次环环相扣，注意了首尾的照应，证明在写作过程中是首尾完整的资料[①]。《管子》篇章内部结构紧密，句句承接，语言逻辑性强，前后照应，说明《管子》成书之时，是经过深思熟虑而成。

《管子》是齐国管仲时期的治国之书，有治理国家的总体哲学思考，又有国家建设的具体方略。研究者称《管子》之书颇杂，这个“杂”字，正好体现了《管子》的特点。作为治国之书，《管子》涉及国家政策的各个方面。《管子》的《经言》部分当是管仲时期齐国国家政策；《外言》部分包含了齐国早期法家的思想；《管子解》是对于《管子》经言部分的解说，《轻重》诸篇是经济政策的实施。《管子》书中的《弟子职》当是春秋时期齐国官学盛大情况的记录。《地员》《水地》诸篇，许多学者认为是齐国稷下学宫中的农家者言，但如果把《管子》看作是“治国之书”的话，包含这样的篇章也在预料之中。作为管理国家的大法，《管子》学

---

① 参见郭丽：《银雀山汉简〈王兵〉与〈管子〉相关篇章的互证及其他》，《兰州大学学报》（社会科学版）2006 年第 6 期。本书第一章第一节收录，有修改。

习了《周礼》的治国思想，对于《周礼》也有所承袭[①]。《管子》又具有齐国政治管理独有的特点，如“渔盐之利”“轻重之术”，这些政策对汉代的经济产生很大影响。《韩非子》说：“藏《管》《商》之法者，家有之。”春秋、战国时期靠书写传承，《管子》内容多是单篇或分类流传，《韩非子》所言，至少证明《管子》书中的法家者言，在战国末年流传甚广，则其成书时间，至晚在春秋末年到战国初年这段时间。

《管子》一书，当萌发于管仲为政时期，齐国太史和管仲家史将管仲实施的各种政策和言论记录下来，管仲的追随者和管仲学说的信奉者形成管仲学派，将管仲政策措施整理成书。齐国的文献资料有很大一部分保存在《管子》中。《管子》的《经言》《外言》《内言》《短语》部分大约在春秋末年已经存在，其他部分在战国时期也已经完成。需要说明的是，《管子》一书的形成是一个很长的累积过程，不能全部以最后形成定本的时段来断代。正如上文所说，这些文献早期大多以单篇或者分类的形式流传，直到汉代刘向校订《管子》，集中、外诸本，除重复、校雠，编定为八十六篇，《管子》今本的形态基本确定。

① 沈文倬先生认为，“三礼”是中国古老的学问，许多内容早在西周建国时候就已经存在，随着时代的变化，内容有增加，只是隶定成书的时期比较晚，本文采沈先生之说。参见沈文倬：《菿闇文存》，商务印书馆 2006 年版。

第三章　上博简与《管子》研究（上）

上海博物馆藏战国楚竹书资料的公布，对于先秦研究意义很大。其中上博简（五）自从公布以来，《竞建内之》和《鲍叔牙与隰朋之谏》的研究已经取得很大进展，主要包括四个方面①。第一，文字的释读。在上博简（五）公布的材料和陈佩芬先生文字释读的基础上，研究者对两篇文章的文字进行更为深入的探讨，如《上博简五〈鲍叔牙与隰朋之谏〉补释》②《〈上博五·鲍叔牙与隰朋之谏〉札记一则》等文③。第二，对《竞建内之》和《鲍叔牙与隰朋之谏》的编联。《谈谈〈上博（五）〉的竹简分篇、拼合与编联问题》一文，作者根据文义，将《竞建内之》和《鲍叔牙与隰朋之谏》编联为首尾完整的一篇，得到研究者的认同，刘信芳、李学勤予以采用④。第三，将《竞建内之》和《鲍叔牙与隰朋之谏》的内容与《管子》相关篇章对比研究。主要的研究成果是《试说"亩纆短，田纆长，百粮篁"》《也说〈鲍叔牙与隰朋之谏〉与〈管子·霸形〉的对读》《〈鲍叔牙与隰朋之谏〉与〈管子·戒〉对读札记》⑤，这些研究认为《鲍叔牙与隰朋之谏》与《管子》上述相关篇章关系紧密，为研究简文提供了新思路。第四，对《鲍叔牙与隰朋之谏》史料年代背景的探

---

① 本文承认陈剑、李学勤所论说的《竞建内之》与《鲍叔牙与隰朋之谏》为一篇文章的看法。

② 张富海：《上博简五〈鲍叔牙与隰朋之谏〉补释》，《北方论丛》2006 年第 4 期。

③ 颜至君：《〈上博五·鲍叔牙与隰朋之谏〉札记一则》，武汉大学简帛网，2007 年 3 月 1 日。

④ 陈剑：《谈谈〈上博（五）〉的竹简分篇、拼合与编联问题》，武汉大学简帛网，2006 年 2 月 19 日。刘信芳：《竹书〈鲍叔牙〉与〈管子〉对比研究的几个问题》，《文献》2007 年第 1 期。李学勤《试释楚简〈鲍叔牙与隰朋之谏〉》，《文物》2006 年第 9 期。

⑤ 彭浩：《试说"亩纆短，田纆长，百粮篁"》，武汉大学简帛网，2006 年 4 月 2 日。陈伟：《也说〈鲍叔牙与隰朋之谏〉与〈管子·霸形〉的对读》，武汉大学简帛网，2006 年 4 月 3 日。鲁家亮：《〈鲍叔牙与隰朋之谏〉与〈管子·戒〉对读札记》，《华中科技大学学报》（社会科学版）2007 年第 3 期。

讨。《试释楚简〈鲍叔牙与隰朋之谏〉》认为“简文的情节只能存在于管仲死后的几个月之内”[①]；《上博楚竹书〈鲍叔牙与隰朋之谏〉史料年代问题》认为“此事件当发生在公元前655年”[②]；《竹书〈鲍叔牙〉与〈管子〉对比研究的几个问题》认为“是前645年至前650年之间的事情”[③]。本章以上述研究为基础，做进一步的深入探讨。

第一节 《鲍叔牙与隰朋之谏》发生时间考

笔者认为《鲍叔牙与隰朋之谏》中鲍叔牙和隰朋讽谏的时间，当在齐桓公三十八年至桓公四十一年之间（前648—前645年），即管仲去世前三年至管仲去世之后不久这段时间。这不仅是根据日食发生时间，还依据管仲、鲍叔牙、隰朋的生平活动及竖刁、易牙在桓公时期的地位与影响来进行判定。

一、简文中日食发生时间

根据简文，鲍叔牙与隰朋谏议的原因是发生了日食，简文云“日既”。根据《春秋》，齐桓公在位四十三年，共发生七次日食[④]，分别是：齐桓公十年（前676年），日全食；齐桓公十七年，日全食；齐桓公十八年，日环食；齐桓公二十二年，日全食；齐桓公三十一年（前655年），日全食；齐桓公三十八年，日全食；齐桓公四十一年，黎明前日食。“既”，一般解释为日全食或月全食。然《春秋》经文记录日全食的次数甚多，只有三次书“既”，说明史官记录日全食的时候，并非都写“既”。根据《说文》：“既，小食也。”李孝定《甲骨文字集释》：“契文象人食

---

① 李学勤：《试释楚简〈鲍叔牙与隰朋之谏〉》，《文物》2006年第9期。

② （台湾）陈炫玮：《上博楚竹书〈鲍叔牙与隰朋之谏〉史料年代问题》，武汉大学简帛网，2007年1月31日。

③ 刘信芳：《竹书〈鲍叔牙〉与〈管子〉对比研究的几个问题》，《文献》2007年第1期。

④ 张培瑜《〈春秋〉日食表》有相同的结论。参见张培瑜：《中国先秦历史表》，齐鲁书社1987年版，第246页。齐桓公在位的时间，为周庄王十二年至周襄王九年（前685—前643年）。

已，顾左右而将去之也，引申之义为尽。”则“既”有完成之义。又据《春秋穀梁传注疏》，桓公三年（前683年）“秋七月壬辰朔，日有食之，既。言日言朔，食正朔也。既者，尽也，有继之辞也。”杨士勋疏“既者，尽也”，曰：“其日食或尽或不尽者，历家之说，以为交正在朔则日食既，前后望月不食。交正在望则月食既，前后朔日不食。”[①] 则“既”有日食或月食完成之义，含义甚广，应当包括所有日食和月食的完成，而不仅仅包括日月全食。从《鲍叔牙与隰朋之谏》中竖刁、易牙的地位和桓公对这两人的信任情况推断，这次记录的日食，当在桓公晚年，以齐桓公三十八年和桓公四十一年这两次日食最为可能。齐桓公三十八年（前648年）为日全食，杨伯峻云：“根据今法推算，此次为日全食，食甚正当正午十二时十五分三十五秒。”[②] 齐桓公四十一年，即鲁僖公十五年（前645年）“夏五月，日有食之”。杨伯峻考证，这次日食，“在四时四十一分。初亏固在夜中，复圆日尚未出，并无带食，中原不可得见”[③]。两次日食在桓公晚年，竖刁、易牙深得信任，鲍叔牙、隰朋谏议最为可能。

二、竖刁和易牙的地位及影响

发生这次日全食的时候，竖刁和易牙在桓公朝中已经起到重要作用，鲍叔牙和隰朋认为发生日食的重要原因是“或以竖刁与易牙为相”。这里的“相”，应当是辅佐之义，并非后世的“宰相”之职。因为地位显赫者如管仲，这位桓公的重要辅助者，他早年是大夫，晚年为下卿。根据《史记·齐太公世家》，齐桓公即位之后，听鲍叔牙之谏，以外交手段从鲁国要回管仲，“鲍叔牙迎受管仲……桓公厚礼以为大夫，任政”[④]。证明桓公最初任命管仲为大夫，与鲍叔、隰朋、高傒共同治理齐国。《国语·齐语》亦云，齐桓公“唯能用管夷吾、宁戚、隰朋、宾胥无、鲍叔牙之

---

① 杨士勋：《春秋穀梁传注疏》卷三，中华书局影印阮元校刻《十三经注疏》本，1980年版，第2373页下。

② 杨伯峻：《春秋左传注》，中华书局1990年版，第339～340页。

③ 杨伯峻：《春秋左传注》，中华书局1990年版，第351页。杨伯峻参考了朱文鑫《天文考古录》的资料。

④ 司马迁：《史记》，中华书局1959年版，第1486页。

属而伯功立”。韦昭注曰：“五子皆齐卿、大夫也。隰朋，齐庄公之曾孙，戴仲之子成子也。”[①] 周代在国君之下有卿、大夫、士三等；各等中又分上、中、下三级。管仲的官职，早年为大夫，晚年为下卿。根据《左传·僖公十二年》，齐桓公三十八年（前 648 年），周天子以“上卿之礼飨管仲”，管仲推辞。因为有“天子之二守国、高在”，国氏、高氏为天子所命的上卿，管仲为齐桓公所命的下卿，故卒“受下卿之礼而还”。齐国的国氏、高氏两家世代为上卿，他们支持齐桓公继位；管仲虽然辅佐桓公，作用重大，仍然位为下卿。竖刁、易牙虽得桓公信任，但地位不如管仲，况春秋时的“相”，不能等同于战国时期的相职，研究者已经有明确说法[②]。作为宰相之义的“相”，在战国时期才出现，而与“将”相对。

但竖刁、易牙的地位仍然不容小觑。管仲去世前后，桓公对竖刁、易牙非常信任。根据《史记·齐太公世家》，管仲生病，桓公与管仲商讨接替管仲职位的人选，桓公觉得易牙、开方、竖刁最为合适，证明三人的官职已经很高。又《韩非子·十过》，桓公提出接任管仲的人选是鲍叔牙、竖刁、卫公子开方、易牙四人，管仲认为这四人都不合适，希望桓公任用隰朋，桓公答应了。又《管子·戒》中，桓公问鲍叔牙能否继承管仲的职位，管仲推荐的人选是隰朋。从上述三则材料推断，桓公信任鲍叔牙、竖刁、卫公子开方、易牙四人，而总揽齐国朝政的管仲认为，最适合的接替人选是隰朋。桓公和管仲商议人选的合理的时间，应当是在桓公四十年到桓公四十一年（前 646—前 645 年），即管仲去世前的一年间。根据《韩非子·十过》，齐桓公四十年，“管仲老不能用事，休居于家，桓公从而问之”，桓公向管仲请教继任者，管仲推荐了隰朋，但“居一年余，管仲死，公遂不用隰朋，而与竖刁。刁莅事三年”。从这则资料推断，隰朋任职时候，管仲尚病休在家，管仲去世不久，隰朋去世。根据《史记·齐太公世家》，桓公四十一年，“管仲隰朋皆卒”。《管子·戒》中亦云管仲“卒十月，隰朋亦卒”。隰朋去世之后，桓公开始重用竖刁、易牙等人。

竖刁、易牙专权，是在桓公四十一年末之后。《史记·齐太公世家》云：“管仲死，而桓公不用管仲言，卒近用三子，三子专权。”三子：竖

---

① 《国语》，上海古籍出版社 1998 年版，第 248 页。

② 参见卫文选：《中国历代官制简表》，山西人民出版社 1987 年版，第 7 页。又参见谢乃和：《略论先秦宰相制度的起源》，《东北师大学报》（哲学社会科学版）2006 年第 3 期。

刁、易牙、卫公子开方。《公羊传》云，僖公十六年（前644年）冬十二月，“桓公德衰，任竖刁、易牙，堕功灭项，自此始也”。僖公十六年即桓公四十二年（前644年）。以上资料证明，竖刁、易牙彻底专权当在管仲、隰朋去世之后，从时间上推断，在桓公四十一年至四十二年之后。简文中鲍叔牙和隰朋讽谏桓公去竖刁、易牙的时间下线，是在齐桓公四十一年隰朋去世之前。

竖刁、易牙为齐桓公所重视，并非一日之功，是他们多年用心的结果。根据《史记》和《管子》[①]，竖刁、易牙在桓公末年得宠，桓公须臾不可离。史书没有记载竖刁、易牙在桓公朝为政的年份，根据常理推测，如果能够得到桓公的信任和重用的话，不会在短时间内做到这一点。根据《管子·小问》，桓公称霸之后，想要行王道统一天下，于是问管仲，如何称王，管仲曰：“公当召易牙而问焉”。又《左传·庄公十五年》云：“十五年春，复会焉，齐始霸也。”则齐桓公七年（前679年）始霸，易牙此时已经有了话语权，如果从桓公七年算起的话，到桓公三十八年，易牙在桓公朝已经三十多年。易牙是以烹调技艺得到桓公喜爱的。简文云：“易牙人之与者而食人，其为不仁厚矣。”《管子·小称》云：“夫易牙以调和事公，公曰惟烝婴儿之未尝，于是烝其首子而献之公。”“首子”，即第一个儿子。易牙烹其子而献给桓公，桓公从此认为易牙爱君主胜过爱其子，而对易牙深信不疑。

三、鲍叔牙和隰朋的作用

根据简文，桓公“或以竖刁与易牙为相，二人也，朋党群兽，娄朋取与”。鲍叔牙和隰朋两位大夫谏议桓公的时候，竖刁、易牙的危害性已经为谏者所认识。此时竖刁、易牙职位应当与鲍叔牙和隰朋地位相当，他们得到了桓公的宠幸。易牙、竖刁朋党群与，惟利是视，鲍叔牙、隰朋作为正直的官员，自然不会坐视不管，他们借助日食这种天象，对桓公讽谏。管仲在临终之前，也劝诫桓公驱逐竖刁、易牙之徒，终于使桓公痛下

---

① 多数学者认定，《管子》书中应当有齐国史官的记录，许多记载与《左传》《国语》相吻合。张固也《管子研究》认为《三匡》出现较《左传》《国语》为早，可以作为可靠的史料来用。其中出现记载的混乱是口耳相传的结果，正是证明了《三匡》资料的可靠性。

决心，驱逐竖刁、易牙。根据史料，管仲去世不久，桓公根据管仲的谏议，将易牙、竖刁、堂巫、公子开方去职。《吕氏春秋》卷十六云：“管仲死，尽逐之”。《管子·小称》亦云：“管仲死，已葬。公憎四子者，废之官。”管仲是在齐桓公四十一年（前645年）去世，过后不久，隰朋去世。

简文鲍叔牙与隰朋之谏的发生时间，或在管仲去世之前的一段时间，或者管仲刚刚去世，但是不能认定管仲此时一定去世。因为鲍叔牙和隰朋对桓公提出谏议，在相当长的一段时间都可能进行，这与鲍叔牙和隰朋的地位和责任有关。鲍叔牙是公子小白的老师，帮助小白登上了君位。根据《史记·管晏列传》，鲍叔牙早年曾经与管仲共同经商，管仲家贫，鲍叔分财产时候，常常多给管仲一份，二人交往甚深。帮助桓公即位之后，鲍叔牙向桓公推荐管仲，管仲辅佐桓公成为一代霸主。鲍叔牙在桓公朝是大夫，根据《管子·小匡》，“大夫曰宁戚、隰朋、宾胥无、鲍叔牙”，位在国、高和管仲之下。鲍叔牙的职责是向桓公提出谏议，《小匡》云“鲍叔牙为大谏”，大谏为官名，尹知章曰：“所以谏正君”。鲍叔牙一直是齐桓公非常信任的人物，在管仲晚年的时候，桓公希望有合适的人选接替管仲，提出的接班人就有鲍叔牙①。

隰朋在桓公时期地位非常高，《史记·齐太公世家》云，桓公三十二年（前654年），隰朋“立晋君还”。并曰“桓公既得管仲与鲍叔、隰朋、高傒，修齐国政”。隰朋非常善于外交，根据《吕氏春秋·勿躬》，管子对齐桓公说：“登降辞让，进退闲习，臣不若隰朋，请置以为大行”。《管子·小匡》亦有相应记载。大行之职主要是接待宾客。《周礼》：“大行人掌大宾客之礼，以亲诸侯。”《管子·大匡》中，“管仲曰：隰朋聪明捷给，可令为东国”。说明隰朋曾经出使齐国东部的国家，处理与齐东之国的事宜。隰朋经常在桓公左右，提出谏议，《管子》各篇有记录。如《霸形》：“桓公在位，管仲、隰朋见。”《戒》：“管仲、隰朋朝公。”隰朋具有多方面的才能，《管子·戒》中云，“朋之为人好上识而下问”，“居其家不忘公门，居公门不忘其家，事君不二其心，亦不忘其身”。

鲍叔牙、隰朋为大夫，与管仲、宁戚志同道合，同心一意，辅助桓公，整个桓公时期，在桓公左右，提出谏议。简文中鲍叔牙、隰朋两位大

① 参见《吕氏春秋·贵公》和《管子·戒》。

夫，请桓公驱逐竖刁和易牙。简文中云“以竖刁、易牙为相”，证明竖刁、易牙当时的地位已经非常高，作用非常大，这与桓公称霸初年，管仲推荐易牙为政的情况不合，与管仲晚年谏议驱逐竖刁、易牙、开方的情况比较吻合，所以本文推测鲍叔牙和隰朋之谏是在管仲晚年，与管仲之谏的时间比较接近。

管仲生病去世之前，请桓公驱逐竖刁、易牙、开方。管仲死，齐桓公将竖刁、易牙、开方和堂巫诸位佞臣驱逐。《吕氏春秋》卷十六云“管仲死，尽逐之”。《管子·小称》亦云：“管仲死，已葬。公憎四子者，废之官。”鲍叔牙和隰朋之谏合理的时间，是在管仲去世前后。鲍叔牙、隰朋提出一次谏议，管仲在去世之前提出一次谏议，两次谏议，使桓公痛下决心，将竖刁、易牙赶走，发布各种命令。简文云：“重命九月除路，十月而徙粮成，一之日而车梁成”。进行各种设施的建设，取得重大的成效，“是岁也，晋人伐齐，既至齐地，晋邦有乱，师乃归。”且“雩坪地至𨙸，复。日𣏟，亦不为灾；公𧒒，亦不为害”。

但是，桓公驱逐竖刁、易牙、开方和堂巫之后不久，又把他们都召回来，《吕氏春秋》曰“皆复召而反”。因为缺少了易牙的烹调，桓公“食不甘”，缺少竖刁的管理，后宫不治；缺少堂巫，桓公苛病重起；缺少卫公子开方，朝廷不肃[①]。况且隰朋与管仲已经去世，朝廷缺乏强有力的人物支撑，竖刁、易牙诸人本来就颇得桓公的信任，《管子·小称》“桓公曰：‘嗟，圣人固有悖乎？’乃复四子者”。根据上述资料推测，鲍叔牙和隰朋之谏的时间是在管仲去世的前后。桓公这段时间驱逐竖刁和易牙，国家治理取得良好效果，但时间非常短暂，因为隰朋去世后不久，竖刁易牙官复原职，得到重用。

综上，简文《鲍叔牙与隰朋之谏》之时，竖刁、易牙在桓公朝中地位很高，鲍叔牙和隰朋看到这二人的危害，借日食的机会，谏议桓公驱逐他们。管仲病逝之前亦谏桓公去竖刁、易牙诸人。综合各项内容，以桓公三十八年（前648年）和桓公四十一年这两次日食之后，鲍叔牙和隰朋谏议桓公最为适合。桓公听取了鲍叔牙和隰朋的谏议，整顿祭祀典礼，施行利民政策，修道路，通津梁，改变对竖刁、易牙的偏爱，惟礼是用，取

---

① 《吕氏春秋》卷十六。原文云桓公“食不甘，宫不治，苛病起，朝不肃”。陈奇猷：《吕氏春秋新校释》，上海古籍出版社2002年版，第979页。

得了惊人的效果。这次讽谏，只是鲍叔牙、隰朋若干次讽谏中的一次而已，并非一定是在管仲去世之后。简文的价值在于补充了鲍叔牙和隰朋的资料，使研究者对桓公朝的情况有更深刻的认识。

第二节　齐桓公的改革

齐桓公取得君位后，在管仲的辅助下，对齐国政治、经济、军事诸多方面进行了改革。管仲为相，负责整个国家的文治武功，总揽国家行政。观《管子》诸文，可以看出，其书包含齐桓公时期，齐国诸多重要政治、行政、军事、经济政令，亦包含治国理念。管仲治国，权力很大，然重要政令的发布，需在齐桓公的首肯下进行。齐桓公时期，齐国对姜太公的政策进行完善，又制定了一些新政。齐桓公为政四十三年，管仲相桓公四十一年，这段时间，齐国主要沿着齐桓公早年的治国路线发展，其间对于发展中出现的问题又有所修正。

根据先秦历史文献，齐桓公的改革主要是在他担任齐国君主后的几年内。在管仲辅助下，经过改革，大政方针基本完善。齐桓公早年的改革在历史上产生了深远影响，汉代，特别是武帝时期，许多政治经济措施源自齐桓公的早年改革；北宋王安石变法，亦有取法齐桓公行政的地方。上博简《鲍叔牙与隰朋之谏》记载的乃是齐桓公晚年的改革，是齐桓公早年改革的重要补充和完善。故齐桓公晚年的改革，需要从早年的改革说起。

一、齐桓公早年的改革

考察齐桓公早年的改革，主要资料是《管子》之《三匡》篇。《三匡》分为《大匡》《中匡》《小匡》，其中《小匡》内容与《国语·齐语》最为接近，研究者多认为《管子》取自《国语》，其实不然。《国语》是春秋末期诸多国家历史文献的汇集，其中以《晋语》资料最为详细与全面。齐国典籍应有自己的来源，不可能取自《国语》。笔者曾经将《小匡》与《齐语》全篇做出排比，发现《小匡》的内容更为详尽。首先，《管子·三匡》内容远远超出了《国语·齐语》所涵盖的范围。其次，

《齐语》本身内容较之《小匡》又有删减。最后，《齐语》内容顺序与《小匡》又有不同，而《齐语》的顺序是不符合逻辑的，可能《齐语》在删减的过程中，没有搞清《小匡》的内在逻辑，在顺序调整过程中出现了讹误。《管子·三匡》是齐桓公时期内政、外交的资料总汇，反映了齐桓公时期的历史状况，故对齐桓公早年改革内容的考察，主要资料取自《三匡》[①]。其改革主要包含叁国五鄙、四民分业定居、相地而衰征、九惠之教，以下分而述之。

（一）叁其国而五其鄙

在国家管理方面，主要实施叁其国而五其鄙的方针。所谓“叁其国”，是将国都居民以行政为单位，分为三部分，包括二十一乡，分别由齐桓公、高子、国子统率，这也是军事构成单位。《小匡》云：“制国以为二十一乡，商工之乡六，士农之乡十五。公帅十一乡，高子帅五乡，国子帅五乡，叁国故为三军。公立三官之臣，市立三乡，工立三族，泽立三虞，山立三衡。制五家为轨，轨有长。十轨为里，里有司。四里为连，连有长。十连为乡，乡有良人，三乡一帅。”[②] 齐国是西周初年分封的大国，上卿二人由周天子任命。齐桓公时期的上卿为高子和国子，其地位仅次于齐桓公。齐国二十一乡，齐桓公帅十一乡，高子、国子分别统帅五乡。其建制为：五家组成一轨，十轨组成一里，四里组成一连，十连组成一乡，每一级都有行政总长，以便进行管理。这是对于齐都的管理。

至于城郊之外的农村，则实施了五鄙的政策，《小匡》云：“制五家为轨，轨有长。六轨为邑，邑有司。十邑为率，率有长。十率为乡，乡有良人。三乡为属，属有帅。五属一大夫，武政听属，文政听乡，各保而听。毋有淫泆者”[③]。尹知章注曰：“以武为政者，听于属。乡属之听，各自保之。”五鄙是对城郊进行管理，五家为一轨，六轨组成一邑，十个邑组成一率，十率组成一乡，三乡组成一属，五属由一大夫负责。此处的五属，即是五鄙之制。将三其国与五其鄙相比较，可以看出，鄙的人员更多，疆域更大，可能与城鄙地广人稀有关。齐国的五鄙之制当是从《周

---

① 本节所用的《管子》材料，除《大匡》《中匡》《小匡》之外，还征引了《入国》的材料。《入国》中的“九惠之教”一般认为是齐桓公的政策。

② 黎翔凤：《管子校注·小匡》，中华书局新编诸子集成本2004年版，第400页。

③ 同注②。

礼》而来。鄙是周代的地方行政单位，在王城之外，以邑五百家为“鄙”。《周礼·地官·遂人》：“五家为邻，五邻为里，四里为酂，五酂为鄙。”《吕氏春秋·孟夏纪》：“命司徒循行县鄙。”高诱注：“鄙，五百家也。”齐国在继承《周礼》的国家管理的基础上，有所改进，而形成具有齐国特色的政治、行政、军事合一的管理体制。

根据《管子·小匡》，齐桓公还以六秉来治民，六秉包括：“杀、生、贵、贱，贫、富。”秉，通“柄”，权柄。《小匡》云：“治国不失秉。”尹知章注：“秉，柄也。”国家需要运用六种权力来治理民众，杀之，生之，贵之，贱之，贫之，富之。实施这些措施，使齐国民众听从国家的政令。

（二）四民分业定居

春秋时期，社会生产发展，民众地位各有变迁。为便于生产力的发展和国家的管理，齐桓公时期实施了“四民分业定居”的治国方针。主要是将国都中的百姓按照职业划分为士、农、工、商四民，将同一种职业的人，安置于国都中的特定地点。管仲对齐桓公说：“士、农、工、商，四民者，国之石民也，不可使杂处。杂处则其言哤，其事乱。是故圣王之处士必于闲燕，处农必就田墅，处工必就官府，处商必就市井。”[①]“闲燕”指安静、清净的地方。《国语·齐语》：“昔圣王之处士也，使就闲燕。”韦昭注曰：“闲燕，犹清净也。”则士人居住在清净的地方，便于学习文化知识。农夫居住在距离田埜近的地方，便于耕作；工匠居住在离官府近的地方，商人居住在离集市近的地方，便于他们从事本业。

士、农、工、商之民，从小耳濡目染，不自觉地学习到本家族的职业技巧，安于本业，以最少的时间，学到最多的知识，也避免了社会动荡因素的产生。《小匡》说：“今夫士，群萃而州处，闲燕，则父与父言义，子与子言孝，其事君者言敬，长者言爱，幼者言弟，旦昔从事于此，以教其子弟。少而习焉，其心安焉，不见异物而迁焉。是故其父兄之教，不肃而成，其子弟之学，不劳而能。夫是，故士之子常为士。”[②] 士从小跟父兄居住在一起，学习敬爱孝悌之义，习于本业，便于国家管理。对于农夫

---

① 黎翔凤：《管子校注·小匡》，中华书局新编诸子集成本2004年版，第400页。

② 黎翔凤：《管子校注·小匡》，中华书局新编诸子集成本2004年版，第400～401页。

来说，从小从事农业生产更为重要：“今夫农，群萃而州处，审其四时权节，具备其械器，用比耒耜谷芨。及寒，击槁除田，以待时乃耕。深耕均种疾耰，先雨芸耨，以待时雨。时雨既至，挟其枪刈耨镈，以旦暮从事于田壄，税衣就功，别苗莠，列疏遬，首戴苎蒲，身服袯襫，沾体涂足，暴其发肤，尽其四支之力，以疾从事于田野。少而习焉，其心安焉，不见异物而迁焉。是故其父兄之教，不肃而成。其子弟之学，不劳而能。是故农之子常为农。朴野而不慝，其秀才之能为士者，则足赖也。故以耕则多粟，以仕则多贤。”[①] 从中可知，齐桓公时期，从农夫中选拔有才能的人，做政府管理工作。在任用中，发现农夫之子淳朴厚重而不奸诈，为士做事足以值得信赖。同样工、商从业者的子弟亦从事本家族传统职业的学习和传承，有利于工作效率的最大化和社会的安定。

（三）相地而衰征，减轻税收

齐国重视工商业的发展和鱼盐之利，然农业是国家之本，重视农业生产，方可解决百姓的基本生活问题。根据齐国的地理特点，齐桓公时期，依据土壤条件，实施“相地而衰征”的政策。《小匡》云：“相地而衰其政，则民不移矣。正旅旧，则民不惰。山泽各以其时至，则民不苟。陵陆丘井田畴均，则民不惑。无夺民时，则百姓富。牺牲不劳，则牛马育。”[②] 其基本方针，是根据土地的肥瘠程度不同，征收不等的农业税收，以使农业税收合理，百姓过上安定的生活。民众根据时节，从事农牧渔业生产。虽然国家有丘陵、陆地、田埜，因为根据不同的土地状况施行税收，百姓能够安定的生活，努力生产，故国家能够有序的发展。齐桓公时期，很重视“农”。因为农业是生产发展的根本，农业生产季节性很强，必须春种、夏耘、秋收、冬藏。如果没有粮食，则国家会陷于危险的境地。根据《管子》，齐国历来重视农业生产，重视粮食的储藏，同时还以高价购得其他诸侯国的粮食。因为齐国在姜太公封齐之初，这里的地理环境是

---

① 黎翔凤：《管子校注·小匡》，中华书局新编诸子集成本 2004 年版，第 401 页。

② 黎翔凤：《管子校注·小匡》，中华书局新编诸子集成本 2004 年版，第 402 页。今按：此处文字用南宋浙江刻本的顺序，黎翔凤文字当有讹误。黎翔凤《管子校注》作“相地而衰其政，则民不移矣。正旅旧，则民不惰。山泽各以其时至，则民不苟。陵陆丘井田畴均，则民不惑。无夺民时，则百姓富。牺牲不劳，则牛马育。”黎翔凤本将“陵陆丘井田畴均，则民不惑”放到“无夺民时，则百姓富”的前面了，其他明清诸本均不如此。

“地濡泻，人民寡”，盐碱地很多，丘陵很多，适合耕种的土地较少，为了维持国内民众的吃饭问题，农业生产不容忽视。

齐桓公时期还减轻了关市的税收，对于农业生产的税收，根据年成的好坏，适度进行调整。根据《管子·大匡》，齐桓公在位的前十九年中，减轻了关市赋税征收，其税收标准是五十分之一。农业税收，是两年征收一次，税收额度是农业产量的十分之一，饥荒之年则不征税。《大匡》云：“桓公践位十九年，弛关市之征，五十而取一，赋禄以粟，案田而税，二岁而税一。上年什取三，中年什取二，下年什取一，岁饥不税。”[①] 尹知章注“五十而取一”曰：“取其货贿五十之一。”至于农业税收，尹知章注曰：“案知其壤脊而税之。率二岁而一税之。岁饥，谓时岁揔饥，故不税”[②]。

（四）九惠之教，社会保障制度

齐国一直重视社会保障制度的实施。《管子》认为，治理国家，需要任用贤能之人，爱护百姓。《中匡》云：“远举贤人，慈爱百姓，外存亡国，继绝世，起诸孤，薄税敛，轻刑罚，此为国之大礼也。法行而不苛，刑廉而不赦，有司宽而不凌。菀浊困滞，皆法度不亡，往行不来，而民游世矣，此为天下也。”[③] 重视抚恤烈士子弟，“起诸孤”，尹知章注曰：“孤，谓死王事者子孙”。司法适中，重视法度，为天下之人谋福利，尹知章注曰：“菀浊，谓秽塞不洁清者也。困滞，谓疲羸微隐者也。有如此者，皆以法度加之，不令有所失亡也。其行法度者，但往行而进，不却来而退，而人以此自得行于世也”。

至于国家救助百姓的具体措施，主要是在《管子·入国》篇中进行阐发，从中可以看出当时的齐国重视教化。《入国》认为，国家当实施九惠之教，“一曰老老，二曰慈幼，三曰恤孤，四曰养疾，五曰合独，六曰问疾，七曰通穷，八曰振困，九曰接绝”[④]。主要实施九个方面的仁政，包括赡养老人，爱护幼小者，存恤孤弱的人，收养残疾者，使鳏寡结成夫妻，探问疾病，将穷困之情上达，赈济贫困之人，建祠以祀死于国事的士

---

① 黎翔凤：《管子校注·大匡》，中华书局新编诸子集成本2004年版，第368页。
② 同注①。
③ 黎翔凤：《管子校注·中匡》，中华书局新编诸子集成本2004年版，第386页。
④ 黎翔凤：《管子校注·入国》，中华书局新编诸子集成本2004年版，第1033页。

民。《入国》对于九惠之教有详细论说，云国家有掌养老之官，“年七十已上，一子无征，三月有馈肉。八十已上，二子无征，月有馈肉。九十以上，尽家无征，日有酒肉。死，上共棺椁，劝子弟，精膳食，问所欲，求所嗜”①。国家有掌慈幼之官，对于士民家的孩子，实施惠政，孩子越多，国家给予的资助愈多。“士民有子，子有幼弱不胜养为累者，有三幼者无妇征，四幼者尽家无征，五幼又予之葆，受二人之食，能事而后止。”②国家有负责看护孤儿的职官，士人之子丧失父母，掌孤者将孩子托付给孩子亲属或者邻人，并给看护孤儿者以优惠政策。“士人死，子孤幼，无父母，所养不能自生者，属之其乡党知识故人。养一孤者，一子无征。养二孤者，二子无征。养三孤者，尽家无征。掌孤数行问之，必知其食饮饥寒。身之瘠胜，而哀怜之。此之谓恤孤。”养疾者掌管国中生病之人，给予照顾。“所谓养疾者，凡国都皆有掌养疾，聋盲喑哑，跛躄偏枯握递，不耐自生者，上收而养之。疾，官而衣食之，殊身而后止。”合独者掌媒，使鳏寡有家室，“所谓合独者，凡国都皆有掌媒。丈夫无妻曰鳏，妇人无夫曰寡，取鳏寡而合和之，予田宅而家室之，三年然后事之”③。还有掌问疾者，“所谓问疾者，凡国都皆有掌病。士人有病者，掌病以上令问之。九十以上，日一问，八十已上，二日一问。七十以上，三日一问。众庶五日一问。疾甚者以告，上身问之。掌病行于国中，以问病为事”④。又谓“问病”。通穷者，是负责掌管贫穷之人的生活状况，“所谓通穷者，凡国都皆有通穷。若有穷夫妇无居处，穷宾客绝粮食，居其乡党，以闻者有赏，不以闻者有罚”。振困者是在灾荒之年给予宽政和惠政，“所谓振困者，岁凶，庸人訾厉，多死丧。弛刑罚，赦有罪，散仓粟以食之”。接绝之官是助为国捐躯者祭祀之事，“所谓接绝者，士民死上事，死战事，使其知识故人受资于上而祠之”⑤。国家实施九惠之教，使老弱鳏寡孤独皆有所养，安定社会，这是国家以礼养护民众，特别是为国捐躯之人。爱护百姓，民心意归属，则国家便于教化。否则，人心思变，国家则需要用刑罚来维护统治。在管仲的辅助之下，齐桓公取得了巨大的功业，《大

---

① 黎翔凤：《管子校注·入国》，中华书局新编诸子集成本2004年版，第1033页。

② 黎翔凤：《管子校注·入国》，中华书局新编诸子集成本2004年版，第1033～1034页。

③ 黎翔凤：《管子校注·入国》，中华书局新编诸子集成本2004年版，第1034页。

④ 同注③。

⑤ 同注③。

匡》云：“兵车之会六，乘车之会三，飨国四十有二年”。

齐桓公时期的惠民政策是在《周礼》的基础上经过改造而形成的。[①]周代主张通过赡养百姓，使之繁衍生息。周天子主要采取了六项措施，《周礼·地官·大司徒》云：“以保息六，养万民。一曰慈幼，二曰养老，三曰振穷，四曰恤贫，五曰宽疾，六曰安富”[②]。将《管子》与《周礼》比较，可以看出，齐桓公时期的惠民政策在《周礼》的基础上增加了“恤孤”“合独”“问疾”三项内容，更重视民众生活。

二、齐桓公对治国的认识

根据《管子·小匡》，齐桓公早年很关注其见齐襄公为政失败的原因。桓公说：“昔先君襄公，高台广池，湛乐饮酒，田猎罼弋，不听国政，卑圣侮士，唯女是崇。九妃六嫔，陈妾数千，食必粱肉，衣必文绣，而戎士冻饥。戎马待游车之弊，戎士待陈妾之余，倡优侏儒在前，而贤大夫在后。是以国家不日益，不月长，吾恐宗庙之不扫除，社稷之不血食。敢问为之奈何？”[③] 齐襄公当年过着奢华的生活，饮酒田猎，喜好女色，锦衣玉食，而战士们则吃不好，穿着破旧的衣服，军事设施非常不好，给国家带来很大的隐患。[④]

根据《管子·小匡》，齐桓公为求得天下霸主的地位，最终发现爱民是称霸的基本之道，其主要做法是：“公修公族，家修家族，使相连以事，相及以禄，则民相亲矣。放旧罪，修旧宗，立无后，则民殖矣。省刑罚，薄赋敛，则民富矣。乡建贤士，使教于国，则民有礼矣。出令不改，则民正矣”[⑤]。使家族之间以事相连，人们之间关系密切；福禄相生，民有亲近之情。赦免原有的罪过，保全人的生命，以使百姓富裕、安定、宽

① 此观点与顾颉刚不同。根据顾颉刚《“周公制礼”的传说和〈周官〉一书的出现》（载《文史》第六辑，中华书局，1979年），顾颉刚先生认为《周官》一书源自齐国人的撰写。关于《周礼》的成书，笔者赞同沈文倬先生的观点，即认为《周礼》作为典章制度，其渊源有自，著书的时间或许较晚，其间亦有修订之处，然其来源较早。参见沈文倬：《菿闇文存》，商务印书馆2006年版。

② 贾公彦：《周礼注疏》，中华书局影印阮元校刻《十三经注疏》本，1980年版，第706页。

③ 黎翔凤：《管子校注·小匡》，中华书局新编诸子集成本2004年版，第396页。

④ 按：这段描写与齐桓公晚年景况很接近。

⑤ 黎翔凤：《管子校注·小匡》，中华书局新编诸子集成本2004年版，第411页。

厚、为人正直。尹知章注曰："相连以事则人惯狎，相及以禄则恩情生，故有亲也。放旧罪则全人命，修旧宗则收散亲，立无后则继绝世，故人殖。"治民之道，是使百姓听从，是"举财长工，以止民用。陈力尚贤，以劝民知。加刑无苛，以济百姓。行之无私，则足以容众矣。出言必信，则令不穷矣。此使民之道也"[①]。主要是爱惜民力，教化民众，宽以待民，公正无私，令行禁止。

《管子·霸形》中，管仲与齐桓公讨论了什么是国家的根本这个问题。管仲说："齐国百姓，公之本也。人甚忧饥，而税敛重。人甚惧死，而刑政险。人甚伤劳，而上举事不时。公轻其税敛，则人不忧饥。缓其刑政，则人不惧死。举事以时，则人不伤劳。"[②] 说明当时齐国的问题是，齐国赋税多，刑罚重，徭役繁杂，管仲认为，应当避免这些问题，方可使民安定。齐桓公深以为然，云："'寡人闻仲父之言，此三者闻命矣。不敢擅也，将荐之先君。'于是令百官有司，削方墨笔，明日皆朝于太庙之门。朝定，令于百吏。使税者百一钟，孤幼不刑，泽梁时纵，关讥而不征，市书而不赋。近者示之以忠信，远者示之以礼义。行此数年，而民归之如流水"[③]。此篇当是早年齐桓公称霸前后的情况。

《管子·戒》记载，齐桓公喜好射猎，曾经以弋射鸟，管仲劝谏齐桓公说："今夫人患劳，而上使不时。人患饥，而上重敛焉。人患死，而上急刑焉。如此而又近有色而远有德，虽鸿鹄之有翼，济大水之有舟楫也，其将若君何！"[④] 说明齐桓公有一段时期曾有重赋税与徭役，刑罚重，好美女，疏贤俊，国家管理存在一些问题。管仲对齐桓公论说了先王治国之道："昔先王之理人也，盖人有患劳，而上使之以时，则人不患劳也。人患饥，而上薄敛焉，则人不患饥矣。人患死，而上宽刑焉，则人不患死矣。如此而近有德而远有色，则四封之内视君其犹父母邪！四方之外归君其犹流水乎！"管仲所言，齐桓公深以为然，乃"再拜顿首曰：'孤之闻二子之言也，耳加聪而视加明，于孤不敢独听之，荐之先祖'"。这虽然是管仲的谏议，但必须由齐桓公采纳，并做出决策，故管仲说："此非臣之言也，君之教也"。于是，"管仲与桓公盟誓为令，曰：老弱勿刑，叁

① 黎翔凤：《管子校注·小匡》，中华书局新编诸子集成本 2004 年版，第 411 页。

② 黎翔凤：《管子校注·霸形》，中华书局新编诸子集成本 2004 年版，第 453～454 页。

③ 黎翔凤：《管子校注·霸形》，中华书局新编诸子集成本 2004 年版，第 454 页。

④ 黎翔凤：《管子校注·戒》，中华书局新编诸子集成本 2004 年版，第 513 页。

宥而后弊，关幾而不正，市正而不布，山林梁泽以时禁发，而不正也。’草封泽盐者之归之也，譬若市人。三年教人，四年选贤以为长，五年始兴车践乘。遂南伐楚，门傅施城。北伐山戎，出冬蔥与戎叔，布之天下，果三匡天子而九合诸侯”[①]。齐桓公宽宥老弱的罪犯，尹知章注曰：“老弱犯罪者，无即刑之，必三宽宥而后断罪。三宥，即《周礼》三宥：一曰不识，二曰过误，三曰悼耄也”。至于三匡天下，黎翔凤赞同郭沫若之说：“‘三匡’为‘三会’，即鲁僖公五年（前655年）会于首止，九年会于葵丘，十三年（前647年）会于咸，皆‘事关天子，故列于九合诸侯之上’，是也”[②]。今按：鲁僖公五年为齐桓公三十一年；僖公九年为齐桓公三十五年，僖公十三年为齐桓公三十九年。《史记·齐太公世家》云，桓公“二十三年（前663年），山戎伐燕，燕告急于齐。齐桓公救燕，遂伐山戎，至于孤竹而还。”齐桓公“三十年春，齐桓公率诸侯伐蔡，蔡溃。遂伐楚。”则《戒》所记内容时间跨度较长，最晚已至齐桓公三十九年（前647年）。

三、齐桓公晚年的改革

齐桓公称霸之后，齐国大政方针稳定，国家富裕，其他诸侯国一时难以匹敌。齐桓公为诸侯王多年，政治难免产生懈怠，用人有时以自己的喜好为取舍，国家因之出现的问题。在上博简（五）《鲍叔牙与隰朋之谏》中，鲍叔牙与隰朋明确提出齐桓公治国存在的问题，故需要进行改革。

（一）齐国存在的问题

根据简文，齐桓公管理国家，存在诸多方面的问题。首先是刑罚多且严苛，简文云：“齐邦至恶死而上稠其刑”。“恶”讨厌，憎恨。《易·谦卦》：“人道恶盈而好谦。”齐国百姓憎恨死刑，但是齐国的刑法极为严苛而琐细，很容易触犯各种刑律，百姓生活在恐惧之中。其次，齐国税收很重，国家聚敛了大量财物，影响了百姓的生活。简文云：“至欲食而上厚其敛”。“敛”，征收，索取。《尚书·微子》：“降监殷民，用乂雠敛。”

---

① 黎翔凤：《管子校注·戒》，中华书局新编诸子集成本2004年版，第514页。

② 黎翔凤：《管子校注》，中华书局新编诸子集成本2004年版，第517页。

孙星衍云："言下视殷人所用治国者，惟以聚敛为事。"《荀子·宥坐》："今生也有时，敛也无时，暴也。"杨倞注："言生物有时，而赋敛无时，是陵暴也。"百姓希望能够吃上饭，但是齐国政府征税太多，百姓过着困苦生活。再次，齐国的徭役繁多，许多徭役不按照时节征发，引起百姓的不满。简文云："至恶苛而上不时使。"最后，齐桓公本人也存在着许多问题。主要是纵情享乐，喜好女色，痴迷于田猎，喜好佞臣，不关心齐国的事务，不关心百姓的生活，齐国日益凋敝，百姓都想逃离齐国了[①]。鲍叔牙与隰朋借助日食，指出齐国和齐桓公存在的问题，齐桓公深以为然，决定对齐国制度进行一定程度的修正。

（二）改革的主要内容

首先，重视祭祀。简文云："公乃身命祭有司：祭服毋薄，器必蠲洁，毋入残器，牺牲圭璧，必全毋耆，加之以敬。""祭服"，祭祀时所穿的礼服。《周礼·天官·内宰》："中春，诏后，帅外内命妇始蚕于北郊，以为祭服。"贾公彦疏："《礼记·祭义》亦云：蚕事既毕，遂朱绿之，玄黄之，以为祭服。此亦当染之以为祭服也。"《诗经·豳风·七月》"为公子裳"毛传："祭服，玄衣纁裳。"孔颖达疏："玄黄之色施于祭服。"《国语·周语上》"晋侯端委以入"，韦昭注："衣玄端，冠委貌，诸侯祭服也"。"牺牲"，供祭祀用的纯色全体牲畜。《尚书·泰誓上》："牺牲粢盛，既于凶盗。"《周礼·地官·牧人》："凡祭祀，共其牺牲。"郑玄注："牺牲，毛羽完具也。""圭璧"，古代帝王、诸侯祭祀用的玉器。《诗经·大雅·云汉》："靡神不举，靡爱斯牲。圭璧既卒，宁莫我听。"朱熹集传："圭璧，礼神之玉也。"《周礼·考工记·玉人》："圭璧五寸，以祀日月星辰。""耆"，爱好。《孟子·告子上》："口之于味也，有同耆也。"此处言祭祀时，穿着的礼服要符合礼节，祭祀的器皿要整洁，不能够使用残破的器具，祭祀所用的牺牲要用完整的纯色牲口，圭璧也要完整，不要舍不得，在祭祀的过程中，要礼节完备，恭敬。齐国是遵从祭祀礼仪的国家，《管子》中多篇涉及祭祀的问题，可以与简文对照。

其次，减轻刑法，安定民生。简文云："乃命有司书籍，复老弱不刑。""有司"，古代设官分职，各有专司，故称有司。"书籍"，书于简

① 参见本章第三节《齐桓公个人修养的问题》。

册。“复”，免除。此谓齐桓公命令相关部门登记，免除对于老弱之人的处罚。简文云：“亩�田，亩长百量。”李学勤认为是增开城外隙地，成为耕田，每亩的长度是“百量”[①]。这样百姓就可以种植更多的粮食作物了。

最后，减轻徭役。简文云：“重命九月除路，十月而徒梁成，一之日而车梁成。”“路”即是道路。“除路”即是“除道”，开辟、修治道路之义。《左传·庄公四年》：“令尹斗祁、莫敖屈重除道梁溠，营军临随。”杨伯峻注：“除道，犹开路。”“徒”，步行。李鼎祚集解引虞翻曰：“徒，步行也。”“梁”，桥。《诗经·大雅·大明》：“造舟为梁，不显其光。”孔颖达疏：“造其舟以为桥梁。”“徒梁”是可以走路的桥，这种桥不一定很宽，能够便于人们过河就可以了。“车梁”谓可以行车的桥。《诗经·小雅·甫田》“曾孙之稼，如茨如梁”，毛传：“梁，车梁”。孔颖达疏：“《孟子》：‘十二月，车梁成。’梁谓水上横桥。桥有广狭，得容车渡，则高广者也。”“一之日”犹言一月之日，一月指夏历十一月，周历正月，亦即农历十一月。《诗·豳风·七月》：“七月流火，九月授衣。一之日觱发。”毛传：“一之日，十之余也；一之日，周正月也。”孔颖达疏：“一之日，犹言一月之日。”在夏历的九月修整道路，十月修筑的供人行走的一般桥梁已经完成，十一月，可以行车的大桥也修筑好了，这样在农闲季节修筑公共设施，不妨碍百姓的日常生活。此处记载与《国语》的记载吻合，《周语》云：“故先王之教曰：雨毕而除道，水涸而成梁。”韦昭注曰：“教，谓月令之属也。九月雨毕，十月水涸。”夏令中，九月雨季已经过去，十月水已经干枯，需进行道路桥梁的建设了，《周语》云：“故夏令曰：九月除道，十月成梁。”韦昭注曰：“夏令，夏后氏之令，周所因也。除道所以便行旅，成梁所以便民使不涉也。”较之《国语》，上博简的内容更为周密与详细。

简文中，齐桓公说：“有夏氏观其容以使，及其亡也，皆伪其容。殷人之所以代之，观其容，听其言，凭其所以亡，伪其容，伪其言。周人之所以代之，观其容，听【其】言，侯治者使，凭其所以衰亡，忘其侯治也。二三子勉之，寡人将侯治”。齐桓公认识到，任用臣下，必须听其言而观其行，方可能够行政公正。

---

① 参见李学勤：《试释楚简〈鲍叔牙与隰朋之谏〉》，《文物》2006年第9期，第93页。

（三）改革的成效

齐桓公的这次改革，取得了极大的成效。简文云："是岁也，晋人伐齐，既至齐地，晋邦有乱，师乃归。雩坪地至鄰，复。日桀，亦不为灾，公蠤，亦不为害。"此年，晋国人讨伐齐国，已经到达齐国疆域，然晋国国内突然有内乱，晋国的军队于是回师。平地突然增长至膝，又自动复原，虽然有奇异的天象，对齐国没有造成灾害。齐桓公身体生病，也没有造成大的灾难①。

四、齐桓公时期的治国理念和方针

《管子》包含了齐桓公时期的主要治国方针，亦包含管仲门人、弟子对《管子》的解说，渊源有自，至晚在秦始皇统一中国之前，此书已经整理完成。将这些内容汇集起来，可以看出齐桓公时期治国的大政方针。

《管子》认为，百姓自古均同，因为治国方略的不同，故有桀纣的乱亡，亦有汤武的功业。《宙合》云："国犹是国也，民犹是民也，桀、纣以乱亡，汤、武以治昌。章道以教，明法以期，民之兴善也如化，汤、武之功是也。"② 国家和平安定，是君主的主要职责，为政必须谨慎小心，不可大意。君主要节约财用，任用贤明的辅臣，讲求法度，遵循天时，讲究地宜："台榭相望者，亡国之庑也。驰车充国者，追寇之马也。羽剑珠饰者，斩生之斧也。文采纂组者，燔功之窑也"③。明王知亡国之缘由，故远离奢侈之物，而节用爱民。

治理国家首先要富裕百姓。《治国》论述了富民易治之道，云："凡治国之道，必先富民，民富则易治也，民贫则难治也。奚以知其然也？民富则安乡重家，安乡重家则敬上畏罪，敬上畏罪则易治也。民贫则危乡轻家，危乡轻家则敢陵上犯禁，凌上犯禁则难治也。故治国常富，而乱国必贫。

① 参见李学勤：《试释楚简〈鲍叔牙与隰朋之谏〉》，《文物》2006年第9期，第95页。本章第四节《齐桓公所患疾病考及其他》亦可参看。

② 又按：这段话与《鲍叔牙与隰朋之谏》中齐桓公的思路基本相同，即使同样的国家，不同的人治理也会有不同的结果。

③ 黎翔凤：《管子校注·七臣七主》，中华书局新编诸子集成本2004年版，第995～996页。

是以善为国者，必先富民，然后治之”①。其次，要爱惜民力。《管子·版法》云：“故用财不可以啬，用力不可以苦。用财啬则费，用力苦则劳。民不足，令乃辱；民苦殃，令不行。施报不得，祸乃始昌；祸昌不寤，民乃自图。”②《权修》云：“欲为天下者，必重用其国。欲为其国者，必重用其民。欲为其民者，必重尽其民力。无以畜之，则往而不可止也。”③最后，治理国家，要重视吸纳百姓到自己的国家，这样才能强盛。《五辅》云：“今有土之君，皆处欲安，动欲威，战欲胜，守欲固。大者欲王天下，小者欲霸诸侯，而不务得人。是以小者兵挫而地削，大者身死而国亡。故曰：人不可不务也，此天下之极也。”④ 唯有为政符合民之意愿，民乐于从之，方可在争王图霸中获得优势。国家的管理与其他诸侯国的争霸有关。因为失去民心，可能民众就会逃往其他国家。

《管子·五辅》认为，治国需要注意以下几点：“辟田畴，利坛宅，修树艺，劝士民，勉稼穑，修墙屋，此谓厚其生”。重视农业生产，在建造房屋的时候，需要将地基垫高，重视桑麻的种植，重视房屋的修缮，这样百姓的生活就基本有保障了。此外还要“发伏利，输墆积，修道途，便关市，慎将宿，此谓输之以财”。给百姓以利益，将贮积的财物，按照一定的标准发放给百姓，修整道路，方便百姓出入关市，谨慎行止。治理国家，还需要适当行政，以使百姓过上舒适的生活，《五辅》云：“薄征敛，轻征赋，弛刑罚，赦罪戾，宥小过，此谓宽其政。”即减轻百姓的赋税，按照规则实施刑罚，赦免小的罪过，以宽松的政策，使百姓安定。治理国家，要救百姓于急难之中。《五辅》又云：“养长老，慈幼孤，恤鳏寡，问疾病，吊祸丧，谓匡其急。”对于年长的老人，需要赡养他们；对于孤儿，需要抚育他们；对于鳏夫和寡妇，需要抚恤他们；对于病人，需要慰问他们；对于遭遇灾祸的人家或者是有家人离世的人家，则需要问候他们；对于生活在困苦环境中的人民，则需要赈济他们。《五辅》云：“衣冻寒，食饥渴，匡贫窭，赈罢露，资乏绝，此谓赈其穷。”民知义后，要教化他们，使之知礼，《五辅》云：“上下有

① 黎翔凤：《管子校注·治国》，中华书局新编诸子集成本2004年版，第924页。
② 黎翔凤：《管子校注·版法》，中华书局新编诸子集成本2004年版，第127页。
③ 黎翔凤：《管子校注·权修》，中华书局新编诸子集成本2004年版，第49页。
④ 黎翔凤：《管子校注·五辅》，中华书局新编诸子集成本2004年版，第191～192页。

义，贵贱有分，长幼有等，贫富有度”①。这种教化很有价值，因为“上下无义则乱，贵贱无分则争，长幼无等则倍，贫富无度则失”。

公平法律。重视政令、国家、法律、爵禄，按照一定的规范实施此种制度。《管子·七法》云：“故不为重宝亏其命，故曰令贵于宝。不为爱亲危其社稷，故曰社稷戚于亲。不为爱人枉其法，故曰法爱于人。不为重禄爵分其威，故曰威重于爵禄。”② 管理国家，需要一定的规范，《立政》云：“度爵而制服，量禄而用财。饮食有量，衣服有制，宫室有度，六畜人徒有数，舟车陈器有禁。修生则有轩冕、服位、谷禄、田宅之分，死则有棺椁、绞衾、圹垄之度”③。

敬天顺时。《管子·幼官》主张根据节气，在不同时节做不同的事情，“动而无不从，静而无不同。举发以礼时，礼必得”④。君主政令顺应节气，则民有百倍之功。《管子》主张减免民众过多的赋税徭役，安抚百姓。《权修》云：“地辟而国贫者，舟舆饰，台榭广也。赏罚信而兵弱者，轻用众，使民劳也。舟车台榭广，则赋敛厚矣。轻用众，使民劳，则民力竭矣。赋敛厚则下怨上矣，民力竭则令不行矣。下怨上，令不行，而求敌之勿谋己，不可得也。”⑤ 唯有使百姓乐于听从为政者的管理，这才说明治理国家已经达到较高的境界。

五、小　结

今将齐桓公早年的改革与晚年的改革比较，可以看出，齐桓公早年的变革主要着眼于大政方针的规划与实施，包括都鄙制度。其相地而衰征之制，是根据土地的肥瘠程度不同，征收不同的税收，对农业实行一定程度的轻税；重视工商业，关市轻税。在这些大政方针制定实施之后，齐国国

① 按：这里讲民众必须知义然后社会才能和谐，这是比较深层次的问题。则《上博简》中所讲的应当是当时比较严重的问题了。

② 黎翔凤：《管子校注·七法》，中华书局新编诸子集成本 2004 年版，第 111 页。

③ 黎翔凤：《管子校注·立政》，中华书局新编诸子集成本 2004 年版，第 76 页。

④ 张舜徽认为《管子·幼官》是《管子》一书的纲要，其他篇的顺天敬时是此篇的拓展。参见张舜徽：《周秦道论发微·管子四篇疏证》，中华书局 1982 年版。今按：《幼官》篇在《管子》的外言中，成书时间应当较早。

⑤ 黎翔凤：《管子校注·权修》，中华书局新编诸子集成本 2004 年版，第 49 页。按：此与《鲍叔牙隰朋之谏》中的“洒然将亡”相对照。

力迅速上升，齐桓公“兴灭国，继绝世”，尊王攘夷，赢得诸侯国的尊重，最终“九合诸侯，一匡天下”，成为春秋五霸之首。《鲍叔牙与隰朋之谏》发生的时间是在齐桓公的晚年，管仲去世前后。齐桓公长期执政不可避免地使齐国积压了很多社会问题。根据史料记载，齐桓公晚年失去了一些诸侯国的支持，葵丘之会，周天子派出的使者宰孔已经发现齐桓公政治出现的问题，这暗示着齐桓公在中后期政治上的危机。《左传·僖公九年》云：“秋，齐侯盟诸侯于葵丘”，“宰孔先归，遇晋侯，曰：‘可无会也。齐侯不务德而勤远略，故北伐山戎，南伐楚，西为此会也。东略之不知，西则否矣。其在乱乎！君务靖乱，无勤于行’。晋侯乃还。”[①] 此是齐桓公三十五年（前651年），宰孔是周天子派到齐国问候的卿大夫。作为一位敏锐的政治家，宰孔发现齐桓公重视征伐，但是不注意道德的修养与完善，因此推断齐国隐藏着祸乱。《史记·齐太公世家》亦云：“三十五年夏，会诸侯于葵丘。周襄王使宰孔赐桓公文武胙、彤弓矢、大路，命无拜。桓公欲许之，管仲曰‘不可’，乃下拜受赐。秋，复会诸侯于葵丘，益有骄色。周使宰孔会。诸侯颇有叛者。晋侯病，后，遇宰孔。宰孔曰：‘齐侯骄矣，弟无行。’从之。”[②] 说明齐桓公因为之前已取得的巨大功业，而变得傲慢自大，言行举止中都不加掩饰，致使为政不当，诸侯国中许多国家不再听命于桓公。至于《公羊传》所云：“葵丘之会，桓公震而矜之，叛者九国。”或是从更长远的视角作出的分析。《鲍叔牙与隰朋之谏》发生时，齐国的问题已经非常严重。在鲍叔牙与隰朋的谏议之下，齐桓公认识到自己为政的过失与个人修养的问题，从小处着手，重视祭祀，重视农业生产，重视道路桥梁的基本建设，取得了一定的成效。但是，这种成效是初步的和暂时的，因为齐桓公去世之前的两年时间，信任重用竖刁、易牙、卫公子开方，终于使齐国陷入混乱的境地。

本节的第三部分主要考察了齐桓公的晚年时期，齐国的治国理念和为政方针，其政治经济行政理念都非常成熟。考察《三匡》，可以发现齐桓公初年，政治蓝图已经非常明晰，治国方略已经非常成熟。但在实施过程中具体的政策措施和统治者的个人修养等问题对国家政治亦起到重要

① 孔颖达：《春秋左传正义》，中华书局影印阮元校刻《十三经注疏》本，1980年版，第1800页下。

② 司马迁：《史记》，中华书局1959年版，第1490页。

影响。

第三节　齐桓公个人修养的问题

有周一代，重视圣贤政治，周公治礼作乐，实施政治教化。诸侯国君的个人修养，对于国家治理关系甚大，以齐桓公个人修养为例，可以得到证明。

齐桓公名小白。其庶兄齐襄公被弑，齐国人杀掉了临时执政的公孙无知，小白与另一位庶兄公子纠争夺君位。小白得到国内上卿高、国两家支持，先下手为强，登上君位，是为齐桓公[①]。齐桓公任用公子纠之傅管仲，进行国内改革，齐国大治，于是“九合诸侯，一匡天下”，成为春秋五霸之首。桓公有优秀的官员群体，《国语·齐语》云：“唯能用管夷吾、宁戚、隰朋、宾胥无、鲍叔牙之属而伯功立”[②]。管仲去世之后，齐桓公用竖刁、易牙、卫公子开方，终死不得其所。学者认为齐桓公的成败，与任用之人关系很大，《韩非子·难二》说：齐桓公“得管仲为五百长；失管仲得竖刁，而身死，虫流出尸不葬”[③]。《新书·胎教》云：“齐桓公得管仲九合诸侯，一匡天下，称为义主；失管仲、任竖刁而身死不葬，为天下笑。一人之身荣辱具施焉者，在所任也。”[④]《新序·杂事》则曰：“齐桓公得管仲有霸诸侯之荣，失管仲而有危乱之辱。”[⑤] 齐桓公任用管仲和竖刁、易牙，其结果如此不同，故《韩非子》认为齐桓公是非不分，是“暗主”：“今桓公以任管仲之专，借竖刁、易牙，虫流出尸而不葬。桓公不知臣欺主与不欺主已明矣，而任臣如彼其专也，故曰桓公暗主”。汉代学者综合齐桓公的功业，多认为桓公是“中主”。荀悦云：“齐桓公，中

---

① 可参看本书第二章第三节《齐襄公考》和第四节《文姜考》，其中涉及齐桓公登上王位前后的齐国状况。

② 《国语·齐语》，上海古籍出版社 1998 年版，第 247 页。

③ 王先慎：《韩非子集解·难二》，中华书局 1998 年版，第 363 页。

④ 阎振益、钟夏：《新书校注》，中华书局新编诸子集成本 2000 年版，第 392 页。

⑤ 石光瑛：《新序校释》，中华书局 2001 年版，第 157 页。

材也。”[①]《新书》：“中主者，可引而上，可引而下”，“齐桓公是也。得管仲、隰朋则九合诸侯，任竖貂、易牙则饿死胡宫，虫流而不得葬”[②]。

其实齐桓公是有智慧、“有大虑”之人。《管子·大匡》：“小白之为人，无小智，惕而有大虑。”《大匡》中，管仲说：“吾君惕，其智多诲”[③]。依笔者看来，齐桓公成败得失有如此大的不同，与桓公的个人修养密切相关。这里的“修养”，主要指有高尚品质和正确的处世态度，即品德之充实与完美。桓公的修养问题，早年没有完全显现其弊；晚年在管仲、鲍叔牙、隰朋去世之后，问题显露。对于齐桓公的个人修养，前人关注不足，或受《春秋》为贤者讳思想的影响[④]。根据《上海博物馆藏战国楚竹书》（伍）之《鲍叔牙与隰朋之谏》，结合传世文献，以君主应具备的素质审视齐桓公，会发现桓公的个人修养存在很大问题。

一、桓公在修养方面的问题

（一）喜好女色

齐桓公好内。《鲍叔牙与隰朋之谏》云：“公身为亡道，进华孟子，以驰于倪廷。”[⑤] 桓公与华孟子驰骋于倪廷，乘车游玩。李学勤认为简文中的华孟子就是宋华子[⑥]，乃宋国华氏之女，子姓，生公子雍。简文记载与史籍相应，根据《左传·僖公十七年》，齐桓公有夫人三，“齐侯之夫人三：王姬、徐嬴、蔡姬”，如夫人六，“齐侯好内，多内宠，内嬖如夫人者六人”。除却夫人和如夫人之外，齐桓公还喜欢其他女子，《庄子·盗跖》云：“昔者桓公小白杀兄入嫂”[⑦]。《韩非子·难二》：“昔者桓公宫

---

① 荀悦：《申鉴》，中华书局诸子集成本 1954 年版，第八册，第 19 页。
② 阎振益、钟夏：《新书校注》，中华书局新编诸子集成本 2000 年版，第 199 页。
③ 黎翔凤：《管子校注·大匡》，中华书局新编诸子集成本 2004 年版，第 351 页。
④《穀梁传·闵公二年》“十有二月狄入卫。”范宁注曰：“不言灭而言入者，春秋为贤者讳。齐桓公不能攘夷狄，救中国，故为之讳。”杨士勋：《春秋穀梁传注疏》，中华书局影印阮元校刻《十三经注疏》本，1980 年版，第 2390 页上。
⑤ 马承源：《上海博物馆藏战国楚竹书》（伍），《鲍叔牙与隰朋之谏》，上海古籍出版社 2005 年版，第 175 页。
⑥ 李学勤：《试释楚简〈鲍叔牙与隰朋之谏〉》，《文物》2006 年第 9 期，第 94 页。
⑦ 郭庆藩：《庄子集释·盗跖》，中华书局新编诸子集成本 2004 年版，第 1003 页。

中二市，妇闾二百，被发而御妇人。"①《说苑·尊贤》云，齐桓公"与妇人同舆驰于邑中"。《庄子》《韩非子》《说苑》所云，无非是证明齐桓公喜好女色程度之甚。

桓公甚至喜欢自己的姑姊妹。桓公承认这点，说："寡人有污行，不幸而好色，而姑姊有不嫁者"②。典籍对此多有记载，《新语·无为》曰："齐桓公好妇人之色，妻姑姊妹，而国中多淫于骨肉"③。《说苑·尊贤》云："将谓桓公清洁乎？闺门之内无可嫁者，非清洁也。"王充云："传书言：齐桓公妻姑姊妹七人。"④ 齐桓公妻姑姊妹，或者是受到齐俗的影响，《汉书·地理志》："始桓公兄襄公淫乱，姑姊妹不嫁，于是令国中民家长女不得嫁，名曰：'巫儿'，为家主祠，嫁者不利其家，民至今以为俗。"⑤ 齐景公对晏子说："昔吾先君桓公，好色无别。"⑥ 可谓上述内容之概括。

齐桓公与夫人游玩甚至引起战争。《马王堆汉墓帛书》（叁）之《春秋事语》："齐桓公与蔡夫人乘舟，夫人荡舟，禁之，不可，怒而归之，未之绝，蔡人嫁之。桓公率师以侵蔡，蔡人遂溃。"⑦ 与史籍吻合，《左传·僖公三年》云："齐侯与蔡姬乘舟于囿，荡公。公惧，变色；禁之，不可。公怒，归之，未之绝也。蔡人嫁之"⑧。《史记》《韩非子·右经》亦有记载⑨。

葵丘之会，齐桓公与诸侯盟誓："无易树子，无以妾为妻"⑩，以维护

① 王先慎：《韩非子集解·难二》，中华书局1998年版，第363页。

② 黎翔凤：《管子校注·小匡》，中华书局新编诸子集成本2004年版，第446页。

③ 王利器：《新语校注·无为》，中华书局新编诸子集成本1986年版，第67页。

④ 黄晖：《论衡校释·书虚》，中华书局1990年版，第190页。

⑤ 班固：《汉书·地理志第八下》，中华书局1962年版，第1661页。

⑥ 吴则虞：《晏子春秋集释》，中华书局新编诸子集成本1982年版，第245页。

⑦ 马王堆汉墓帛书整理小组编：《马王堆汉墓帛书》（叁），文物出版社1983年版，第10页。

⑧ 孔颖达：《春秋左传正义·僖公三年》，中华书局影印阮元校刻《十三经注疏》本，1980年版，第1792页上。

⑨ 《史记》云：桓公二十九年（前657年），"桓公与夫人蔡姬戏船中。蔡姬习水，荡公，公惧，止之，不止，出船，怒，归蔡姬，弗绝。蔡亦怒，嫁其女。桓公闻而怒，兴师往伐。"司马迁：《史记》，中华书局1959年版，第1489页。《韩非子·右经》："蔡女为桓公妻，桓公与之乘舟。夫人荡舟，桓公大惧，禁之不止，怒而出之。乃且复召之，因复更嫁之，桓公大怒，将伐蔡。"王先慎：《韩非子集解》，中华书局1998年版，第275页。

⑩ 徐彦：《春秋公羊传注疏·僖公三年》，中华书局影印阮元校刻《十三经注疏》本，1980年版，第2248页下。《穀梁传》亦有相同记载。《管子·大匡》："诸侯无专立妾以为妻，毋专杀大臣，无国劳毋专予禄，士庶人毋专弃妻。"

当时秩序。然齐桓公因为正妻无子，如夫人六人各有一子，“长卫姬生无诡，少卫姬生惠公元，郑姬生孝公昭，葛嬴生昭公潘，密姬生懿公商人，宋华子生公子雍”①。齐桓公和管仲将孝公托付于宋襄公，“桓公与管仲属孝公于宋襄公，以为太子”。桓公又因竖刁之宠而答应立公子无诡：“雍巫有宠于卫共姬，因宦者竖刀（竖刁、竖刀为一人）以厚献于桓公，亦有宠，桓公许之立无诡。”管仲卒，“五公子皆求立”②。桓公死后，诸子争夺君位，互相残杀，“桓公十有余子，要其后立者五人：无诡立三月死，无谥；次孝公；次昭公；次懿公；次惠公”。造成混乱的原因，王充认为是嫡庶无别③，齐国因此衰弱。

（二）沉迷打猎

春秋时期，男子以射猎征战为本职。《礼记》曰：“故男子生，桑弧蓬矢六，以射天地四方。天地四方者，男子之所有事也。故必先有志于其所有事。”天子亦看重射箭技术，《礼记·射义》：“故天子之大射，谓之射侯。射侯者，射为诸侯也。射中则得为诸侯，射不中则不得为诸侯”④。诸侯国之君主不仅是国家行政首脑，还是军事总长。观《左传》可知，君主常常亲自参加战争，故必须有很好的军事才能，包括军事指挥能力和军事技巧。因之君主多按时节，岁中每季进行狩猎训练。《周礼·春官·甸祝》：“甸祝掌四时之田。”郑玄注：“田者，习兵之礼。”《穀梁传·桓公四年》：“春曰田，夏曰苗，秋曰搜，冬曰狩。”《太平御览》卷八三一引《韩诗外传》云：“春曰畋，夏曰獀，秋曰狝，冬曰狩。”名称有不同，以每季按照时节和限度打猎为根本要求。

然齐桓公过分沉迷于打猎，甚至日常生活都受到影响。《鲍叔牙与隰朋之谏》中，鲍叔牙与隰朋就说桓公“迨逐畋”。齐桓公自己曾说：“寡人不幸而好田，晦夜而至禽侧，田莫不见禽而后反。诸侯使者无致，百官

---

① 司马迁：《史记·齐太公世家》，中华书局1959年版，第1493页。

② 同注①。

③ 《论衡·书虚》：“桓公之过，多内宠。内嬖如夫人者六。有五公子争立，齐乱。”“内嬖六人，嫡庶无别。”黄晖：《论衡校释·书虚》，中华书局1990年版，第191页。

④ 孔颖达：《礼记正义·射义》，中华书局影印阮元校刻《十三经注疏》本，1980年版，第1688页中。

有司无所复。”[①] 齐桓公射猎技术很好，当与喜好田猎互为因果。《管子》载：“桓公明日弋在廪，管仲、隰朋朝。”[②] “弋”，是用带丝绳的箭来射，郑玄《诗·郑风·女曰鸡鸣笺》：“弋，缴射也。”《小问》：“桓公北伐孤竹，未至卑耳之溪十里，闟然止，瞠然视，援弓将射。”刘向《说苑·政理》：“齐桓公出猎，逐鹿而走，入山谷之中。”上述记载，说明齐桓公的射猎技术很好，也不惮于打猎。

桓公好猎，当是受到东夷本土人的影响。《说文》“夷，平也。从大从弓，东方之人也。”东夷之人善射，传说中的后羿即是东夷人。《管子·形势解》云：“羿，古之善射者也，调和其弓矢而坚守之，其操弓也，审其高下，有必中之道，故能多发而多中。”桓公喜好射猎亦与齐国传统有关。齐国上至君主，下至民众，都喜好射猎，并以之为审美倾向。根据《毛诗序》，齐哀公“好田猎，从禽兽而无厌，国人化之，遂成风俗。习于田猎谓之贤，闲于驰逐谓之好焉”[③]。《诗经·齐风·还》描写了齐人喜好田猎的状况，孔颖达《疏》曰：“君上以善田猎为贤好，则下民皆慕之，政事荒废，化之使然”。哀公喜猎，士人亦好猎：“子之还兮，遭我乎猺之间兮。并驱从两肩兮，揖我谓我儇兮”[④]。齐国士人射箭技术亦高。据《史记》，齐国无知被杀，小白、公子纠争夺君位，管仲用箭射中小白，“鲁闻无知死，亦发兵送公子纠，而使管仲别将兵遮莒道，射中小白带钩”[⑤]。齐人看重射猎技术，以之为美，《诗经·齐风·猗嗟》赞美文姜之子鲁庄公的射箭技术，云庄公“射则臧兮”，“射则贯兮”，“终日射侯，不出正兮”，称赞他“展我甥兮”。文姜是齐僖公之女，鲁庄公是齐襄公和齐桓公的外甥，他的射箭技术很高，当是受到齐国风尚的影响[⑥]。好猎之风在齐国不衰。太公之后，四世而至哀公，哀公之后，九世而至桓公。襄公、桓公时期，齐国好猎之风依然盛行。齐襄公好猎，

---

① 黎翔凤：《管子校注·小匡》，中华书局新编诸子集成本 2004 年版，第 446 页。

② 黎翔凤：《管子校注·戒》，中华书局新编诸子集成本 2004 年版，第 513 页。

③ 孔颖达：《毛诗正义·齐风·还》，中华书局影印阮元校刻《十三经注疏》本，1980 年版，第 349 页中。

④ 孔颖达：《毛诗正义·齐风·还》，中华书局影印阮元校刻《十三经注疏》本，1980 年版，第 349 页中。

⑤ 司马迁：《史记·齐太公世家》，中华书局 1959 年版，第 1485 页。

⑥ 据《左传》，尽管鲁庄公之父桓公为齐襄公所杀，庄公对齐国依然充满感情，惊奇于齐国民风，常到齐国，曾“如齐观社”，鲁国大臣以之为非礼，劝谏庄公，竟没有成功。

《卢令序》："刺荒也。襄公好田猎毕弋，而不修民事，百姓苦之，故陈古以风焉"。齐襄公"田猎罼弋，不听国政"①，最终因打猎负伤被杀②。齐桓公继承乃兄襄公之位，亦好田猎，昼夜不息，实为过度。

（三）耽于饮酒

齐桓公很喜欢饮酒。有时与诸位大臣同饮，《吕氏春秋·直谏》："齐桓公、管仲、鲍叔、宁戚相与饮，酒酣"。《管子·中匡》：齐桓公"与管仲父而将饮之"。《管子·小称》："桓公、管仲、鲍叔牙、宁戚四人饮。"饮酒有时设定规矩："齐桓公置酒，令诸侯大夫曰：'后者饮一经程'。"③齐桓公有时会饮酒而醉："齐桓公饮酒醉，遗其冠，耻之，三日不朝。"④甚至引起战争，《大匡》："桓公与宋夫人饮舡中"，夫人荡舟而惧公，"公怒出之。宋受而嫁之蔡侯"⑤，桓公怒，而欲伐宋。桓公深知其好酒之病，云："寡人不幸而好酒，日夜相继，诸侯使者无所致，百官有司无所复"⑥。桓公沉湎于酒，为后代所熟知，齐景公说："昔吾先君桓公，善饮酒穷乐"⑦，可证。饮酒本是一种礼仪活动，但若是不加节制地酗酒，则是一种放纵。

齐桓公沉湎于酒，或者也是东夷人习俗的遗留。根据考古发现，大汶口文化时期，东夷人的饮酒器皿已经非常完备。酒首先作为祭祀之用，然齐国的国君多喜饮酒，与礼仪活动无关。齐襄公就好酒，《小匡》云："昔先君襄公高台广池，湛乐饮酒"。齐襄公杀鲁桓公亦是饮酒之后完成，

---

① 黎翔凤：《管子校注·小匡》，中华书局新编诸子集成本2004年版，第396页。

② 《史记·齐太公世家》襄公十二年（前686年），"冬十二月，襄公游姑棼，遂猎沛丘。见彘，从者曰'彭生'。公怒，射之，彘人立而啼。公惧，坠车伤足，失屦"。"无知、连称、管至父等闻公伤，乃遂率其众袭宫。……遂弑之。"司马迁：《史记·齐太公世家》，中华书局1959年版，第1484页。

③ 许维遹：《韩诗外传集释》卷十，中华书局1980年版，第355页。《说苑·敬慎》亦有相关记载，云："齐桓公为大臣具酒，期以日中。管仲后至，桓公举觞以饮之，管仲半弃酒。桓公曰：'期而后至，饮而弃酒，于礼可乎？'管仲对曰：'臣闻酒入舌出，舌出者言失，言失者身弃。臣计弃身不如弃酒。'桓公笑曰：'仲父起就坐。'"向宗鲁：《说苑校正》，中华书局1987年版，第255页。

④ 王先慎：《韩非子集解·难二》，中华书局1998年版，第360页。

⑤ 黎翔凤：《管子校注·大匡》，中华书局新编诸子集成本2004年版，第351页。此处记载当与前文所引出自同一事，记载略有不同。

⑥ 黎翔凤：《管子校注·小匡》，中华书局新编诸子集成本2004年版，第446页。

⑦ 吴则虞：《晏子春秋集释》，中华书局新编诸子集成本1982年版，第245页。

《史记·齐太公世家》云“襄公醉杀鲁桓公”。之后还有耽迷于饮酒的齐景公。根据《晏子春秋》的记载，齐景公常多日饮酒，亦常多日醉酒不醒。《晏子春秋·内篇谏上第三》云：“景公饮酒，酲，三日而后发。”《内篇谏上第四》云：“景公饮酒，七日七夜不止。”《内篇谏上第五》云，齐景公“饮酒，日夜相继”。《外篇第七》云：“景公饮酒数日而乐，释衣冠，自击缶。”甚至于为饮酒而半夜出行：“景公饮酒，夜移于晏子。”

嗜酒无疑会影响日常事务。有周灭商，周公专门申明不准沉湎于酒。《尚书·酒诰》云，酒惟能用于正式场合：“厥父母庆，自洗腆，致用酒”[①]，但不能纵酒：“无彝酒。越庶国，饮惟祀，德将无醉。”饮酒坏处很多，“惟荒腆于酒，不惟自息乃逸”。对聚众饮酒之周人严惩不贷，“厥或诰曰：‘群饮。’汝勿佚。尽执拘以归于周，予其杀”。至于商人遗族，政策略微放宽：“又惟殷之迪诸臣惟工，乃湎于酒，勿庸杀之，姑惟教之，有斯明享。乃不用我教辞，惟我一人弗恤弗蠲，乃事时同于杀。”周公再三叮咛：“汝典听朕毖，勿辩乃司民湎于酒。”[②]《礼记》中，饮酒于《祭统》是仪式，在《投壶》《乡饮酒义》《射义》《燕义》中是礼仪。

（四）用人以私

齐桓公晚年根据个人喜好任用官员。根据上博简（五）《鲍叔牙与隰朋之谏》，竖刁、易牙“从公之所欲更”，投齐桓公所好，放纵桓公个人的欲望，二人乘机“朋党群丑，娄朋娶与”，“教而睽之，不以邦家为事”。简文与史籍记载吻合。竖刁因桓公好内，后宫混乱，自宫为桓公管理后宫，得到齐桓公宠幸。《管子·小称》：“公喜宫而妒，竖刁自刑，而为公治内。”[③]《韩非子·二柄》：“齐桓公妒而好内，故竖刁自宫以治内。”[④] 易牙擅长厨艺，尝烹其子，做成美味，献于齐桓公。《管子·小

---

① 孔颖达：《尚书正义·酒诰》，中华书局影印阮元校刻《十三经注疏》本，1980年版，第206页中。

② 孔颖达：《尚书正义·酒诰》，中华书局影印阮元校刻《十三经注疏》本，1980年版，第206页中、208页上。

③ 黎翔凤：《管子校注·小称》，中华书局新编诸子集成本2004年版，第608页。

④ 王先慎：《韩非子集解·二柄》，中华书局1998年版，第42页。

称》："夫易牙以调和事公，公曰惟烝婴儿之未尝，于是烝其首子而献之公。"[①]《韩非子》："桓公好味，易牙蒸其子首而进之。"[②]《淮南子·主术训》："有好则谀起。昔者齐桓公好味而易牙烹其首子而饵之。"[③] 卫公子开方为得到桓公信任，多年不回卫国探望父母。《管子·小称》云："公子开方事公十五年，不归视其亲。"其实齐国与卫国之间，距离并不遥远，"齐、卫之间，不容数日之行"[④]。

他们为得到富贵，所做的事情超出人伦的底线，然桓公不察，信任他们。根据《史记》和《管子》，竖刁、易牙在桓公末年得宠，桓公须臾不可离。终在管仲、鲍叔牙、隰朋去世之后，为夺得权力，包围桓公宫，桓公死不得其所。竖刁、易牙、卫公子开方诸人，在桓公晚年"作难，围公一室，不得出"，瓜分齐国政权，"分齐国，涂十日不通"，齐桓公"饥而欲食，渴而欲饮"，而"不可得"[⑤]。《韩非子》曰："竖刁、易牙因君之欲以侵其君者也"，卒使"桓公虫流出户而不葬"[⑥]。《史记》云："桓公病，五公子各树党争立。及桓公卒，遂相攻，以故宫中空，莫敢棺。桓公尸在床上六十七日，尸虫出于户。"[⑦]《淮南子·精神训》："桓公甘易牙之和，而不以时葬"，亦指此事。

竖刁、易牙、卫公子开方的恶行，管仲、鲍叔牙、隰朋诸人都有察觉。上博简《鲍叔牙与隰朋之谏》中，鲍叔牙和隰朋明言竖刁、易牙之恶，谏议桓公去逐他们。管仲去世之前，亦有谏议。然"管仲死，而桓公不用管仲言，卒近用三子，三子专权"[⑧]。《公羊传》云，僖公十六年（前644年）冬十二月，"桓公德衰，任竖刁、易牙，堕功灭项，自此始也"[⑨]。

---

① 黎翔凤：《管子校注·小称》，中华书局新编诸子集成本2004年版，第608页。
② 王先慎：《韩非子集解·二柄》，中华书局1998年版，第42页。
③ 刘文典：《淮南鸿烈集解·主术训》，中华书局新编诸子集成本1989年版，第300页。
④ 同注①。
⑤ 黎翔凤：《管子校注·小称》，中华书局新编诸子集成本2004年版，第609页。
⑥ 同注②。
⑦ 司马迁：《史记·齐太公世家》，中华书局1959年版，第1494页。
⑧ 司马迁：《史记·齐太公世家》，中华书局1959年版，第1492页。《管子》《韩非子·十过》《吕氏春秋·知接》亦有相关记载。
⑨ 僖公十六年即桓公四十二年。

二、管仲对桓公修养问题的看法

《荀子·王霸》："齐桓公闺门之内，悬乐奢泰游抏之修。"① 《说苑·尊贤》："将谓桓公仁义乎？杀兄而立，非仁义也。将谓桓公恭俭乎？与妇人同舆驰于邑中，非恭俭也。"② 其实齐桓公早年也认识到自身弱点。桓公继位后，拜管仲为相，"三日，公曰：'寡人有大邪三，其犹尚可以为国乎？'"③ 桓公所说的大邪，乃是"好田晦""好酒""好色"。管仲根据当时齐国政治混乱的状况，认为上述三点都不是大问题，"人君唯優与不敏为不可。優则亡众，不敏不及事"，国君需要做事果断，聪明敏锐，看清问题，分清是非，方能得到臣下拥护。齐桓公即位后，首要任务是富强齐国，管仲之说在当时的环境下很有道理。管仲认为唯有知人善任，用人必信，勿信谗言，方能成就霸业。《说苑·尊贤》云："桓公问于管仲曰：'吾欲使爵腐于酒，肉腐于俎，得无害于霸乎？'管仲对曰：'此极非其贵者耳，然亦无害于霸也。'"管仲云："不知贤，害霸；知而不用，害霸；用而不任，害霸；任而不信，害霸；信而复使小人参之，害霸。"④ 桓公信任管仲，管仲亦能辅佐桓公，富强齐国，故桓公的好田猎、好饮酒、好美色的问题，从来没有得到根本解决。这些嗜好，必然占用桓公的时间和精力，桓公不能用更多精力选拔人才，管理国家。晚年桓公依然未改早年的不良喜好，且任用奸佞之臣，国家治理出现问题。

管仲对于齐桓公个人之奢欲，没有给予充分重视，或与管仲本人的认识相关。根据史籍，管仲生活奢华，《论语》："管氏有三归，官事不摄"。齐景公谓晏子曰："昔吾先君桓公，以书社五百封管仲，不辞而受。"⑤ 管仲用礼僭越，"邦君树塞门，管氏亦树塞门；邦君为两君之好，有反坫，管氏亦有反坫"⑥，故孔子云"管仲不知礼"。管仲奢华僭越的生活，齐人

① 王先谦：《荀子集解》，中华书局新编诸子集成本1988年版，第222页。

② 向宗鲁：《说苑校正》，中华书局1987年版，第182页。

③ 黎翔凤：《管子校注·小匡》，中华书局新编诸子集成本2004年版，第446页。

④ 向宗鲁：《说苑校正》，中华书局1987年版，第198～199页。

⑤ 吴则虞：《晏子春秋集释·内篇杂下》，中华书局新编诸子集成本1982年版，第411页。

⑥ 邢昺：《论语注疏·宪问》，中华书局影印阮元校刻《十三经注疏》本，1980年版，第2468页中。

并不以为意。《史记》云："管仲富拟于公室，有三归反坫，齐人不以为侈。"甚至认为管仲这样是为政治服务，《战国策》："桓公宫中女市，女子七百，国人非之。管仲故为三归之家以掩桓公，非自伤于民也"。

以奢华僭越之臣辅助好色、好酒、好猎之君，难免不出现问题。然在管仲为相时期，尽管问题有所暴露，但因管仲政治才能颇高，能够选拔适当的人才去做事，齐国依然强盛。至于齐桓公，他做事有自己的特点。当他搞清楚了事情的本质，才会按照臣下的谏议去做；不明白的时候，劝谏没有用处。根据《管子·三匡》，齐桓公甫登君位，就施行霸王之术，征伐其他国家，国内混乱不堪。至柯之盟时，他才明白首先应当使国内富裕，然后才能"兴灭国，继绝世"，成为霸主。管仲去世之前，劝谏齐桓公驱逐易牙、竖刁、卫公子开方。对于桓公任用竖刁、易牙、卫公子开方，管仲的谏议没有说服他。桓公以为管仲的谏议有问题，故云："圣人亦有悖乎？""乃复三子"，国家混乱不可避免。

三、桓公修养问题之启示

齐桓公认识到君主修养会影响国家行政。桓公刚刚即位的时候，听从鲍叔牙的谏议，从鲁国接管仲回齐国。齐桓公发现之前的齐襄公，生活奢华，不关心国政，沉迷游猎，喜好女色，还喜好倡优，造成国政混乱："筑台以为高位，田、狩、毕、弋，不听国政，卑圣侮士，而唯女是崇。九妃、六嫔，陈妾数百，食必粱肉，衣必文绣"。影响了国家政治，"是以国家不日引，不月长"。桓公很担忧："恐宗庙之不扫除，社稷之不血食。"[①] 有鉴于此，桓公希望得到管仲辅助，富强国家。看别人容易，察自己难。尽管齐桓公清醒地看到襄公的问题，自己的问题也能看清楚，但如何使自身问题保持在适度的范围，达到"知王【术】者，驱骋驰猎而不禽芒（荒），饮食喜乐而不面（湎）康，玩好嬛好而不惑心"[②]，避免重蹈覆辙，还是需要自身修养的完善。

中国君主治国理政主要有两种方式。一种是以黄老之术治理国家，君

---

① 《国语·齐语》，上海古籍出版社 1998 年版，第 223 页。《管子·小匡》亦有记载，文字略有不同。

② 国家文物局古文献研究室：《马王堆汉墓帛书》（壹），《老子乙本卷前古佚书释文》，《经法·六分》，文物出版社 1980 年版，第 49 页。

逸臣劳。君主洞彻国家事务，选拔合适的人才。《道德经》主张无为而治，“治大国若烹小鲜”[①]。认为应当“我无为而民自化，我好静而民自正，我无事而民自富，我无欲而民自朴”[②]。《管子》主张国君守拙藏智，臣下发挥才能，君臣之间达到一种均衡状态。《管子》之《心术上》《心术下》《内业》《白心》四篇详论君主当以高度智慧制定制度，选择臣下、管理臣下，使臣下多做事，君主少做事，以逸待劳。马王堆帛书《经法·论》亦云：帝王应当“【强生威，威】生惠（慧），惠（慧）生正，【正】生静。静则平，平则宁，宁则素，素则精，精则神。至神之极，【见】知不惑”，执此道“以守天地之极，与天俱见，尽□于四极之中，执六枋（柄）以令天下，审三名以为万事□，察逆顺以观于朝（霸）王危亡之理，知虚实动静之所为，达于名实【相】应，尽知请（情）伪而不惑”[③]，然后帝王之道成。黄老之治的成功范例，是汉武帝之前汉朝的统治，文景之治为其代表。另外一种是以儒家思想治国，主张君主当充分发挥才能，掌握权力，尽管有“主劳而臣逸”之弊，有“神大用则竭，形大劳则敝”的问题[④]，然因君主的威严得到最大限度的发挥，君主在这种情况下内心最容易满足，汉代之后，儒家思想逐渐成为主要的治国思想。

中国古代社会，国家行政管理没有形成根本制度，人治因素过大，君主的政治才能和个人喜好，都会严重影响到国家治理。不管是黄老之术还是儒家思想，均是人治，只是管理国家形式有不同，不能对国家行政本质产生影响。尽管《周礼》对中国古代职官制度有详细规定，然君臣职守问题，没有彻底解决。秦统一天下后，权力越来越集中于君主手中，明清之际，君主专权达到顶峰，其直接后果是君主权力没有缓冲，一旦君主政治出现问题，将直接影响国家和民众。

古代中国，君主个人修养对国家管理影响甚大。君主唯有终身兢兢业业，才有可能治理好国家。君主需要尽心于个人修养与官吏的选拔和任用，尽心于国家管理，才有可能取得良好的政治。唐太宗李世民终身都用心于国家政治，留心官员作用的发挥，认为君主“任事皆自决，虽劳神

---

① 楼宇烈：《老子道德经注校释》，中华书局新编诸子集成本2008年版，第157页。

② 楼宇烈：《老子道德经注校释》，中华书局新编诸子集成本2008年版，第150页。

③ 国家文物局古文献研究室：《马王堆汉墓帛书》（壹），《老子乙本卷前古佚书释文》，《经法·论》，文物出版社1980年版，第53页。

④ 司马迁：《史记·太史公自序》，中华书局1959年版，第3292页。

苦形，未能尽合于理”，能够以天下才士的智谋为其所用，“以天下之广，岂可独断一人之虑。朕方选天下之才，为天下之务，委任责成，各尽其用，庶几于理也”[①]。所以，唐太宗能纳极言敢谏之士，以魏征为代表的才能之士围绕在他的周围，成为后世君明臣贤的代表。然君主对于自己政治才能的评估与其实际才能之间往往存在差异，许多中庸之主过高估计自己的能力，不能接受臣下之谏，则不可避免地造成政治上的混乱。

第四节　齐桓公所患疾病考及其他

上博简（五）《竞建内之》和《鲍叔牙与隰朋之谏》中，简文最后云“公蠢，亦不为害”。“蠢”，研究者有不同的解释。李学勤推测是天象[②]。陈剑以为是疾病，张富海循此思路，认为可能读“痱”，“是肢体麻痹之义”，文中说：“桓公发生痹症之事，不见于前文，应在缺首简中”[③]。据《吕氏春秋》和《管子》的记载，结合上博简《鲍叔牙与隰朋之谏》，笔者赞同张富海之说，认为“蠢”当指齐桓公的某种疾病，并作补充说明。

据上博简（五）《鲍叔牙与隰朋之谏》图版，隶定为“蠢”的这个字，分为三部分，上从“彐”，为“又”，编写者作“尹”，不当。中间为“口”，下为“蚰”。这个字当隶定为“蝨”，应是会意字。这个字《说文解字》中没有，据唐兰《古文字学导论》，先秦文字筛汰很多，且楚简与六国文字本来就有不同。《黄帝内经》认为，许多疾病是由身体内的“虫”引起的，“虫”在内脏中不同部位会引起不同疾病[④]，《黄帝内经》

---

① 刘昫：《旧唐书·太宗本纪下》，中华书局 1975 年版，第 40 页。

② 李学勤：《试释楚简〈鲍叔牙与隰朋之谏〉》，《文物》2006 年第 9 期，第 94 页。

③ 张富海：《上博简五〈鲍叔牙与隰朋之谏〉补释》，《北方论丛》2006 年第 4 期，第 10 页。按，陈剑的推测很有道理，尚显简略，张富海的说法还有待于探讨。根据《管子》和《吕氏春秋》的记载，齐桓公晚年被围困在宫中，乃“乃援素幭以裹首而绝”（《管子·小称》），说明齐桓公的动作还比较灵便。他生的或许是其他疾病。

④ 肖荣《麻风病“虫”说考》对此有较为详细的论说。肖荣：《麻风病“虫”说考》，《文史》2007 年第 1 辑。

卷三《脉要精微论篇》云："短虫多则梦聚众，长虫多则梦相击毁伤"[①]；卷五《痹论篇》云："凡痹之类，逢寒则虫，逢热则纵。"[②]《说文》："蚰，虫之总名也。从二虫"[③]，读若"昆"。"右，助也，从口又"，段《注》云："又者，手也。手不足，以口助之，故曰助也。"则"右"有"助"之义[④]。或"蚰"是指某种疾病，"右"乃以手口助之，以减缓这种疾病。

简文云，因为日食发生，鲍叔牙、隰朋对齐桓公说："害将来，将有兵，有忧于公身"[⑤]。"忧"有"疾病"之义。《孟子·公孙丑下》："昔者有王命，有采薪之忧，不能造朝。"赵岐注："忧，病也。"《礼记·曲礼下》："君使士射，不能，则辞以疾，言曰：'某有负薪之忧'。"均以"忧"指病。鲍叔牙、隰朋根据天象，推测将有兵灾，并推断齐桓公将要生病。为了避免这些灾害的发生，鲍叔牙和隰朋谏议齐桓公实施善政，远离佞臣和宠姬，多做对国家有益的事情，取得很好的效果。简文最后说，"是岁也，晋人伐齐，既至齐地，晋邦有乱，师乃归"，这与开头的"将有兵"相应；"公蠹，亦不为害"，与"有忧于公身"相应。

关于齐桓公有疾病的事，最早的记载是在《管子·霸形》篇中，云："宋伐杞，狄伐邢、卫，桓公不救，裸体纫胸称疾。"篇中齐桓公不欲救杞、邢、卫诸国，故"裸体纫胸称疾"。尹知章注曰："纫，犹摩也。自摩其胸，若有所痛患也。"齐桓公抚摩自己的胸口，好像有痛患一样。齐桓公这里是假装生病，不能作为依据。然在齐桓公的晚年，他真的有苛疾。《吕氏春秋·知接》云，管仲去世之前谏议齐桓公："愿君之远易牙、竖刁、常之巫、卫公子启方"。齐桓公不同意，说："常之巫审于死生，能去苛病"。《管子·小称》中说，管仲去世之后，齐桓公"憎四子者，废之官，逐堂巫而苛病起"。齐桓公在管仲去世后，驱逐堂巫，不久，而"苛病起"。《管子》的堂巫即是《吕氏春秋》的常之巫。《吕氏春秋》和《管子》提到的"苛病"，高诱和尹知章有不同的解释。高诱注曰："苛，鬼病。魂下人病也。"高诱认为苛病就是鬼魂之病，这里的"苛"，是指

① 张志聪：《黄帝内经集注》，浙江古籍出版社2002年版，第123页。
② 张志聪：《黄帝内经集注》，浙江古籍出版社2002年版，第315页。
③ 段玉裁：《说文解字注》，浙江古籍出版社影印经韵楼本2006年版，第674页下。
④ 段玉裁：《说文解字注》，浙江古籍出版社影印经韵楼本2006年版，第58页下。
⑤ 马承源主编：《上海博物馆藏战国楚竹书》（伍），上海古籍出版社2005年版，第171页。

鬼魂附到人身上，形成精神上的错乱。许维遹、任林圃说法与高诱同[①]。然“苛”，又有“疥”之义。《礼记·内则》“疾痛苛痒”，郑玄注曰“苛，疥也”。“疥”这种病奇痒难忍，故《说文·疒部》云：“疥，搔也。”段玉裁《注》曰：“疥急于搔，因谓之搔。”《管子·小称》的“苛病”，尹知章注曰：“苛，烦躁也。公有烦苛之病”。《管子·小问》中“除君苛疾”，尹知章注曰：“除君烦苛之疾”，则尹知章认为齐桓公有烦苛之疾，这种病当是“疥”，其注释可能受了郑玄的影响。杨树达认为，“苛”当读为“痾”，他在《积微居读书记·读〈吕氏春秋〉札记·知接篇》中说：“愚谓‘苛’当读为‘痾’。苛以声类同通假耳。”《说文·疒部》：“痾，病也。”杨树达解释“苛”为“痾”，是泛指疾病。《管子》和《吕氏春秋》所载齐桓公的“苛病”，很难确定是哪一种疾病，因为先秦时巫医不分，一般的疾病也会与巫祝联系起来。至于堂巫的身份，张佩纶《管子学》中认为是“食医之类，乃官名”。《周礼·天官》：“食医，掌和王之六食、六饮、六膳、百羞、百酱、八珍之斋。”根据王昭禹《周礼详解》，疾病起源于身体内气体不和，气体之不和始于饮食，所以饮食是人的根本。人需要在无事时顺养身体，疾病就不会产生，这是食医之官设置的原因[②]。食医是掌管宫廷饮食和分量调配的医官，他们通过调节饮食，治疗和预防疾病。然古代的巫含义更广，堂巫可能是巫医。《说文》：“巫，祝也”，“祝，祭主赞词者”。巫从事祈祷、卜筮、星占，兼用药物为人求福治病。古代医师也称巫，《论语·子路》云：“人而无恒，不可以作巫医。”俞樾《诸子平议》：“巫、医，古得通称。此云：‘不可以作巫医’，医亦巫也。”《公羊传·隐公四年》：“钟巫之祭焉。”何休注：“巫者，事鬼神祷解以治病请福者也。”[③] 盖春秋时期，巫医不分，人们生病之后，多用巫术，辅之以药物，巫术的作用，现在看来可能更像是一种心理安慰[④]。堂巫当是巫医式的人物，前面已经提到，《吕氏春秋·知接》篇中，齐桓公说堂之巫“审于死生，能去苛病”。桓

---

① 郭沫若：《管子集校》（二），《郭沫若全集》历史编第六卷，人民出版社 1984 年版，第 227 页。

② 参见宋王昭禹：《周礼详解》卷五，上海古籍出版社影印文渊阁《四库全书》本，1987 年版，第 91 卷、第 254 页上。

③ 《甲骨卜辞所见之巫者的医疗活动》对于巫的身份和内涵做了详细论证，参见［韩国］赵容俊：《甲骨卜辞所见之巫者的医疗活动》，《史学集刊》2004 年第 3 期，第 7～15 页。

④ 贾海生：《祷疾仪式的主要仪节》，《北方论丛》2005 年第 4 期。

公晚年生病，“常之巫从中出曰：‘公将以某日薨’”，于是“易牙、竖刁、常之巫相与作乱”。则齐桓公晚年，堂巫常在桓公左右，能够治病，还可能推测祸福。《管子》中的堂巫，《吕氏春秋》作“常之巫”，《史记·齐太公世家·索隐》作“棠巫”，《管子集校》引惠栋《左传补注》云：“‘堂’与‘棠’古通，字见《鲁峻碑》”，“堂”又与“常”通[①]。则堂巫、常之巫、棠巫是一人，这是以地名、职业来指代人名。春秋时常有将职业、官职与人名相连称者，如医和、师旷。还有以地名称呼人的，如麦丘人、平陵老、江上丈人。于陵中子则是以于陵的地名和陈仲子的人名结合起来称谓。[②] 堂巫，巫指的是此人的身份，堂当是地名。《管子·小匡》云：“反其侵地常、潜。”“常”，《国语·齐语》作“棠”[③]。《春秋》隐公五年（前718年）“公矢鱼于棠”，杜预《注》曰：“棠，高平方与县北有武唐亭、鲁侯观鱼台。”杨伯峻云：“棠，地名，今山东省鱼台新县治西南，有观鱼台址。”[④] 春秋时还有一地名为“常”者。《诗经·鲁颂·閟宫》：“天锡公纯嘏，眉寿保鲁，居常与许，复周公之宇。”毛《传》：“常、许，鲁南鄙、西鄙。”马瑞辰认为此“常”即《管子》之“常”，乃齐桓公时，齐返还鲁国的土地[⑤]。则堂巫当是堂地的一个巫医，因为医术高超，故名之为堂巫。

据《管子·小问》，齐桓公即位后，“令衅社塞祷”，“祝凫、已疵献胙。祝曰：‘除君苛疾，与若之多虚而少实’”[⑥]。尹知章注曰：“祝，祝史。凫、疵，其名也。”祝史向上天祈祷，第一个愿望即是解除齐桓公的苛疾，可推知齐桓公的身体得到特别关注。

《鲍叔牙和隰朋之谏》发生的时间是在齐桓公晚年，大约在管仲去世前后，此时，齐桓公任用易牙、竖刁、卫公子开方和堂巫诸人，管仲生病去世之前，劝谏齐桓公远离易牙、竖刁、卫公子开方和堂巫。堂巫这个人医术很高，然人品不好，故管仲劝谏齐桓公驱逐他。上文已经提到，《管子·小称》中说齐桓公驱逐堂巫之后，而苛病起，可能齐桓公晚年经常

---

① 郭沫若：《管子集校》（一），《郭沫若全集》历史编第五卷，人民出版社1984年版，第552页。
② 班固：《汉书·古今人表》，中华书局1962年版，第863～951页。
③ 《国语·齐语》，上海古籍出版社1998年版，第241页。
④ 杨伯峻：《春秋左传注》，中华书局1990年版，第39页。
⑤ 马瑞辰：《毛诗传笺通释》，中华书局1989年版，第1153页。
⑥ 黎翔凤：《管子校注》，中华书局新编诸子集成本2004年版，第967页。

生病，需要巫医治疗。

要之，这里的“瘟”指的是某种疾病，为齐桓公疗疾的人，历史上的记载主要是堂巫，堂当是地名，巫是他的身份。在《管子》中还有祝史皃、已疵为齐桓公祈祷免除疾病，可见先秦治疗疾病要依靠某种仪式。皃和已疵是祝史，主要依靠仪式来祈祷；堂巫则兼有巫和医两种身份。

第四章　上博简与《管子》研究（下）

根据上博简（五）《鲍叔牙与隰朋之谏》，可知在齐桓公后期，鲍叔牙、隰朋所起作用甚大。齐桓公为政四十三年，桓公之下，地位最高的是高子与国子，他们是周天子任命的上卿。高子、国子之下是管仲，管仲是下卿，这在《左传》中有记载。齐桓公时期，主要的政治家除管仲外，还有鲍叔牙、隰朋、宁戚、宾胥无，《国语·齐语》云，齐桓公“唯能用管夷吾、宁戚、隰朋、宾胥无、鲍叔牙之属而伯功立”①。现有研究中，对管仲生平做出考察的论著很多，如陈庆照之《管子大传》，战化军之《管仲评传》均是其中的代表作品。《鲍叔牙与隰朋之谏》中论及鲍叔牙、宾胥无，亦涉及竖刁、易牙，故本章结合上博简，对齐桓公时期的良臣鲍叔牙、隰朋，佞臣竖刁、易牙进行研究，以考察齐桓公时期的人物面貌，以及他们对于齐国政治的影响②。

上博简（四）公布的《曹沫之阵》一文，记载了曹沫与鲁庄公对政治和军事的探讨。史籍中的曹刿和曹沫为一人③。曹刿在《管子·大匡》中有详细记载，鲁庄公与齐桓公在柯之盟中，曹刿以匕首逼迫齐桓公返还侵占鲁国的土地，齐桓公被迫答应。齐桓公痛定思痛，“归而修于政，不修于兵革，自圉辟人，以过弭师”④。则曹刿事件对桓公内政产生了极大影响，故本章亦对曹刿做出考察。

---

① 《国语·齐语》，上海古籍出版社 1998 年版，第 247 页。

② 新公布的清华简中，《清华大学藏战国竹简》（贰）的《系年》和《清华大学藏战国竹简》（叁）中的《良臣》与上述内容有关，可作参考。

③ 《史记索隐》云：“沫音亡葛反，《左氏》《穀梁》并作曹刿，沫、刿声相近而字异耳。”则刿、沫读音接近，曹刿和曹沫是一人。李零在《读书》中亦有专门论述，参见李零：《为什么说曹刿和曹沫是同一人——为读者释疑，兼谈兵法与刺客的关系》，《读书》2004 年第 9 期。

④ 黎翔凤：《管子校注·大匡》，中华书局新编诸子集成本 2004 年版，第 355 页。

第一节　鲍叔牙事迹考

鲍叔牙生活在春秋齐国僖公至桓公时期，是桓公朝的重要大臣，早年与管仲关系友好，后为僖公子小白之傅，帮助小白登上齐国君位。公子纠与小白争夺君位时，管仲射小白，中其钩，鲍叔劝桓公消除仇雠之心，将国政委与管仲。“桓公垂拱无事而朝诸侯，鲍叔之力也。”[①] 管仲帮助桓公“九合诸侯，一匡天下”，鲍叔可谓善识人才。他推荐了管仲，甘心居于管仲之下，《史记·管晏列传》云：“鲍叔既进管仲，以身下之”。天下之人为此赞颂鲍叔，“天下不多管仲之贤而多鲍叔能知人也”[②]。鲍叔与管仲、宁戚、隰朋、宾胥无共同辅佐齐桓公，官至齐国卿大夫，为齐国率先称霸做出贡献。后人探讨桓公称霸，也将鲍叔和管仲并列。《晏子春秋》中晏子对齐景公说：“桓公从车三百乘，九合诸侯，一匡天下”，是因为鲍叔牙和管仲的襄助，“左有鲍叔，右有仲父”[③]。齐桓公晚年，对鲍叔牙依然信任，认为一旦管仲去世，鲍叔牙是合适的继任。根据鲍叔牙的经历，可以将其生平分为三个时期，现将鲍叔牙生平考证如下。

一、早年与管仲的交往

鲍叔牙早年与管仲相交甚深。根据《史记·管晏列传》，管仲“少时常与鲍叔牙游，鲍叔知其贤。管仲贫困，常欺鲍叔，鲍叔终善遇之，不以为言”。鲍叔早年与管仲合伙经商，管仲常常多为自己分取财物，鲍叔牙很是体谅，认为管仲家贫，需要奉养老母，管仲自己后来说：“吾始困时，尝与鲍叔贾，分财利多自与，鲍叔不以我为贪，知我贫也”[④]。《吕氏春秋》亦云：“管仲与鲍叔同贾南阳，及分财利而管仲常欺鲍叔，多自取。鲍叔知其有母，不以为贪。”管仲谋事不利，仕宦也不顺利，鲍叔牙

① 王聘珍：《大戴礼记解诂》卷三，中华书局 1983 年版，第 65 页。
② 司马迁：《史记·管晏列传》，中华书局 1959 年版，第 2132 页。
③ 吴则虞：《晏子春秋集释》，中华书局新编诸子集成本 1982 年版，第 247 页。
④ 司马迁：《史记·管晏列传》，中华书局 1959 年版，第 2131 页。

认为这是管仲时运不佳；参加战斗，管仲曾有几次率先逃走，鲍叔牙知道管仲为了奉养老母才这样做，非常理解，故管仲又云："吾尝三战三走，鲍叔不以我为怯，知我有老母也"。鲍叔牙早年与管仲的交往，对管仲性格和生活观有比较深厚的理解，为鲍叔牙向齐桓公推荐管仲奠定了基础，管仲说"生我者父母，知我者鲍子也"[①]，可谓有感而发。

二、为小白傅时期

大约鲍叔牙仕宦不久，就被齐僖公任命为公子小白之傅，同时管仲和召忽为公子纠之傅。齐僖公有三个儿子：诸儿、纠、小白。鲍叔牙不满意做小白之傅，称病不出，管仲为鲍叔牙分析形势，认为三公子中，纠和小白地位更高，"诸儿长而贱，事未可知也。夫所以定齐国者，非此二公子者，将无已也"。就公子纠和小白而言，小白更有可能立为国君，因为"夫国人憎恶纠之母，以及纠之身，而怜小白之无母也"。且"小白之为人，无小智，惕而有大虑"，鲍叔牙深以为然，"乃出奉令，遂傅小白"[②]。僖公卒，诸儿因长子而立，是为襄公。襄公继位，因淫乱秽国被杀。《左传》庄公八年（前686年）十二月云："初，襄公立，无常。鲍叔牙曰：'君使民慢，乱将作矣。'奉公子小白出奔莒。"[③] 可见鲍叔牙是个识时务的智者。公子诸儿的堂兄弟公孙无知继位，国家大乱，"管夷吾、召忽奉公子纠奔鲁"[④]。《史记·齐太公世家》云："初，襄公之醉杀鲁桓公，通其夫人，杀诛数不当，淫于妇人，数欺大臣，群弟恐祸及，故次弟纠奔鲁。其母鲁女也。管仲、召忽傅之。次弟小白奔莒，鲍叔傅之。小白母，

---

① 司马迁：《史记·管晏列传》，中华书局1959年版，第2132页。

② 黎翔凤：《管子校注·大匡》，中华书局新编诸子集成本2004年版，第332页。《吕氏春秋·不广》亦有相关记载。

③ 根据《国语·齐语》中韦昭注："初，襄公立，其政无常，鲍叔牙曰：'乱将作矣'。奉公子小白出奔莒。"见《国语·齐语》上海古籍出版社1998年版，第221～222页。又《左传》记载与《吕氏春秋》所记载内容不同，《左传》记载是襄公继位之后，鲍叔牙奉小白奔莒。《吕氏春秋·贵卒》则云："齐襄公即位，憎公孙无知，收其禄。无知不说，杀襄公。公子纠走鲁，公子小白奔莒。"则《吕氏春秋》所记载与《管子·大匡》同。参见陈奇猷：《吕氏春秋新校释》，上海古籍出版社2002年版，第1483页。

④ 黎翔凤：《管子校注·大匡》，中华书局新编诸子集成本2004年版，第340页。

卫女也，有宠于厘公。”[①] 无知继位之后，又因虐政而被杀，国内无君，公子纠、公子小白争立，小白得到齐国上卿高、国两家的支持，自莒先入[②]。《左传》载，庄公九年（前685年），“公伐齐，纳子纠。齐小白入于齐”。君位争夺过程非常惨烈，“鲁人伐齐，纳公子纠，战于乾时，管仲射桓公中钩。鲁师败绩”，桓公践位，“使鲁杀公子纠”[③]。《吕氏春秋》云：“既而国杀无知，未有君，公子纠与公子小白皆归，俱至，争先入公家。管仲扜弓射公子小白，中钩。鲍叔御，公子小白僵”。管子以为小白已死，返回齐国速度减慢，“鲍叔因疾驱先入，故公子小白得以为君。鲍叔之智，应射而令公子小白僵也，其智若镞矢也”[④]。公子小白在管仲射中他的钩之后，佯装被射死，僵直战车之中。鲍叔牙在这场激烈的君位争夺中，一直在小白左右，反应敏捷，保护小白登上齐国君位，立下不可磨灭的功劳。《黄氏日抄》因此说：“管仲射小白中钩，鲍叔御，小白僵。管仲以为小白死矣。鲍叔因疾驱先入，鲍叔之智，应射而令，凡所载皆捷于应变者，然则贵卒之。”[⑤] 鲍叔牙忠心辅助小白，经过一番激烈角逐，终于帮助小白登上君位，这就是春秋五霸之首的齐桓公。

三、为桓公臣时期

（一）推荐管仲

公子小白即位后，对鲍叔牙非常信任，任命鲍叔牙为齐国之宰。《国语·齐语》云：“桓公自莒反于齐，使鲍叔为宰。”这个职位相当于后世的宰相，但为鲍叔所拒绝。鲍叔牙向桓公推荐了尚被束缚在鲁国的管仲，并云：“若必治国家者，则其管夷吾乎”。自认为在“宽惠柔民”“治国家不失其柄”“忠信可结于百姓”“制礼义可法于四方”“执枹鼓立于军门，使百姓加勇焉”五个方面才能不及管仲[⑥]。鲍叔牙说：“君且欲霸王，非

---

① 司马迁：《史记·齐太公世家》，中华书局1959年版，第1485页。

② 本书第二章第三节《齐襄公考》和第四节《文姜考》有相关内容介绍。

③ 黎翔凤：《管子校注·大匡》，中华书局新编诸子集成本2004年版，第340页。

④ 陈奇猷：《吕氏春秋新校释·贵卒》，上海古籍出版社2002年版，第1483～1484页。

⑤ 宋黄震：《黄氏日抄》卷五十六，上海古籍出版社影印文渊阁《四库全书》本，1987年版，第708卷，第432页。

⑥ 《国语·齐语》，上海古籍出版社1998年版，第221页。

管夷吾不可。夷吾所居国国重，不可失也。”① 桓公听取鲍叔牙的谏议，通过外交手段，杀死公子纠，不计前嫌，将管仲从鲁国救回。“乃详（佯）为召管仲欲甘心，实欲用之。管仲知之，故请往。鲍叔牙迎受管仲。”② 鲍叔牙到鲁国以委婉的外交辞令将管仲迎接回齐国，“于是鲁君乃不杀，遂生束缚而柙以予齐。鲍叔受而哭之，三举”③。管仲回到齐国，“与鲍叔、隰朋、高傒修齐国政，连五家之兵，设轻重鱼盐之利，以赡贫穷，禄贤能，齐人皆说”④。鲍叔牙推荐人才得当，可谓立有大功，后世之人对鲍叔牙评价非常高，《吕氏春秋》云：“管子治齐国，举事有功，桓公必先赏鲍叔，曰：‘使齐国得管子者，鲍叔也’。桓公可谓知行赏矣”⑤。

（二）相信管仲

管仲成为齐桓公的主要大臣，为桓公制定政策和实施决策。然桓公继位之初，与管仲治理国家观念多有不同。管仲认为若行霸王之术，则“社稷定”；不行霸王之术，则“社稷不定”。所谓霸王之术，就是内使齐国百姓生活安定；外使诸侯各国和平相处，攘夷狄，共同拥戴周天子。桓公则希望以兵戈车马征服诸侯，因为宋夫人事件⑥，桓公大怒，出兵宋国，受到宋国和其他诸侯国的合击而大败。齐国政治陷入危险的境地，“内夺民用，士劝于勇外，乱之本也。外犯诸侯，民多怨也”。在国家危乱之时，鲍叔牙支持管仲的国家管理政策，他对桓公说：“必用夷吾之言”，而桓公不听。鲍叔牙见齐国内政混乱，很担心国内局势，于是与管仲商议，他对管仲说：“今国弥乱，子将何如？”担心国家这样持续混乱下去会走向灭亡，所以鲍叔牙又问：“国无阙亡乎？”看到齐国之人死者

---

① 司马迁：《史记·齐太公世家》，中华书局1959年版，第1486页。

② 同①。

③ 黎翔凤：《管子校注·小匡》，中华书局新编诸子集成本2004年版，第390页。然《国语·齐语》云，是鲍叔牙劝说桓公派使者到鲁国将管仲接回。

④ 司马迁：《史记·齐太公世家》，中华书局1959年版，第1487页。

⑤ 陈奇猷：《吕氏春秋新校释·赞能》，上海古籍出版社2002年版，第1601页。

⑥ 《管子·大匡》云：“桓公与宋夫人饮舡中，夫人荡舡而惧公，公怒出之。宋受而嫁之蔡侯”。黎翔凤：《管子校注·大匡》，中华书局新编诸子集成本2004年版，第351页。关于宋夫人事件，本书第二章第五节第二部分《帛书对于史实的证明》，本书第三章第三节第一部分《桓公在修养方面的问题》有讨论，可参看。此处主要讨论鲍叔牙对管仲管理国家的态度。

众，又担心对国家造成损失，又云："国死者众矣，毋乃害乎？"[①] 经过商讨，管仲和鲍叔统一了看法，认为这是国家走向大治的前夜。桓公在柯之盟受挫后，才认识到不能用武力，而应当以国家实力为基础，实行怀柔之术，使齐国在诸侯国间建立声望。齐桓公五年（前681年）宋伐杞，桓公欲伐宋，管仲认为当通过外交手段解决，为鲍叔牙所赞同，鲍叔对桓公说："公行夷吾之言"[②]。桓公七年，狄人伐卫，齐桓公要为卫君筑城，隰朋、宾胥无觉得卫国被灭理所应当，管仲则谏议帮助卫国，桓公咨询鲍叔牙，鲍叔牙说："君行夷吾之言"[③]。可以看出，鲍叔牙对于管仲制定的政策和方针非常赞同。当桓公不听取管仲的谏议时，鲍叔劝谏桓公；桓公向鲍叔征询谏议时，鲍叔则劝谏桓公参照管仲的看法来做。

（三）提出谏议

鲍叔牙并非一味赞同管仲，鲍叔实际上经常提出谏议，这与他曾是桓公之傅的身份有关。《管子·小称》记载，桓公曾经与管仲、鲍叔牙、宁戚四人一起喝酒，酒酣之时，鲍叔牙捧杯而起，对桓公说："使公毋忘出如莒时也"，即不要忘记过去艰难的岁月，居安思危，防患于未然，以保持齐国的强盛[④]。鲍叔牙对桓公亦敢于直言，根据《说苑》，齐桓公欲铸大钟以昭其名，自列众多伟绩，鲍叔认为不可。他说："昔者，公子纠在上位而不让，非仁也；背太公之言而侵鲁境，非义也；坛场之上，诎于一剑，非武也；侄娣不离怀衽，非文也。"[⑤] 依照鲍叔牙的观点，桓公早年与年长的公子纠争夺君位是不仁；违背太公的话，侵占鲁地是不义；在柯之盟的时候，被鲁国国君武力所迫，不武；个人生活不检点，不文。桓公只好听从鲍叔牙的谏议，打消了铸大钟的打算。

在使齐国强盛这一点上，鲍叔牙甚至具有法家权术和实用主义的色彩。根据《韩非子·说林上》，晋人伐邢，齐桓公将救。"鲍叔曰：'太

---

① 以上引自黎翔凤：《管子校注·大匡》，中华书局新编诸子集成本2004年版，第351～352页。

② 黎翔凤：《管子校注·大匡》，中华书局新编诸子集成本2004年版，第358页。

③ 同注②。

④ 《吕氏春秋·直谏》亦有记载，原文作："鲍叔奉杯而进曰：'使公毋忘出奔在于莒也。'"陈奇猷：《吕氏春秋新校释》，上海古籍出版社2002年版，第1555页。又《新序校释·杂事》也有记载，原文作："鲍叔奉酒而起祝曰：'吾君无忘其出而在莒也。'"可见这件事情非常闻名。石光瑛：《新序校释》，中华书局2001年版，第568～569页。

⑤ 向宗鲁：《说苑校正》，中华书局1987年版，第219页。

蚤。邢不亡，晋不敝；晋不敝，齐不重。且夫持危之功，不如存亡之德大。君不如晚救之，以敝晋，齐实利；待邢亡而复存之，其名实美。’桓公乃弗救。”[①] 根据鲍叔牙的分析，晋国伐邢可以消耗其国家实力，邢被灭亡而复存之，则功德与在邢为难之时被救助而言，功劳更大。可见鲍叔牙帮助桓公制定政策的出发点，是以齐国取得实际利益为基础的。

鲍叔牙在桓公朝中为卿大夫，曾经担任大谏之职[②]，齐国朝臣之中有善者，负责为朝廷推荐[③]。鲍叔牙与管仲、隰朋诸人经常与桓公在一起交流国家政事，这些事迹在《管子·三匡》(《大匡》《中匡》《小匡》)中都有记载，《管子·小问》亦有相关内容。鉴于鲍叔牙的政治功绩，在管仲晚年生病的时候，齐桓公曾经考虑让鲍叔牙接任管仲的职务。《吕氏春秋·贵公》中说：“管仲有病，桓公往问之，曰：‘仲父之病矣，渍甚，国人弗讳，寡人将谁属国？’”又曰：“鲍叔牙可乎？”[④] 可见在齐桓公的心中，鲍叔牙是接任管仲的首选。《管子·戒》亦有相应记载，云：“管仲寝疾，桓公往问之。曰：‘仲父之疾甚矣，若不可讳也，不幸而不起此疾，彼政我将安移之？’管仲未对。桓公曰：‘鲍叔之为人何如？’”[⑤] 都记载了桓公在管仲生病之后考虑让鲍叔接任管仲之职位。《韩非子·十过》亦有记载，可见鲍叔牙在齐桓公心目中具有相当的分量。

（四）卒年问题

鲍叔牙的生卒年应当与管仲接近。根据《史记》，管仲和鲍叔牙在出仕之前曾一起经商、作战，可谓战友，年龄应相差不大；鲍叔牙的卒年亦应当与管仲接近。根据《管子·戒》《韩非子·十过》和《吕氏春秋·贵公》，都记载了管仲生病，桓公欲以鲍叔牙接任，说明管仲晚年，鲍叔牙还活着。管仲生病一年后去世。在管仲生病的一段时间内，鲍叔牙有可能去世，故《说苑·复恩》中记载鲍叔牙死后，管仲泣下如雨的故事。上

---

① 王先慎：《韩非子集解·说林上》，中华书局 1998 年版，第 171 ~172 页。

② 黎翔凤：《管子校注·小匡》中说，“鲍叔牙为大谏”。中华书局新编诸子集成本 2004 年版，第 423 页。

③ 黎翔凤：《管子校注·大匡》中说，“桓公使鲍叔识君臣之有善者”。中华书局新编诸子集成本 2004 年版，第 368 页。

④ 陈奇猷：《吕氏春秋新校释》，上海古籍出版社 2002 年版，第 45 页。

⑤ 黎翔凤：《管子校注》，中华书局新编诸子集成本 2004 年版，第 519 ~520 页。

博简（五）中记载的鲍叔牙和隰朋之谏，研究者往往以为是在管仲去世之后，其实不然。细查鲍叔牙的生平事迹，我们可以看出，鲍叔牙是桓公朝的大夫，负责谏议之职，提出谏议常为桓公所采用，管仲在桓公朝不是一人说了算，同时起到重要作用的还有隰朋、宾胥无、宁戚等人，所以《国语・齐语》说：齐桓公“能用管夷吾、宁戚、隰朋、宾胥无、鲍叔牙之属而伯功立”，可谓言之有据。

四、鲍叔牙的个性特征

根据历史资料可知，管仲与鲍叔牙交往很深，鲍叔牙与管仲早年一起经商、作战。管仲分取财物时，总比鲍叔牙多拿一份，作战的时候又多次逃跑，但是，鲍叔牙一直包容管仲。在管仲被囚困在鲁国的时候，鲍叔牙不仅救了管仲的命，而且将管仲推荐给齐桓公，从此管仲才开始他辉煌的政治生涯。在帮助小白争夺君位的过程中，鲍叔牙的智慧、机敏反应令人惊叹；鲍叔牙又忠言极谏，在他为桓公臣期间，直言敢谏，上博简（五）《隰朋与鲍叔牙之谏》即是代表。因为鲍叔牙高尚的品德和对管仲早年的帮助，管仲对鲍叔牙感情深厚。根据《初学记》引《韩诗外传》：“鲍叔有疾，管仲为之不食，不内浆。宁戚患之，管仲曰：‘生我者父母，知我者鲍子。士为知己者死，马为知己者良。鲍子死，天下莫吾知，安用水浆。虽为之死，亦何伤哉？’”[①] 可见管仲对鲍叔一直充满了感激。但管仲晚年在生病时，桓公希望鲍叔牙接任管仲的职位，管仲没有同意，而推荐了隰朋，这与鲍叔牙的个性有极大关系。

根据《管子・戒》，管仲对鲍叔牙的评价是：“鲍叔君子也，千乘之国，不以其道予之，不受也。虽然，不可以为政。其为人也，好善而恶恶已甚，见一恶终身不忘”。“鲍叔之为人好直，而不能以国诎。”在管仲的眼中，鲍叔牙是善恶分明的人，见别人之恶而终身不忘。他的这种性格特征在先秦史籍中有多处记载。《韩非子・十过》说：“鲍叔牙为人刚愎而上悍。刚则犯民以暴，愎则不得民心，悍则下不为用，其心不惧。非霸者之佐也。”[②]《吕氏春秋・贵公》记载：“夷吾善鲍叔牙，鲍叔牙之为人也：

① 徐坚：《初学记・人部中》，中华书局1962年版，第434页。
② 王先慎：《韩非子集解・十过》，中华书局1998年版，第73页。

清廉洁直，视不己若者，不比于人；一闻人之过，终身不忘。”① 综合上述三则材料，可以推断鲍叔牙是非善恶分明，疾恶如仇，廉洁正直，但是对于别人的短处，终身不忘，不能容人之短。因为这个缘故，管仲推荐了德才兼备的隰朋。隰朋对自己要求严格，对于他人更有包容之心，这也可能是鲍叔牙没有被重用的重要原因。

综上，鲍叔牙是齐桓公时代一位重要的政治家。他早年与管仲共同经商，共同参战，目睹了管仲的种种失败，但是一直相信管仲的政治才能。在为公子小白之傅的时候，精心辅助小白，把握齐国政局，以其敏锐的政治眼光和政治才能帮助小白登上齐国君位。在桓公为政时期，鲍叔牙为桓公推荐了与桓公有一箭之仇的管仲，管仲的政治才能得到充分发挥。鲍叔牙和管仲、隰朋诸人一起辅佐齐桓公“九合诸侯，一匡天下”，使桓公成为春秋五霸之首，齐国一时间成为最强盛的国家。他与管仲、宁戚、隰朋、宾胥无同为齐国卿大夫，曾经负责为桓公推荐朝廷中有才能的人；同时，经常向桓公提出谏议，使桓公保持清醒的政治头脑，以不断保持齐国的强盛。上博简（五）《鲍叔牙和隰朋之谏》中，鲍叔牙与隰朋共同谏议桓公远离佞臣，实施基本建设，为保持国家的强盛做出了重要贡献，充分展现了鲍叔牙的政治眼光和政治才华。鲍叔牙终其一生，都是桓公信任的大臣，这与鲍叔牙中正廉洁、对齐国忠心耿耿有关。齐国在桓公朝的国力强盛，不仅仅有管仲的功劳，也与鲍叔牙的理政功绩有很大的关系，但鲍叔牙最终因为疾恶如仇，缺乏政治手段的灵活性而没有位极人臣。

第二节　隰朋事迹考

隰朋是春秋时期齐桓公朝的重要人物，他与管仲、鲍叔牙、宁戚、宾胥无同为卿大夫。上博简（五）《鲍叔牙与隰朋之谏》充分证明，隰朋在桓公朝所起的重大作用。综观隰朋生平事迹，其研究还略显薄弱，我们有必要作一个总检讨。

---

① 陈奇猷：《吕氏春秋新校释》，上海古籍出版社 2002 年版，第 45 页。

一、隰朋之才能

隰朋有很好的外交能力，管仲辅助桓公后不久，就发现了隰朋的才华。《管子·小匡》云，管仲任职三个月，曰："升降揖让，进退闲习，辨辞之刚柔，臣不如隰朋，请立为大行"。大行，主要负责处理与其他国家的外交关系。《韩非子》云，桓公问置吏于管仲，管仲曰："登降肃让，以明礼待宾，臣不如隰朋，请立以为大行"[①]。《吕氏春秋·勿躬》《新序·杂事》亦有相应记载[②]。他还曾负责处理齐国与齐东诸多国家的关系。《管子·大匡》云："隰朋聪明捷给，可令为东国。"尹知章《管子注》曰："谓自齐东之国，令隰朋理之。"《大匡》又云"隰朋为东国"，可以互证。之后的晏子对齐景公说："昔先君桓公身体惰懈，辞令不给，则隰朋侍。"[③] 上述这些资料证明，隰朋聪明智慧，反应敏捷，曾经担任过大行之职，他在与别国交往的时候，外交辞令到位，进退自如，不卑不亢，得到位为百官之长的管仲的称赞。

隰朋还是一位军事家。晋国国内混乱，秦穆公将晋公子夷吾送回晋国做国君，齐桓公派隰朋与秦军一起，拥立夷吾，是为晋惠公。《左传·僖公九年》云："齐隰朋帅师会秦师，纳晋惠公。"[④]《史记·晋世家》云："秦缪公乃发兵送夷吾于晋。齐桓公闻晋内乱，亦率诸侯如晋。秦兵与夷吾亦至晋，齐乃使隰朋会秦俱入夷吾，立为晋君，是为惠公。"[⑤] 隰朋还曾跟随齐桓公伐孤竹，《韩非子》曰："管仲、隰朋从于桓公而伐孤竹，春往冬反"。

---

① 王先慎：《韩非子集解·外储说左下》，中华书局1998年版，第303页。

② 《吕氏春秋·勿躬》中，管仲对齐桓公说："登降辞让，进退闲习，臣不若隰朋，请置以为大行。"陈奇猷：《吕氏春秋新校释》，上海古籍出版社2002年版，第1089页。《新序·杂事》载："管仲言于齐桓公曰：'登降揖让，进退闲习，臣不如隰朋，请置以为大行。'"石光瑛：《新序校释》，中华书局2001年版，第457～458页。

③ 向宗鲁：《说苑校正·君道》，中华书局1987年版，第15页。

④ 孔颖达：《春秋左传正义》，中华书局影印阮元校刻《十三经注疏》本，1980年版，第1801页上。

⑤ 司马迁：《史记·晋世家》，中华书局1959年版，第1650页。《史记·齐太公世家》亦云：桓公三十五年（前651年），"秦穆公以夫人入公子夷吾为晋君。桓公于是讨晋乱，至高梁，使隰朋立晋君还"。司马迁《史记·齐太公世家》，中华书局1959年版，第1490页。

隰朋经常与齐桓公、管仲一起讨论政事，就是在君臣聊天的时候，也能见到隰朋的影子。《管子·霸形》记载："桓公在位，管仲、隰朋见。"《管子·戒》云："桓公明日弋在廪。管仲、隰朋朝，公望二子，弛弓脱釬而迎之。"篇中管仲、隰朋劝谏桓公不要使民众有过多劳役，薄赋敛，宽刑罚；请桓公近有德而远有色，则"四封之内视君其犹父母"，"四方之外归君其犹流水"，桓公感触万分，"荐之先祖"①。

二、隰朋之德行

极言直谏。《大匡》篇记载，狄人伐邢，邢君出致于齐，桓公筑夷仪以封之，予车百乘，卒千人。"明年，狄人伐卫，卫君出致于虚。桓公且封之"，隰朋和宾胥无反对，隰朋谏曰："不可。三国所以亡者，绝以小。今君蕲封亡国，国尽若何"②，明确表示出自己的反对意见。

充满智慧。《管子·大匡》中管仲云："隰朋聪明捷给。"伐孤竹的时候，也表现了他的智慧。隰朋、管仲跟随桓公讨伐孤竹，军队回国的途中，山中无水，"隰朋曰：'蚁冬居山之阳，夏居山之阴。蚁壤寸而仞有水。'乃掘地，遂得水"③。

具有君子的品德。根据《管子·小问》："桓公放春三月观于野，桓公曰：'何物可比于君子之德乎？'隰朋对曰：'夫粟内甲以处，中有卷城，外有兵刃，未敢自恃，自命曰粟，此其可比于君子之德乎！'"④ 在隰朋看来，君子应当如同粟一样，甲在内而处，叶居外而卷，芒在外有兵刃，君子应当刚柔并济，进退自如，对于功业和名声不自专。

才能优异。《管子·戒》记载，管仲晚年生病，桓公向管仲请教相职的合适人选。管仲说："隰朋可。朋之为人，好上识而下问。""朋之为人也，居其家不忘公门，居公门不忘其家，事君不二其心，亦不忘其身。举齐国之币，握路家五十室，其人不知也。大仁也哉，其朋乎。"在管仲看来，隰朋德才兼备，忠于国君，治理国家举重若轻，而其他卿大夫性格上

---

① 《韩诗外传》亦云："昔者齐桓公得管仲、隰朋"，"桓公曰：'吾得二子也，吾目加明，吾耳加聪，不敢独擅。进之先祖。'"许维遹：《韩诗外传集释》卷七，中华书局 1980 年版，第 255 页。

② 黎翔凤：《管子校注·大匡》，中华书局新编诸子集成本 2004 年版，第 358 页。

③ 王先慎：《韩非子集解·说林上》，中华书局 1998 年版，第 176 页。

④ 黎翔凤：《管子校注·小问》，中华书局新编诸子集成本 2004 年版，第 969 页。

都有弱点，如“鲍叔之为人，好直而不能以国诎。宾胥无之为人也，好善而不能以国诎。宁戚之为人，能事而不能以足息。孙在之为人，善言而不能以信默。”有能力使齐国保持安定强盛的是隰朋，因为隰朋“动必量力，举必量技”①。他对自己要求很高，对别人宽容，有大智，办事能够抓住重点，举重若轻。《吕氏春秋》云：“隰朋之为人也：上志而下求，丑不若黄帝，而哀不己若者；其于国也，有不闻也；其于物也，有不知也；其于人也，有不见也。”② 隰朋善于发现别人的长处，对于自己要求严格，在诸位卿大夫中间的才能更为全面和突出，因此管仲推荐隰朋接替他的职位。

三、隰朋之作用和影响

隰朋在管仲生病期间为齐国宰，但桓公四十一年（前645年），在管仲去世后不久，隰朋也去世了。《史记·齐太公世家》云，齐桓公四十一年，“是岁，管仲、隰朋皆卒”③。管仲临终之前，“喟然而叹曰：‘天之生朋，以为夷吾舌也。其身死，舌焉得生哉’”。管仲“卒十月，隰朋亦卒”④。管仲之后隰朋的去世，给齐国政局带来重大损失。一时间没有适合的人选填补管仲、隰朋留下的空缺。在齐国的卿大夫中，鲍叔牙尽管是位正直端正的贤臣，但是鲍叔牙之为人，太过廉洁，不能容人之短。宾胥无、宁戚为人做事方面都不够灵活和全面，齐国内部缺乏相才，齐国落入易牙、竖刁、卫公子开方之手，国家陷入混乱。

隰朋是管仲时期及管仲稍后在齐国政坛上起到重要作用的政治家。在隰朋去世之后，佞臣易牙、竖刁将齐国推入混乱的境地，从这个方面看，隰朋的政治作用就显得更加突出了。隰朋的才能得到齐桓公和后人的认可。《说苑·君道》言，“齐桓公得管仲、隰朋，辩其言，说其义。正月之朝，令具太牢，进之先祖。”根据《说苑·尊贤》，桓公不仁不义，不恭不俭，“闺门之内无可嫁者”；桓公兼有亡国失君之行，“以得管仲、隰

① 黎翔凤：《管子校注·戒》，中华书局新编诸子集成本2004年版，第521页。
② 陈奇猷：《吕氏春秋新校释》，上海古籍出版社2002年版，第46页。
③ 司马迁：《史记·齐太公世家》，中华书局1959年版，第1492页。
④ 黎翔凤：《管子校注·戒》，中华书局新编诸子集成本2004年版，第521～522页。

朋，九合诸侯，一匡天下，毕朝周室，为五霸长”。隰朋之后的大臣对其功业做了评价。《新序·杂事》记载，叔向认为齐桓公称霸天下，是隰朋等诸位大臣努力的结果。叔向曰：“管仲善制割，隰朋善削缝，宾胥无善纯缘。”至于桓公称霸，只是“知衣而已，亦其臣之力也”。其实，春秋时期，君臣都很重要。贤明的大臣对于一个国家的强盛，作用不可估量。《韩非子》也充分看到了隰朋的重要作用，《韩非子·说疑》列举了十五位重臣中，就有隰朋，云：“若夫后稷、皋陶、伊尹、周公旦、太公望、管仲、隰朋、百里奚、蹇叔、舅犯、赵衰、范蠡、大夫种、逢同、华登。”此十五人者，作为人臣，都是夙兴夜寐，“卑身贱体，竦心白意。明刑辟，治官职以事其君；进善言，通道法而不敢矜其善；有成功立事，而不敢伐其劳”。“如此臣者，虽当昏乱之主，尚可致功，况于显明之主乎？”此谓“霸王之佐也”[①]。根据上述资料可知，隰朋和管仲、鲍叔牙一起，对于桓公的称霸起到重要的作用。《国语》曰：桓公“唯能用管夷吾、宁戚、隰朋、宾胥无、鲍叔牙之属而伯功立”。《韩诗外传》云：“齐桓公困于长勺，疾据管仲、宁戚、隰朋而匡天下。”[②]《史记》云：“桓公既得管仲，与鲍叔、隰朋、高傒修齐国政，连五家之兵，设轻重鱼盐之利，以赡贫穷，禄贤能，齐人皆说。”[③]《说苑》言，桓公“得管仲、隰朋，九合诸侯，一匡天下，毕朝周室，为五霸长，以其得贤佐也。失管仲、隰朋，任竖刁、易牙，身死不葬，虫流出户，一人之身，荣辱俱施者何？其所任异也”[④]。

综上所述，隰朋在桓公朝是一位重要的大臣，位居卿大夫，与管仲、鲍叔牙、宁戚、宾胥无一起帮助齐桓公成就霸业。他担任大行之职，曾主要负责处理齐国与其他国家之间的外交事宜，特别是齐国与东部各国之间的外交。隰朋又是位军事家，帮助晋公子夷吾登上君位，是为晋惠公；还与桓公、管仲一起征伐孤竹。隰朋聪明智慧，为人谦虚谨慎，对自己要求很高，宽以待人，处理国家大事举重若轻，删繁就简，又直言敢谏，得到管仲的赞赏。管仲生病之后，隰朋接替管仲的职位，全面管理齐国朝政。隰朋在桓公朝做出了重要贡献，根据《鲍叔牙与隰

---

① 王先慎：《韩非子集解·说疑》，中华书局1998年版，第403～404页。

② 许维遹：《韩诗外传集释》卷六，中华书局1980年版，第217页。

③ 司马迁：《史记·齐太公世家》，中华书局1959年版，第1487页。

④ 向宗鲁：《说苑校正·尊贤》，中华书局1987年版，第183页。

朋之谏》，他和鲍叔牙阻止了齐桓公对竖刁、易牙的任用，对齐国继续保持强盛做出了贡献。

第三节　竖刁、易牙考

上博简（五）《鲍叔牙与隰朋之谏》记载齐地发生日食之后，齐桓公问讯日食发生的原因，及如何消除可能带来的灾害[①]。鲍叔牙和隰朋提出谏议，认为桓公应当远离女色，重视民众生活，减轻税收，远离竖刁与易牙。齐桓公听取谏议，采取措施，取得很好的效果。易牙、竖刁在齐桓公去世前后产生很大作用，影响了齐国的历史进程。然竖刁、易牙的生平，研究者关注不足，笔者尝试论之。

上博简（五）《鲍叔牙与隰朋之谏》中，隰朋与鲍叔牙谏议齐桓公说："或以竖刁与易牙为相，二人也，朋党群丑，娄朋取与，蹟公教而睽之，不以邦家为事，从公之所欲更。"又云："今竖刁匹夫而欲知万乘之邦而贵尹，其为灾也深矣；易牙人之邪者而食人，其为不仁厚矣。"[②] 日食发生的时候，竖刁、易牙在齐桓公朝为主要的官员，二人结交朋党，纵容齐桓公的不良喜好，使桓公不关心国事，为达到个人目的，对齐国的政治造成危害。鲍叔牙和隰朋认为，竖刁、易牙是奸邪之人，此与历史文献记载吻合。《说苑·贵德》："竖刁、易牙，毁体杀子以干利，卒为贼于齐。"竖刁、易牙在齐桓公去世之前，逐渐掌握了国家权力。他们在齐桓公去世之后，拥立新君，造成国内局势混乱。《春秋繁露·灭国下》："齐桓卒，竖刁、易牙之乱作。"《说苑·权谋》："及桓公殁，竖刁、易牙乃作难。"他们拥立公子无诡做国君[③]，纯粹是为了捞取政治资本，无所谓政治抱负与政治主张。竖刁、

---

① 关于日食发生的时间，研究者有多种论说，笔者专文做出考察，认为日食发生的时间，当在齐桓公四十一年（前645年），即管仲去世前后这段时间，见郭丽：《上博简（五）〈鲍叔牙与隰朋之谏〉发生时间考及其他》，《山东理工大学学报》（社会科学版）2011年第2期。亦可参看本书第三章第一节。

② 释文参见李学勤：《试释楚简〈鲍叔牙与隰朋之谏〉》，《文物》2006年第9期。

③ 《史记》中作"无诡"，《左传》作"无亏"，是一人。

易牙拥立新的国君，齐桓公的其他儿子亦不甘示弱，前后共有五个儿子争夺君位，君位不断易人，影响了齐国的稳定，导致齐国的霸主地位丧失。

一、竖　刁

竖刁，《左传》作“寺人貂”，杜预《注》曰：“寺人，内奄官，竖貂也。”《史记·齐太公世家》作“竖刀”，“刀”与“刁”通。现有资料中，对竖刁记载最早的是《左传·僖公二年》：“齐寺人貂始漏师于多鱼”。僖公二年为公元前658年，此是齐桓公二十八年。杜预《注》曰：“齐桓多嬖宠，内则如夫人者六人，外则幸竖貂、易牙之等，终以此乱国。《传》言貂于此始擅贵宠，漏泄桓公军事，为齐乱张本。”孔颖达《疏》曰：“此人名貂，幼童为内竖之官，以为齐侯所宠，后虽年长，遂呼为竖貂焉。此时为寺人之官，故称寺人貂也。言漏师者，漏泄师之密谋也。漏师已是大罪，此云始者，言其终又甚焉。”[①] 则竖刁掌握权力甚早。当时，齐国非常强盛，管仲全面管理齐国行政，隰朋、鲍叔牙、宁戚、宾胥无诸位卿大夫也各有重任[②]，在此种情况下，竖刁仍然掌握了部分政权，并在外交上泄露齐国的国家机密，其本性逐渐显露。

竖刁为获得齐桓公的信任，作出巨大牺牲。齐桓公喜好女色，后宫因人数众多而混乱，竖刁于是自宫来管理后宫。《韩非子·二柄》：“齐桓公妒而好内，故竖刁自宫以治内。”管仲早已看到这个问题，故临终之前，谏议齐桓公驱逐竖刁。《史记·齐太公世家》记载，管仲病危，与齐桓公讨论接替其职位的人选，管仲认为竖刁“自宫以适

---

① 孔颖达：《春秋左传正义》，中华书局影印阮元校刻《十三经注疏》本，1980年版，第1791页下。杨伯峻曰：“寺人，宦官之为宫中侍御者，《周礼·天官》有寺人之官。貂，竖貂。《国语》《管子》《吕氏春秋》及《说苑》诸书‘竖貂’并作‘竖刁’。”“多鱼，高士奇《地名考略》以为或在今河南省虞城县界。”杨伯峻：《春秋左传注》，中华书局1990年版，第283页。今按：“竖刁”先秦两汉诸书亦有写作“竖刀”者，“刀”通“刁”。

② 《国语·齐语》：齐桓公“唯能用管夷吾、宁戚、隰朋、宾胥无、鲍叔牙之属而伯功立。”《国语·齐语》，上海古籍出版社1998年版，第247页。

君，非人情，难亲”[①]。《吕氏春秋》的记载与此相似，齐桓公曰：“竖刀自宫以近寡人，犹尚可疑邪?”管仲对曰：“人之情，非不爱其身也，其身之忍，又将何有于君?”[②] 管仲根据人之常情判断，认为竖刁自宫，不爱惜自己的身体，其背后必然蕴藏巨大野心。

管仲去世之前谏议齐桓公驱逐竖刁，这与简文中鲍叔牙与隰朋之谏相合。简文中，齐桓公听取了鲍叔牙与隰朋的谏议，驱逐了竖刁，这当在管仲去世之后。但竖刁离开之后，后宫没有人管理，齐桓公因为“宫中乱，复反竖刁”[③]。竖刁返回时，齐桓公重要的辅佐管仲、隰朋已经去世，这给竖刁以夺权的机会。根据《左传·僖公十七年》，齐桓公有三位夫人，“王姬、徐嬴、蔡姬，皆无子”，然“齐侯好内，多内宠，内嬖如夫人者六人：长卫姬，生武孟；少卫姬，生惠公；郑姬，生孝公；葛嬴，生昭公；密姬，生懿公；宋华子，生公子雍。”在如夫人生的六个儿子中，齐桓公与管仲选定郑姬之子公子昭为世子，“公与管仲属孝公于宋襄公，以为大子”。但是“雍巫有宠于卫共姬，因寺人貂以荐羞于公，亦有宠。公许之立武孟”[④]。卫共姬是如夫人中年龄最长的一个，其子武孟，即公子无亏。齐桓公立公子昭为君位继承人之后，又在管仲去世之后，答应立无亏做世子，因之君位的继承出现混乱。《左传》载：“管仲卒，五公子皆求立。”这场君位的争夺，在齐桓公去世之后明朗化了。桓公四十三年（前643年）冬去世，易牙与竖刁勾结宫内之人，立无亏为国君，公子昭“奔宋”。竖刁诸人拥立无亏，当然是为获得拥立之功，以获取政治资本。

---

① 司马迁：《史记·齐太公世家》，中华书局1959年版，第1492页。《管子》亦有记载，根据《管子·小称》，管仲说：“公喜宫而妒。竖刁自刑，而为公治内。人情非不爱其身也，于身之不爱，将何有于公?”黎翔凤：《管子校注·小称》，中华书局新编诸子集成本2004年版，第608页。《管子·戒》中，管仲对齐桓公说：“今夫竖刁，其身之不爱，焉能爱君？君必去之”。黎翔凤：《管子校注·戒》，中华书局新编诸子集成本2004年版，第522页。《韩非子》亦有记载，《韩非子·难一》：“管仲有病，桓公往问之。管仲曰：‘微君言，臣故将谒之。愿君去竖刁……君妒而好内，竖刁自宫以治内；人情莫不爱其身，身且不爱，安能爱君?”王先慎：《韩非子集解·难一》，中华书局1998年版，第351页。《韩非子·十过》：“夫人之情莫不爱其身，公妒而好内，竖刁自獖以为治内，其身不爱，又安能爱君！’”王先慎：《韩非子集解》，中华书局1998年版，第73页。《说苑·权谋》：“管仲有疾，桓公往问之曰：‘仲父若弃寡人，竖刁可使从政乎?’对曰：‘不可！竖刁自刑以求入君。其身之忍，将何有于君。’”向宗鲁：《说苑校正》，中华书局1987年版，第320页。

② 陈奇猷：《吕氏春秋新校释·知接》，上海古籍出版社2002年版，第979页。

③ 黎翔凤：《管子校注·戒》，中华书局新编诸子集成本2004年版，第527页。

④ 孔颖达：《春秋左传正义》，中华书局影印阮元校刻《十三经注疏》本，1980年版，第1809页。

二、易　牙

中国古代厨师易接近君主。伊尹即以烹调技艺干商汤，而得到商汤的赏识与任用。《史记·殷本纪》云："伊尹名阿衡。阿衡欲奸汤而无由，乃为有莘氏媵臣，负鼎俎，以滋味说汤，致于王道。"[①] 治国与烹调有相通之处，故《老子》云："治大国若烹小鲜"。河上公《注》："鲜，鱼。烹小鱼不去肠，不去鳞，不敢挠，恐其糜也。治国烦则下乱。"[②] 易牙因为其高超的烹调技艺而得到齐桓公的赏识，因而从政，固无不可。然其怀有个人野心，不以国家为念，此为易牙遭到批判的主要原因。

易牙的味觉功能特别好，能够品出味道之微异，这是成为好厨师的重要条件。《淮南子·道应训》云，孔子曰："菑、渑之水合，易牙尝而知之"。《淮南子·泛论训》亦云："臾儿、易牙，淄、渑之水合者，尝一哈水而甘苦知矣。"易牙烹调食物，味道亦佳美。《战国策·魏策二》云："齐桓公夜半不嗛，易牙乃煎敖燔炙，和调五味而进之，桓公食之而饱，至旦不觉。"[③] 因之易牙成为善于烹调美味之厨师的代名词，《荀子·大略》："言味者予易牙，言音者予师旷。"

易牙为博得齐桓公的宠信，烹其子以享齐桓公。《史记·齐太公世家》云，易牙"杀子以适君"。易牙杀其子，以婴儿之身为桓公烹饪。《管子》与《淮南子》认为易牙乃是烹其长子而献之齐桓公。《管子·小称》："夫易牙以调和事公。公曰：'惟烝婴儿之未尝。'于是烝其首子而献之公。"《淮南子·主术训》："昔者，齐桓公好味，而易牙烹其首子而饵之。""首子"，长子，《史记·宋微子世家》："微子开者，殷帝乙之首子而帝纣之庶兄也"[④]。然据《韩非子·十过》："夫易牙为君主味，君之所未尝食，唯人肉耳，易牙蒸其子首而进之。"《韩非子·难一》："易牙为君主味，惟人肉未尝，易牙烝其子首而进之。"则是易牙烹其孩子之首而进献桓公。要之，易牙杀其子而烹是没有问题的。《吕氏春秋·知接》云，齐桓公曰："易牙烹其子以慊寡人"。《说苑·权谋》："易牙解其子以

① 司马迁：《史记》，中华书局1959年版，第94页。
② 王卡点校：《老子道德河上公章句》，中华书局1993年版，第235页。
③ 《战国策》，上海古籍出版社1985年版，第847页。
④ 司马迁：《史记》，中华书局1959年版，第1607页。

食君”，可做如是观。

易牙的地位开始较竖刁为低。上文提到的“雍巫有宠于卫共姬，因寺人貂以荐羞于公，亦有宠，公许之立武孟。”雍巫受到无亏之母长卫姬的宠信，通过竖刁献美味于齐桓公，因之齐桓公答应立武孟为太子。这可能是私下应允，没有经过正式程序。杜预《注》：“雍巫，雍人名巫，即易牙。”孔颖达《疏》曰：“此人为雍，宜名巫，而字易牙也。”则“雍巫”即是易牙。桓公去世，易牙与竖刁联合宫内与他们关系亲近的人，将对立的官吏杀死，立公子无亏为齐王。之后因宋襄公的干预，无亏在位三个月即被齐人杀死，《史记·齐太公世家》：“孝公元年（前642年）三月，宋襄公率诸侯兵送齐太子昭而伐齐。齐人恐，杀其君无诡”。孝公继位。但是孝公不能安抚众位同父兄弟，并没有意识到其君位并不稳固，还急于讨伐邻国。《左传·僖公二十六年》云：“齐师侵我西鄙，讨是二盟也。夏，齐孝公伐我北鄙。”杨伯峻云：“齐孝公仍以霸主自居，不以鲁与他国盟会为然，竟以为讨。”① 鲁国请求到楚国的援助，“公以楚师伐齐，取谷”，“置桓公子雍于谷，易牙奉之以为鲁援”②。杜预《注》：“雍本与孝公争立，故使居谷以偪齐。”孝公在宋襄公的帮助下登上君位，但易牙并不甘心自己的失败，又伺机在鲁国的协助下拥立公子雍，但未成功。公子雍，宋华子之子。上博简（五）《鲍叔牙与隰朋之谏》中，“公身为亡道，进华孟子”，李学勤认为简文中的华孟子即是宋华子③，说明宋华子直到齐桓公的晚年还受到桓公宠幸。

易牙为个人利益而不顾国家利益，其险恶用心早已为管仲发现。圣人能够见微知著，即是此义。管仲去世之前，告诫齐桓公说：“今夫易牙，子之不能爱，将安能爱君？君必去之”④。易牙的行为亦引起了后世人的戒惧。《墨子·所染》：“其友皆好矜奋，创作比周，则家日损，身日危，名日辱，处官失其理矣，则子西、易牙、竖刁之徒是也。”《淮南子·精神训》：“桓公甘易牙之和而不以时葬。”《太平御览·饮食部·食下》引《庄子》佚文曰：“秋禽之肥，易牙和之，非不美也，彭祖以为伤寿，故

---

① 杨伯峻：《春秋左传注》，中华书局1990年版，第439页。

② 孔颖达：《春秋左传正义》，中华书局影印阮元校刻《十三经注疏》本，1980年版，第1821页中、1822页上。

③ 李学勤：《试释楚简〈鲍叔牙与隰朋之谏〉》，《文物》2006年第9期。

④ 黎翔凤：《管子校注·戒》，中华书局新编诸子集成本2004年版，第521页。

不食之。”说明人当戒慎自身的修养，克制过分的欲望，以避免引起灾祸。

根据上述内容，可以发现，齐桓公任用管仲、隰朋、鲍叔牙诸人，取得了巨大的功业，一时间中国诸侯莫不拥戴。桓公亦因竖刁、易牙在个人感情方面打动了他，故也得到任用。齐桓公的晚年，管仲、隰朋同年去世，鲍叔牙大概也在此前后时间去世，竖刁、易牙逐渐掌握了权力，干预并影响了齐国历史。桓公去世之后，竖刁、易牙联合起来，拥立无亏作为齐君，此时他们是一个团体。无亏被杀之后，竖刁不知所终；易牙借助鲁国的力量，企图拥戴公子雍作新君，没有得逞。早年齐桓公称霸，与诸侯盟会，为维护纲常秩序，主张确立嫡子的稳固地位，使嫡、庶地位分明，不能以庶易嫡。《穀梁传·僖公九年》记载，齐桓公与诸侯盟誓：“毋雍泉，毋讫籴，毋易树子，毋以妾为妻，毋使妇人与国事”[①]。但是晚年竖刁、易牙通过不正当手段，在明知齐桓公已经立公子昭为世子的情况下，使齐桓公私下答应立无亏为君主，这实际是立了两个世子。桓公诸子看到有机可乘，纷纷争夺君位，政治混乱不可避免。竖刁、易牙和卫公子开方是诱使齐桓公政治毁颓的外因，齐桓公作为君主，晚年不能明辨是非，任用与之亲近的小人，是造成齐国混乱的主要原因。

第四节　曹刿劫持了齐桓公吗

上博简（四）公布的《曹沬之阵》一文，记述了曹沬与鲁庄公对政治和军事的探讨，丰富了曹沬的研究资料，证明曹沬是位有建树的政治家

---

① 杨士勋：《春秋穀梁传注疏·僖公九年》，中华书局影印阮元校刻十三经注疏本，1980年版，第2396页上。《管子·大匡》记载与此接近，言齐桓公与诸侯盟誓，使“诸侯毋专立妾以为妻，毋专杀大臣，无国劳，毋专予禄。士庶人毋专弃妻，毋曲堤，毋贮粟，毋禁材”。黎翔凤：《管子校注》，中华书局新编诸子集成本2004年版，第365页。《霸形》亦云：“毋贮粟，毋曲堤，无擅废适子，无置妾以为妻。”黎翔凤：《管子校注》，第460页。《管子·君臣下》认为：“内有疑妻之妾，此宫乱也。庶有疑适之子，此家乱也。朝有疑相之臣，此国乱也。任官无能，此众乱也。四者无别，主失其体。”“故妻必定，子必正，相必直立以听，官必中信以敬。”黎翔凤：《管子校注》，第593页。

和军事家[①]。

根据《左传》，鲁庄公十年（前684年）春，即齐桓公继位的第二年，齐桓公率军攻打鲁国，曹沫拜见鲁庄公，为庄公所用。曹沫与鲁庄公同乘，率领鲁国军队一鼓作气，打败齐军，是为长勺之战。又据《左传》，鲁庄公二十三年（前671年），“公将如齐观社。曹刿谏曰：‘不可’”，“公不听，遂如齐”[②]。曹刿反对鲁庄公到齐国去观社，因为这不符合礼节规范，然鲁庄公没有听取谏议，依然到齐国。《左传》中记叙曹刿的两件事情，我们看到的是一位善于作战，且维护既成礼法的大夫。又《玉海》卷一〇九引《慎子》佚文云：“鲁庄公铸大钟，曹刿入见曰：‘国褊小而钟大。’”可见曹刿是个忧时的人，他关注鲁国国情，反对国君过分奢侈。曹刿在历史上影响甚大，还在于司马迁记载的《史记·刺客列传》中，将曹刿描写成为最成功的刺客。根据司马迁的记载，曹刿在柯之盟中，用匕首挟持齐桓公，迫使桓公将侵占鲁国的土地归还。自《史记》之《十二诸侯年表》《鲁周公世家》《刺客列传》《管晏列传》记载柯之盟曹刿劫持齐桓公以来，汉代各家记载大略相同。然细考先秦至汉代史籍，可以看出对曹刿在柯之盟作用的记载，经历了一个演变的过程，这是历代史学家对史料的理解不同，而在记述过程中强调的人物不同而形成的。笔者认为，柯之盟这一事件中，应当是鲁庄公劫持了齐桓公，曹刿只是起到辅助的作用，曹刿在柯之盟的作用，应当是在历史事件的流传过程中，逐步放大的。现有的曹刿研究，还比较简略，有从上博简《曹沫之阵》简文出发，研究曹沫的历史作用者，或从传播史的角度，研究曹沫在柯之盟的历史意义[③]，至于曹刿挟持齐桓公这件事情的真实性，似乎没有人怀疑过。

先秦史料中对柯之盟记载最早的是《春秋》。经文云，鲁庄公十三年（前681年）“冬，公会齐侯盟于柯”，别无他辞。《左传》云，鲁庄公十三年“冬，盟于柯，始及齐平也。”补充说明了鲁庄公与齐国盟会的原因。根据杨伯峻《春秋左传注》，“庄公十年败齐师于长勺；齐、宋联军，

---

① 曹刿和曹沫为一人，本节用《管子》中使用的“曹刿”行文。

② 以上两个例子，《国语》卷四《鲁语》亦有记载。

③ 参见田旭东：《战国写本兵书——〈曹沫之阵〉》，《文博》2006年第1期。李纪祥：《柯之盟与曹沫》，《中国文化研究》2006年春之卷。

又败宋师于乘丘，此时方与齐言和"[1]。则齐鲁两军中，似乎是鲁国占据主导地位。《管子·大匡》详细记载了参与柯之盟的主要人员和这次盟会的经过。就齐桓公这方面来说，桓公即位后，称霸之心过于强烈，不顾管仲和鲍叔牙的劝谏，在齐桓公二年（前684年）攻打鲁国，以失败告终，是为长勺之战。齐桓公不服，重新组织人马，于桓公四年率领"同甲十万，车五千乘"，再次攻打鲁国，鲁不敢战，请求和盟，并约定盟会时双方不带兵和剑，齐桓公同意。管仲反对这次盟约，劝谏桓公，桓公不听；管仲又劝说桓公盟约时候带兵器，桓公又不听。最后管仲说："刿之为人也，坚强以忌，不可以约取也。"在管仲看来，曹刿为人刻毒，不可以盟取信，桓公依然不采纳管仲的谏议。"果与之遇。庄公自怀剑，曹刿亦怀剑。践坛，庄公抽剑其怀，曰：'鲁之境，去国五十里，亦无不死而已。'左椹桓公，右自承，曰：'均之死也，戮死于君前。'管仲走君，曹刿抽剑当两阶之间，曰：'二君将改图，无有进者'。管仲曰：'君与地，以汶为竟。'桓公许诺，以汶为竟而归。"[2]《大匡》记盟会的过程非常详细。鲁国为了保护国家利益，在柯地与齐桓公盟约，鲁庄公和曹刿暗中带了剑。在坛上盟誓时，鲁庄公从怀中抽剑胁迫桓公，管仲欲救桓公，曹刿则"抽剑当两阶之间"，桓公被迫向鲁庄公让出侵占鲁国的土地。根据上述资料，鲁庄公在盟坛上以剑劫持齐桓公时，曹刿抽出宝剑，"当两阶之间"，成功地阻挡了管仲对齐桓公的救助。《荀子·王制篇》云："桓公劫于鲁庄。"证明柯之盟会，是鲁庄公劫持了齐桓公，曹刿起到的是协助的作用。《吕氏春秋·贵信》亦云："庄公与曹翙皆怀剑至于坛上。庄公左搏桓公，右抽剑以自承"，"管仲、鲍叔进，曹翙案剑当两陛之间曰：'且二君将改图，毋或进者'。庄公曰：'封于汶阳则可，不则请死。'管仲曰：'以地卫君，非以君卫地，君其许之。'乃遂封于汶南，与之盟"[3]。此处"庄公与刿皆怀剑""至于坛上"的人，是鲁庄公和桓公。齐桓公与鲁庄公在坛上盟约，鲁庄公以匕首胁迫桓公，曹刿在管仲、鲍叔牙救助桓公的时候，"案剑当两陛之间"，协助鲁庄公完成了柯之盟，则《吕氏春秋》与《管子》的记载吻合。

① 杨伯峻：《春秋左传注》，中华书局1990年版，第194页。
② 黎翔凤：《管子校注·大匡》，中华书局新编诸子集成本2004年版，第355页。
③ 陈奇猷：《吕氏春秋新校释》，上海古籍出版社2002年版，第1312页。

《战国策·齐策》鲁连对孟尝君说："曹沫奋三尺之剑，一军不能当。"说明曹刿在柯之盟中所起的重要作用，并非证明曹刿劫持桓公。《战国策·燕策》太子丹欲请荆轲到秦国去劫持秦王嬴政，"使悉反诸侯之侵地，若曹沫之与齐桓公，则大善矣"。此处燕太子丹劝说荆轲刺秦王，以当时的情形来看，以荆轲比作曹刿，以始皇比作齐桓公是恰当的。

诸多研究者认为将曹刿描写成为刺客与《公羊传》记载有关。细察《公羊传》，内容与《管子》、《吕氏春秋》的记载略有不同，但主要的情节比较统一。《公羊传》云："庄公升坛，曹子手剑而从之，管子进曰：'君何求乎？'曹子曰：'城坏压竟，君不图与？'管子曰：'然则君将何求？'曹子曰：'愿请汶阳之田。'管子顾曰：'君许诺。'桓公曰：'诺。'曹子请盟。桓公下与之盟。已盟，曹子摽剑而去之。"[①] 在盟会之前，曹刿与鲁庄公约定："君请当其君，臣请当其臣。"桓庄公升坛的时候，"曹子手剑而从之"，从记叙来看，是曹刿欲到坛上，管仲阻止了曹刿，请齐桓公答应曹刿的要求，还鲁汶阳之田，且"桓公下，与之盟"。桓公走下盟坛，与曹刿盟誓。根据《四库全书总目》，"子夏传与公羊高，高传与其子平，平传与其子地，地传与其子敢，敢传与其子寿。至汉景帝时，寿乃与齐人胡母子都著于竹帛。""今观传中有子沈子曰，子司马子曰，子女子曰，子北宫子曰，又有高子曰，鲁子曰，盖皆传授之经师，不尽出于公羊子。"[②]《公羊传》在汉景帝的时候才隶定成书，之前都是口耳相传，其间不免有理解和传承的讹误。《公羊传》有些内容出自传授的经师，不全是公羊高本人，据《春秋》《左传》，柯之盟是鲁庄公和齐桓公的盟会，记载桓公与曹刿盟誓，未必尽合史实。

《公羊传》的说法大约对司马迁的影响非常大，故《史记·刺客列传》"曹沫投其匕首，下坛北面就群臣之位"与《公羊传》之"曹子摽剑而去之"有异曲同工之外，还增添了大量的细节描写，如："齐桓公许与鲁会于柯而盟。桓公与庄公既盟于坛上，曹沫执匕首劫齐桓公，桓公左右莫敢动，而问曰：'子将何欲？'曹沫曰：'齐强鲁弱，而大国侵鲁亦甚矣。今鲁城坏即压齐境，君其图之。'桓公乃许尽归鲁之侵地"[③]。根据

① 徐彦：《春秋公羊传注疏》，中华书局影印阮元校刻《十三经注疏》本，1980 年版，第 2233 页中、下。

② 永瑢编：《四库全书总目》，中华书局 1965 年版，第 210 页下、211 页上。

③ 司马迁：《史记·刺客列传》，中华书局 1959 年版，第 2515 页。

《史记·刺客列传》，鲁庄公被迫与齐桓公订立和约之后，曹刿"执匕首劫齐桓公"，桓公不得不归鲁侵地。司马迁对于曹刿在柯之盟中挟持桓公深信不疑，在《史记》各部分有类似的描写，如《史记·十二诸侯年表》有记；《史记·鲁周公世家》记载，鲁庄公十三年（前681年）"鲁庄公与曹沫会齐桓公于柯，曹沫劫齐桓公，求鲁侵地，已盟而释桓公"①。《史记·管晏列传》中，司马迁云："柯之会，桓公欲背曹沫之约，管仲因而信之"。根据《史记》所记，乃曹刿以剑迫使齐桓公与其订立盟约，归还鲁国的侵地，这时候的鲁庄公似乎不是重要的角色了。

汉代的史籍记载与《史记》比较接近。《淮南鸿烈集解·泛论训》云："柯之盟，揄三尺之刃，造桓公之胸，三战所亡，一朝而反之，勇闻于天下，功立于鲁国。"② 《盐铁论·论勇》中，大夫曰："今诚得勇士，乘强汉之威，凌无义之匈奴，制其死命，责以其过，若曹刿之胁齐桓公，遂其求"③。《新序·杂事》曰："及会，两君就坛，两相相揖。曹子手剑拔刃而进，迫桓公于坛上"，"曹刿请盟，桓公遂与之盟"④。上三则均记述曹刿拔剑胁迫桓公订立盟约，说明这种说法在汉代已经固定下来。

汉代书籍记载曹刿胁迫齐桓公的说法，到宋代遭到强烈质疑。苏辙、叶梦得、王应麟力辨其无，认为齐桓公被挟持之说，乃战国时期纵横家夸张之辞。清代学者承袭宋人之说，何焯《义门读书记》卷十四云"曹沫之事，亦战国好事者为之"，《四库全书考证》在《春秋穀梁传注疏》卷五中云："此战国刺客之风。春秋时无第二事与此相似者也"，"恐是战国时人造为此说，当以《左氏》为正"⑤。

我们排比曹刿生平事迹和柯之盟在史籍记录的传播源流，可以看出，《左传》《国语》的记载中，曹刿的主要功业是在长勺之战中，帮助鲁庄公一鼓作气，将齐桓公率领的军队打败；在鲁庄公二十三年（前671年）时，反对庄公到齐国观社。《慎子》佚文曹刿劝谏鲁庄公不要铸造大钟，可见他是一个知礼的人。上博简（四）中曹刿则是军事家、政治家的形

① 司马迁：《史记·鲁周公世家》，中华书局1959年版，第1531页。
② 刘文典：《淮南鸿烈集解·泛论训》，中华书局新编诸子集成本1989年版，第447页。
③ 王利器：《盐铁论校注》，中华书局1992年版，第537页。
④ 石光瑛：《新序校释》，中华书局2001年版，第493～495页。
⑤ 杨伯峻认为，司马迁不取《左传》曹刿论战，而取其劫齐桓公，"复为之作《刺客列传》，盖亦好奇之过"。参见杨伯峻：《春秋左传注》，中华书局1990年版，第194页。

象。至于柯之盟，《春秋》《左传》主要记载了鲁庄公和齐桓公的盟会。《管子·大匡》当是春秋齐国档案资料的记录[①]，《大匡》证明柯之盟时，齐桓公率领大军攻打鲁国，鲁庄公慑于齐军强大之威，主动与桓公在柯地盟约。管仲跟随齐桓公，曹刿跟随鲁庄公参加了盟会。鲁庄公和曹刿出其不意，在盟会中携带宝剑，鲁庄公胁迫齐桓公，管仲救助桓公时，曹刿挡在两阶之间，阻挡了管仲，迫使桓公答应将部分土地交还鲁国。《吕氏春秋》的记载亦与《大匡》接近，即曹刿“案剑当两陛之间”，帮助庄公取得了盟会的胜利，这是弱小鲁国在外交上的重大胜利。经过上述考订，可以得出结论：柯之盟中的曹刿，是协助鲁庄公成功订立盟约的人；《战国策》对曹刿的描述，突出了曹刿的功业；《公羊传》描写有含糊不清的地方，这为后人的记述提供了丰富的想象空间；曹刿形象的演变是在汉代完成的。宋人依据《春秋》《左传》的记述中没有涉及曹刿，而彻底否认曹刿参加了柯之盟，认为曹刿胁迫桓公是子虚乌有，其根本错误是忽略了先秦文献的记载。根据《管子》《荀子》《吕氏春秋》的记录，可以确定的是，曹刿参加了柯之盟，他在柯之盟中所起的作用，不能因为《春秋》《左传》没有记载而不存在；亦非如西汉史籍记载的那样，起到决定性的作用。曹刿真正的作用是在柯之盟中协助鲁庄公迫使桓公返还鲁国侵地，完成盟约。

① 郭丽在《〈管子·大匡〉的材料来源》中，根据当今出土的文献资料，论证《管子·大匡》应当是来源于齐国的国家档案资料，另有一部分来源于管仲家史的记录。参见本书第二章第六节。

第五章　清华简与《管子》研究

清华简自从公布以来，在学界引起很大影响，研究成果颇多。清华简与《管子》相关的内容，主要载于《清华大学藏战国竹简》（贰）之《系年》第二章、第四章，《清华大学藏战国竹简》（叁）之《良臣》章。清华简与《管子》结合起来研究，对《管子》和清华简都有推动，以下分而论之。

第一节　清华简《系年》与《管子》研究

清华简《系年》第二章云："奠（郑）武公亦政（正）东方之者（诸）侯。武公即殜（世），𦁓（庄）公即立（位）；𦁓（庄）公即殜（世），卲（昭）公即立（位）。亓（其）大夫高之巨（渠）爾（弥）杀卲（昭）公而立亓（其）弟子釁（眉）寿。齐襄公会者（诸）侯于首𤸰（止），杀子釁（眉）寿，车𨋬（轘）高之巨（渠）爾（弥），改立柬（厉）公，奠（郑）以飼（始）政（正）。"① 此处说的是郑国武公、庄公、昭公、厉公之君位更替。昭公即位后，郑国大夫高渠弥杀昭公，立昭公之弟子眉寿为君主。齐襄公与诸侯在首止会盟，杀子眉寿，车裂高渠弥，立厉公为君主，郑国政治走向稳定。《左传·桓公十八年》云："秋，齐侯师于首止，子亹会之，高渠弥相。七月戊戌，齐人杀子亹，而轘高渠弥，祭仲逆郑子于陈而立之。"② 可与此对照。清华简《系年》云"齐襄公会诸侯于首止"条，为史料所不载，是对齐襄公研究的重要补充。证明齐襄公在位时期，

---

① 李学勤主编：《清华大学藏战国竹简》（贰），中西书局 2011 年版，第 138 页。

② 孔颖达：《春秋左传正义》，中华书局影印阮元校刻《十三经注疏》本，1980 年版，第 1759 页下。

继承其父祖“庄、僖小霸”的地位，主宰了郑国的国君废立①。

清华简《系年》第四章所载卫公子启方与《管子》和齐国历史亦有关系。简文云，周惠王十七年（前660年）赤翟王起师伐卫，“大败鄭（卫）𠂤（师）于睘，幽侯灭女（焉）。翟述（遂）居卫，卫人乃东涉河，䙴（迁）于曹，女（焉）立悳（戴）公申，公子启方奔齐。䜴（戴）公卒（卒），齐𧼨（桓）公会者（诸）侯以成（城）楚丘。□公子启方女（焉），是文公。文公即殜（世），成公即立（位）”②。周惠王十七年赤狄伐卫，卫国君主更替，“幽侯灭焉”③，戴公立，“戴公卒”，文公立，可与《左传》互相印证。《左传·闵公二年》云：“冬十二月，狄人伐卫”，“及狄人战于荧泽，卫师败绩，遂灭卫”，“及败，宋桓公逆诸河，宵济。卫之遗民男女七百有三十人，益之以共、滕之民为五千人，立戴公以庐于曹”④。惟简文所言文公为公子启方，与《管子》和其他文献记载不同，笔者经过钩沉考索，认为此处的卫文公和《管子》记载的卫公子开方不是一人，以下分别对卫文公与卫公子开方作出考察，以明二人之生平⑤。

---

① 可参见本书第二章第三节《齐襄公考》。因齐襄公事迹在《马王堆汉墓帛书》中记载更为详细，故将齐襄公放在彼节中进行考察。关于齐襄公的事迹，亦可参看郭丽：《齐襄公考——从马王堆汉墓帛书谈起》，《管子学刊》，2007年第4期。

② 李学勤主编：《清华大学藏战国楚简》（贰），中西书局2011年版，第144页。

③ 《系年》注曰：“被狄攻灭的卫侯，《左传》称‘卫懿公’，《论衡·增儒》称‘卫哀公’，简文则作‘幽侯’，谥法互异。”李学勤主编：《清华大学藏战国竹简》（贰），中西书局2011年版，第145页。

④ 孔颖达：《春秋左传正义》，中华书局影印阮元校刻《十三经注疏》本，1980年版，第1787页下、1788页上。

⑤ 何有祖根据《史记·卫康叔世家》《史记集解》《汉书·文帝纪》，认为“启方，与传世文献所见‘辟疆’‘启疆’义同，皆有开疆辟土之义。清华简作启方，当是未作避讳处理前之名，与传世文献中的毁为一人。”何有祖：《读〈清华大学藏战国竹简（贰）〉札记》，参见武汉大学简帛网http：//www. bsm. org. cn/show_ article. php？ id = 1596。陶金亦认为卫文公就是《管子》中的开方，为避讳后世改为启方，认为“宣姜约于卫宣公即位之初嫁到卫国，为卫宣公霸占，生寿与朔。假设其在卫宣公元年（前718年）为十四岁，到了卫戴公继位之时，起码也是七十三岁高龄，但春秋时期的人很难活到这个岁数，宣姜应该在更早的时候就已去世。也就是说公子启方投奔齐国之时，昭伯顽与宣姜应该都已去世，不存在他为侍奉齐桓公，以至于父母死去不闻不问的可能性”。因此推翻《史记·齐太公世家》的记载：“（齐孝公）十年（前633年），孝公卒，孝公弟潘因卫公子开方杀孝公子而立潘，是为昭公。”作者认为，“这里将齐昭公的上台归结为公子开方所致，但此时卫文公已去世，且《左传》中并无提及齐昭公如何夺权”，认为“此条是根据管仲遗言附会虚构出来的说法，不应当看作信史”。陶金：《由〈系年〉谈卫文公事迹》，复旦大学出土文献与古文字研究中心网http：//www. gwz. fudan. edu. cn/SrcShow. asp？ Src_ ID = 1753。陶金之文，是以认定简文中卫文公就是启方为起点，进行论证。

一、卫文公生平之考察

卫文公的生平事迹在《史记·卫康叔世家》有较为完整的记载。根据《史记》，卫惠公卒后，其子赤继位，是为卫懿公。"懿公即位，好鹤，淫乐奢侈"，"翟于是遂入，杀懿公"。卫懿公为狄人所败杀，宋桓公帮助安抚卫国百姓，立戴公于曹[①]，齐桓公派公子无亏帮助戴公戍卫曹地，桓公还馈赠戴公乘马，赠送牛、羊、猪、鸡、狗各三百，以帮助卫国重建，《左传·闵公二年》云："及败，宋桓公逆诸河，宵济。卫之遗民男女七百有三十人，益之以共、滕之民为五千人，立戴公以庐于曹"，"齐侯使公子无亏帅车三百乘、甲士三千人以戍曹。归公乘马，祭服五称，牛、羊、豕、鸡、狗皆三百与门材。"[②] 戴公在位不到一年病逝[③]，卫文公毁即位，此在鲁僖公元年（前 659 年）[④]。卫文公早年因卫国多乱，故奔齐，《左传·闵公二年》云："文公为卫之多患也，先适齐"[⑤]。之后齐桓公伐狄，迁卫于楚丘，《史记》云："齐桓公以卫数乱，乃率诸侯伐翟，为卫

① 杨伯峻注引《卫世家》曰："懿公即位好鹤，淫乐奢侈。"又云："懿公之立也，百姓大臣皆不服"。《左传·闵公二年》记载，卫懿公去世之后，卫人"立戴公以庐于曹"。杨伯峻注曰："据《诗》与《左传》及毛、郑、服、杜《注》及孔氏《正义》，可推之戴公实以闵二年十二月立，立而旋卒，文公继立，逾年改元，当鲁僖公之元年（前 659 年）。"杨伯峻《春秋左传注》，中华书局 1990 年版，第 267 页。《史记》与之相合。闵公二年是公元前 660 年，周惠王十七年，齐桓公二十六年，卫懿公九年，参见杨伯峻：《春秋左传注》，中华书局 1990 年版，第 260 页。

② 此处"宋桓公逆诸河，宵济"，杨伯峻认为宋桓公所逆，当是卫国的百姓。杨伯峻云："卫懿公之败死，宋桓公乃迎卫之败众于黄河。或以为迎文公，文公已至齐，由齐至宋，不涉河，故知其误。"杨伯峻：《春秋左传注》，中华书局 1990 年版，第 266 页。

③ 杨伯峻认为，戴公申"立而旋卒"。杨伯峻：《春秋左传注》，中华书局 1990 年版，第 267 页。《史记》有相同记载。

④ 杨伯峻认为卫文公在鲁僖公元年即位，本处采杨伯峻说，云：僖公元年为"公元前 659 年，齐桓公二十七年，卫文公毁元年。"杨伯峻：《春秋左传注》，中华书局 1990 年版，第 275 页。

⑤ 孔颖达：《春秋左传正义》，中华书局影印阮元校刻《十三经注疏》本，1980 年版，第 1788 页上。清华简《系年》云，狄人"大败卫师于瞏，幽侯灭焉。翟遂居卫，卫人乃东涉河，迁于曹，[焉] 立戴公申，公子启方奔齐。"李学勤主编：《清华大学藏战国竹简》（贰），中西书局 2011 年版，第 144 页。从所言顺序来看，似乎启方奔齐是狄人灭幽侯之后。与《左传》所载有不同。

筑楚丘，立戴公弟毁为卫君，是为文公”[①]。《左传》亦云：“僖之元年（前659年），齐桓公迁邢于夷仪。二年，封卫于楚丘。”[②] 卫文公在位期间，与齐国关系密切，对卫国的发展做出很大贡献。

（一）卫文公时卫齐关系密切

齐桓公与诸侯打击狄人，迁卫国都城于楚丘，给卫国以物质上的帮助。此事在《管子》有多处记载，《管子·大匡》云：“明年，狄人伐卫，卫君出致于虚”。之后“桓公筑楚丘以封之，与车三百乘，甲五千”[③]。《管子·小匡》云：“狄人攻卫，卫人出旅于曹。桓公城楚丘封之，其畜以散亡，故桓公予之系马三百匹。”[④] 系马，良马。尹知章《注》曰：“谓马在闲厩系养之，言其良也。”[⑤]《霸形》亦云：“车五百乘，卒五千人，以楚丘封卫。”[⑥] 齐桓公帮助卫文公迁都楚丘，帮助卫国筑城戍守狄人。

自此之后，卫国安定，卫文公多年追随齐桓公，参与诸侯之事。《春秋》僖公四年（前656年）：“春王正月，公会齐侯、宋公、陈侯、卫侯、郑伯，许男、曹伯侵蔡。”[⑦]《春秋》僖公六年：“夏，公会齐侯、宋公、陈侯、卫侯、曹伯伐郑，围新城。”[⑧]《春秋》僖公八年：“春王正月，公会王人、齐侯、宋公、卫侯、许男、曹伯、陈世子款盟于洮。”[⑨]《春秋》僖公九年（前651年）：“夏，公会宰周公、齐侯、

---

① 司马迁：《史记·卫康叔世家》，中华书局1959年版，第1594页。

② 孔颖达：《春秋左传正义》，中华书局影印阮元校刻《十三经注疏》本，1980年版，第1789页中。

③ 黎翔凤《管子校注·大匡》，中华书局新编诸子集成本2004年版，第358页。

④ 黎翔凤《管子校注·小匡》，中华书局新编诸子集成本2004年版，第439页。

⑤ 同注④。

⑥ 黎翔凤《管子校注·霸形》，中华书局新编诸子集成本2004年版，第456页。

⑦ 孔颖达：《春秋左传正义》，中华书局影印阮元校刻《十三经注疏》本，1980年版，第1792页上。此为齐桓公打发蔡姬回娘家，蔡侯将蔡姬改嫁，齐桓公大怒，率诸侯侵蔡，参见本书第二章第五节《帛书〈齐桓公与蔡夫人乘舟章〉的文献价值》。亦可参见郭丽：《马王堆帛书〈齐桓公与蔡夫人乘舟章〉的文献价值》，《历史教学》2011年第20期。

⑧ 孔颖达：《春秋左传正义》，中华书局影印阮元校刻《十三经注疏》本，1980年版，第1798页中。

⑨ 孔颖达：《春秋左传正义》，中华书局影印阮元校刻《十三经注疏》本，1980年版，第1799页中。

宋子、卫侯、郑伯、许男、曹伯于葵丘……九月戊辰，诸侯盟于葵丘。”[①]。《左传》僖公十二年（前648年）：“春，诸侯城卫楚丘之郛，惧狄难也。”[②] 郛即郭，外城。杜预注：“郛，郭也。”孔《疏》：“卫以二年迁于楚丘，诸侯为之筑其城，至此为之筑其郛。”[③] 此年齐桓公为避免狄人对卫国的侵扰，帮助卫国修建楚丘之外城，以防患于未然。《春秋》僖公十三年（前647年）：“春，狄侵卫。……公会齐侯、宋公、陈侯、卫侯、郑伯、许男、曹伯于咸。”[④] 杨伯峻注曰：“咸，卫地。”此次齐桓公与诸侯在咸的会盟是为保卫卫国安全。《春秋》僖公十五年：“三月，公会齐侯、宋公、陈侯、卫侯、郑伯、许男、曹伯盟于牡丘，遂次于匡。”[⑤]《春秋》僖公十六年：“冬十有二月，公会齐侯、宋公、陈侯、卫侯、郑伯、许男、邢侯、曹伯于淮。”[⑥] 上据《春秋》与《左传》，可知卫文公二年（前658年），齐国帮助卫国迁都楚丘。之后卫文公于文公四年、六年、八年、九年、十三年、十五年、十六年（前644年）与齐桓公均有盟会，参与各种事务。说明卫文公在位期间，与齐桓公保持了良好的外交关系。

僖公十七年（前643年），齐桓公去世，桓公与管仲选定的继承人太子昭没有成为君主，开方、竖刁、易牙推举公子无亏继承君主之位。齐桓

---

① 孔颖达：《春秋左传正义》，中华书局影印阮元校刻《十三经注疏》本，1980年版，第1800页上。僖公九年（前651年）葵丘之会是齐桓公霸业的巅峰。周襄王因桓公尊王攘夷，派宰孔赐桓公胙肉、彤弓、车马，给予极高奖赏。《管子·小匡》云：“葵丘之会，天子使大夫宰孔致胙于桓公，曰：‘余一人之命，有事于文、武，使宰孔致胙’。且有后命曰：‘以尔自卑劳，实谓尔伯舅，毋下拜。’”桓公听取管仲建议，继续尊重周王室。桓公云：“‘天威不违颜咫尺，小白承天子之命，而毋下拜，恐颠蹶于下，以为天子羞。’遂下拜，登受赏。服大路，龙旗九游，渠门赤旗。天子致胙于桓公而不受，天下诸侯称顺焉。”黎翔凤：《管子校注·小匡》，中华书局新编诸子集成本2004年版，第425～426页。《史记·齐太公世家》亦有记载，云：“三十五年（前651年）夏，会诸侯于葵丘。周襄王使宰孔赐桓公文武胙、彤弓矢、大路，命无拜。桓公欲许之，管仲曰‘不可’，乃下拜受赐。秋，复会诸侯于葵丘。”司马迁：《史记·齐太公世家》，中华书局1959年版，第1490页。

② 孔颖达：《春秋左传正义》，中华书局影印阮元校刻《十三经注疏》本，1980年版，第1802页中。

③ 同注②。

④ 孔颖达：《春秋左传正义》，中华书局影印阮元校刻《十三经注疏》本，1980年版，第1802页下。

⑤ 孔颖达：《春秋左传正义》，中华书局影印阮元校刻《十三经注疏》本，1980年版，第1805页中。

⑥ 孔颖达：《春秋左传正义》，中华书局影印阮元校刻《十三经注疏》本，1980年版，第1808页中。

公去世之前，曾将太子昭托付于宋襄公，《史记》云："桓公与管仲属孝公于宋襄公，以为太子"[①]。卫人协助宋襄公讨伐齐国，立太子昭为君主，是为齐孝公，《春秋经》云：僖公"十有八年（前642年）春王正月，宋公、曹伯、卫人、邾人伐齐。"[②] 卫与宋一道，废掉公子无亏，立孝公为君主，故《左传·僖公十八年》云："十八年春，宋襄公以诸侯伐齐。三月，齐人杀无亏"，"齐人将立孝公，不胜四公子之徒，遂与宋人战。夏五月，宋败齐师于甗，立孝公而还。"[③] 则自卫文公成为君主后，直至齐桓公去世之前，文公与齐国保持一种良好的关系，追随齐桓公。齐桓公去世之后，卫与宋襄公遵照齐桓公与管仲的遗愿，立孝公为齐国君主。

（二）卫文公的功业

卫文公在外交上追随齐桓公，在内政方面也颇有建树，《史记·卫康叔世家》云："文公初立，轻赋平罪，身自劳，与百姓同苦，以收卫民"[④]。言文公劳身，与百姓同甘共苦，招徕百姓到卫国，以使卫国人口增多，国家强大。《左传·闵公二年》亦云："卫文公大布之衣、大帛之冠，务材、训农，通商、惠工，敬教、劝学，授方、任能。元年（前659年），革车三十乘，季年，乃三百乘。"[⑤] 卫文公即位之后，衣着简朴，重视农业、工商业和手工业，尊重教育，劝勉问学，卫国大富[⑥]。根据《左传》，文公成为君主的时候，卫国只有革车三十乘，到文公晚年的时候，卫国的革车达到了三百乘[⑦]。革车，兵车的一种，杜预注曰："兵车"。梅尧臣注《孙子兵法》曰："驰车，轻车也；革车，重车也。凡轻车一乘，甲士步卒二十五人。重车一乘，甲士步卒七十五人。"卫文公继位之后，

① 司马迁：《史记·齐太公世家》，中华书局1959年版，第1493页。

② 孔颖达：《春秋左传正义》，中华书局影印阮元校刻《十三经注疏》本，1980年版，第1809页中、下。

③ 孔颖达：《春秋左传正义》，中华书局影印阮元校刻《十三经注疏》本，1980年版，第1089页下。

④ 司马迁：《史记·卫康叔世家》，中华书局1959年版，第1595页。

⑤ 孔颖达：《春秋左传正义》，中华书局影印阮元校刻《十三经注疏》本，1980年版，第1789页中。

⑥ 杨伯峻引俞樾《群经平议》云："授方者，授之以百官之常法也；任能者，任用其材能之人也。"杨伯峻：《春秋左传注》，中华书局1990年版，第273页。

⑦ 杨伯峻注"乃三百乘"云："竟至三百乘也。三十乘，齐桓所馈；三百乘，治国所得。"杨伯峻：《春秋左传注》，中华书局1990年版，第273页。

军事实力逐渐增加，国家抵御外敌的能力也在增强，卫文公以富强卫国为己念，在去世的那一年还灭掉了邢国。

卫文公不贪恋君位，以卫国的国家利益至上。《左传·僖公十八年》："冬，邢人、狄人伐卫，围菟圃。卫侯以国让父兄子弟。及朝众，曰：'苟能治之，毁请从焉。'众不可，而后师于訾娄。狄师还。"[①] 让，谦让，推辞。孔颖达疏引郑玄曰："推贤尚善曰让。"卫文公十八年（前642年）冬，邢人、狄人进攻卫国，包围了卫国的菟圃。文公愿意将君位让给能者，众人均以文公为能，陈兵訾娄，狄师遂退。卫文公在危难之际，不看重自己的君位，选贤让能，以卫国国家利益为重。他治理国家，得到家族和国人的认可，同心一意，共御外敌，狄人遂退兵。

二、卫公子开方之考察

《管子》多次提到卫公子开方，他的本名是"启方"，故《吕氏春秋》作"启方"，清华简《系年》第四章亦作"启方"。为避汉景帝刘启之讳，后人将"启方"改名为"开方"，则简文中的"启方"和史书中的"开方"为一人[②]。但是清华简中记载的启方与《左传》《管子》《韩非子》《吕氏春秋》《史记》中记载的公子开方的状况有不同。最大的不同点就在于，根据《左传》《管子》诸书所记，卫公子开方在齐桓公去世的时候还在齐国，传世文献中没有开方作卫国君主的记载，故《系年》第四章注释说："《左传》及《卫世家》云卫文公为戴公弟毁，简文云为启方，彼此不同。"[③] 卫公子开方与竖刁、易牙均是齐桓公晚年喜爱的佞

① 文公名毁，毁，烈火。《诗经·周南·汝坟》："鲂鱼赪尾，王室如毁。"毛传："毁，火也。"陆德明释文："齐人谓火曰毁。"杨伯峻注曰："贾谊《新书》云：'卫侯朝于周，周行人问其名。答曰：卫侯辟疆。周行人还之，曰：启疆、辟疆，天子之号，诸侯弗得用。卫侯更其名曰毁，然后受之。'如此说可信，则卫文初名辟疆，毁乃其更名。"杨伯峻：《春秋左传注》，中华书局1990年版，第378页。此在《韩非子·外储说右下篇》有引："卫君入朝于周，周行人问其号，对曰：'诸侯辟疆。'周行人却之曰：'诸侯不得与天子同号。'卫君乃自更曰：'诸侯毁。'而后内之。"王先慎：《韩非子集解》，中华书局1998年版，第341~342页。

② 为符合传统习惯，本书多以"开方"名之。又"微子开"本名"微子启"，《史记索隐》曰："《尚书·微子之命篇》云微子启代殷后，今此名'开'者，避景帝讳也。"司马迁：《史记》，中华书局1959年版，第1607~1608页。

③ 李学勤主编：《清华大学藏战国楚简》（贰），中西书局2011年版，第145页。

臣[①]。根据《管子》之《小称》《戒》，竖刁、易牙、卫公子开方狼狈为奸，齐桓公去世前后，他们改换齐桓公与管仲确立的君主继承人太子昭，而立公子无亏，引起齐国政局混乱，致使齐国走向衰退。以下对卫公子开方作出考察。

（一）卫公子开方的性格特征

卫公子开方聪明活泼，齐桓公即位的早年，管仲曾派他出使卫国。管仲对齐桓公说："公子开方之为人也，慧以给，不能久而乐始，可游于卫。"[②] 开方聪明，喜欢做事，但没有恒心，故管仲推荐开方从事与其他国家交往的工作。尹知章《注》曰："其人性轻率，不能持久。"《管子·小匡》亦载："公子开方，为人巧转而兑利，请使游于卫，以结交焉。"[③] 兑，喜悦。管仲已经发现开方为人善于取巧，喜好利益。卫公子开方擅长言辞，对待齐桓公"利言卑辞"[④]，所以桓公非常喜欢他。

卫公子开方以个人的利益最大化为目标，不顾亲情，故管仲去世之前，谏议齐桓公驱逐开方。管仲说"公子开方事公十五年，不归视其亲。齐、卫之间，不容数日之行。臣闻之，务为不久，盖虚不长。其生不长者，其死必不终。"[⑤]《韩非子·十过》管仲云："齐、卫之间，不过十日之行，开方为事君、欲适君之故，十五年不归见其父母，此非人情也。"[⑥]《韩非子·难一》管仲说："开方事君十五年，齐、卫之间不容数日行，弃其母，久宦不归；其母不爱，安能爱君？臣闻之'矜伪不长，盖虚不久。'"[⑦]《吕氏春秋·知接》齐桓公说："卫公子启方事寡人十五年矣，其父死而不敢归哭。"上述资料均言开方在齐国十五年，不归卫国探望其亲，故《史记·齐太公世家》管仲言开方"倍亲以适君，非人情，难近。"管仲认为开方十五年不回卫国探亲，不符合人之常情，乃是想要得到巨大利益。管仲还说："西郭有狗嘊嘊，旦暮欲啮，我猳而不使也。今

---

① 上博简《鲍叔牙与隰朋之谏》言及竖刁和易牙，本书第四章对竖刁、易牙作了考证，可参看。

② 黎翔凤：《管子校注·大匡》，中华书局新编诸子集成本2004年版，第361页。

③ 黎翔凤：《管子校注·小匡》，中华书局新编诸子集成本2004年版，第446页。

④ 黎翔凤：《管子校注·戒》，中华书局新编诸子集成本2004年版，第527页。

⑤ 黎翔凤：《管子校注·小称》，中华书局新编诸子集成本2004年版，第608页。

⑥ 王先慎：《韩非子集解》，中华书局1998年版，第74页。

⑦ 王先慎：《韩非子集解》，中华书局1998年版，第351页。

夫卫公子开方，去其千乘之太子，而臣事君。是所愿也得于君者，是将欲过其千乘也。君必去之。"[①] 故应当驱逐开方。

（二）卫公子开方对齐国政局的影响

开方在政治方面颇有才能。齐桓公根据管仲的临终愿望，驱逐了卫公子开方。然开方离开之后，桓公很快发现，"逐公子开方，而朝不治"[②]。且齐桓公的内在虚荣之心亦得不到满足，故将卫公子开方召回，《管子》云："利言卑辞不在侧，复反卫公子开方。"[③] 齐桓公四十三年（前643年），开方与竖刁、易牙逐渐掌握了齐国的政权，他们看到齐桓公年老体衰，将不久于人世，就包围桓公的宫殿，拥立新的国君。作为春秋五霸之首的齐桓公，最后在饥渴交加中，带着羞愧之心去世[④]。桓公的五位公子忙着争夺君位，"以故宫中空，莫敢棺。桓公尸在床上六十七日，尸虫出于户。十二月乙亥，无诡立，乃棺赴。辛巳夜，敛殡"[⑤]。齐桓公去世没有及时殡葬[⑥]，国内因君位继承问题，政局混乱，过了八个月桓公才被安葬，《史记》云："以乱故，八月乃葬齐桓公"[⑦]。这给开方带来机会。开

---

① 黎翔凤：《管子校注·戒》，中华书局新编诸子集成本2004年版，第522页。

② 黎翔凤：《管子校注·小称》，中华书局新编诸子集成本2004年版，第609页。

③ 黎翔凤：《管子校注·戒》，中华书局新编诸子集成本2004年版，第527页。

④ 《管子·小称》："公曰：吾饥而欲食，渴而欲饮，不可得，其故何也？"黎翔凤：《管子校注》，中华书局新编诸子集成本2004年版，第609页。《韩非子·十过》："桓公渴馁而死南门之寝。"王先慎：《韩非子集解》，中华书局1998年版，第74页。《吕氏春秋·知接》：齐桓公"蒙衣袂而绝乎寿宫。"陈奇猷：《吕氏春秋新校释》，上海古籍出版社2002年版，第979页。

⑤ 司马迁：《史记·齐太公世家》，中华书局1959年版，第1494页。《史记》中的"无诡"，《左传》《管子》作"无亏"。

⑥ 《礼记·王制》云："天子七日而殡，七月而葬．诸侯五日而殡，五月而葬。大夫、士、庶人三日而殡，三月而葬。"郑玄《注》："尊者舒，卑者速。"孔颖达：《礼记正义》，中华书局影印阮元校刻《十三经注疏》本，1980年版，第1334页中、下。若是超过了殡葬的时间，则需要记录下来，以示讽刺。《左传·隐公元年》曰："天子七月而葬，同轨毕至。诸侯五月，同盟至。大夫三月，同位至。士逾月，外姻至。"孔颖达《疏》："唯过期乃葬者，传言缓，以示讥耳。"孔颖达：《春秋左传正义·隐公元年》，中华书局影印阮元校刻《十三经注疏》本，1980年版，第1717页。

⑦ 《韩非子·十过》："公守之室，身死三月不收，虫出于户。"王先慎：《韩非子集解》，中华书局1998年版，第74页。《吕氏春秋·知接》："虫流出于户，上盖以杨门之扇，三月不葬。"陈奇猷：《吕氏春秋新校释》，上海古籍出版社2002年版，第979页。《管子·小称》："死十一日，虫出于户，乃知桓公之死也。葬以杨门之扇。"黎翔凤：《管子校注》，中华书局新编诸子集成本2004年版，第609页。

方趁齐桓公去世，国家混乱之机，以“书社七百下卫”[①]，将齐国七百社的土地和人口送给卫国。古制二十五家立社，把社内人名登录簿册，谓之“书社”。尹知章《注》曰：“古者群居，二十五家则共置社，谓以社数书于策。谓用此七百之书社降下于卫者也”[②] 春秋时期送别国以土地人口，常以书社为单位[③]，要之，开方在齐桓公去世之后，趁机将齐国许多土地和人口送给卫国。不仅如此，开方还参与了竖刁、易牙树立无亏做齐王的行动，瓜分齐国的权力，《管子》曰：“易牙、竖刁、堂巫、公子开方四人分齐国。”[④]

无亏为易牙、竖刁、卫公子开方所共立。然无亏为齐王，没有得到民众的支持，亦没有合法的程序，在宋襄公的干预下，孝公成为齐君。登上君位的孝公，并没有与竖刁、易牙、卫公子开方的势力联合。开方等待机会，谋取政治资本。根据《史记·齐太公世家》，齐孝公成为君主十年之后病卒，开方看到机会，“孝公弟潘因卫公子开方杀孝公子而立潘，是为昭公。”[⑤] 开方帮助齐孝公之弟潘，杀死孝公之子，潘成为齐王，是为昭公，开方有拥立之功。齐昭公在位十九年，这一段时间开方在政治上当具有相当的影响。较之竖刁、易牙的失败，开方的政治才能更高一些。

---

① 《管子·小称》云：“公子开方以书社七百下卫矣。”黎翔凤：《管子校注》，中华书局新编诸子集成本2004年版，第609页。《吕氏春秋》云：“卫公子启方以书社四十下卫”。陈奇猷：《吕氏春秋新校释·知接》，上海古籍出版社2002年版，第979页。《管子》和《吕氏春秋》均记载卫公子开方将齐国书社送给卫国，数目记载有不同，《管子》作“七百”，《吕氏春秋》作“四十”。数目相差较大，郭沫若云作“七百”为是，曰：“当作‘七百’。古文‘七’作‘十’（横画长于竖画），与‘十’字（竖画长于横画）形近；‘百’与‘四’形亦相近。后之校书者误‘十’（七）为‘十’，以‘十百’为不辞，故改‘百’为‘四’而乙倒之也。”郭沫若《管子集校》（二），人民出版社1984年版，第228页。虽然《管子》与《吕氏春秋》记载的书社数目有不同，但有一点非常明确，就是卫公子开方将齐国的很多书社送给了卫国。

② 黎翔凤《管子校注·小称》，中华书局新编诸子集成本2004年版，第609页。

③ 《左传·哀公十五年》：“昔晋人伐卫，齐为卫故，伐晋冠氏，丧车五百。因与卫地，自济以西，禚、媚、杏以南，书社五百。”杜预《注》：“二十五家为一社，籍书而致之。”孔颖达：《春秋左传正义》，中华书局影印阮元校刻《十三经注疏》本，1980年版，第2175页上。

④ 黎翔凤：《管子校注·小称》，中华书局新编诸子集成本2004年版，第609页。

⑤ 司马迁：《史记·齐太公世家》，中华书局1959年版，第1495页。

三、文公与开方不是一人

上面对卫文公和卫公子开方分别做出考察，将二者的材料进行比对，可以发现，卫文公与公子开方不是一人。

（一）卫文公即位后多年在卫国

卫文公在鲁僖公元年（前 659 年）成为国君，僖公二十五年去世。本节第一部分将《春秋》《左传》的资料进行排比，可以发现，作为君主，卫文公持续多年在卫国政坛上都有军事外交活动。或参加齐桓公的盟会，或参加齐桓公攻打楚国的军事行动，或在诸侯的帮助之下修筑楚丘之郭，或与父兄国人商议攘狄，对邢人、狄人多有征战。卫文公亦忙于内政。如鲁僖公十六年（前 644 年），卫文公与齐桓公、鲁僖公、宋襄公、陈穆公、郑文公、许僖公、邢侯、曹共公在淮地会见，救援鄫国，城鄫而不果。《左传·僖公十六年》云："十二月会于淮，谋鄫，且东略也。城鄫，役人病。有夜登丘而呼曰：'齐有乱。'不果城而还。"[①] 此是齐桓公四十二年（前 644 年）。卫文公十六年（前 644 年），晋公子重耳经过卫国，卫文公对他没有以礼相待，《左传·僖公二十三年》追记云："过卫，卫文公不礼焉。"《史记·卫康叔世家》："十六年，晋公子重耳过，无礼。"这是卫文公在卫国的证据。卫文公去世的那年，还灭掉了邢，《左传·僖公二十五年》："二十有五年（前 635 年）春王正月，丙午，卫侯毁灭邢。夏四月癸酉，卫侯毁卒"[②]。灭邢之后三个月，文公去世。卫文公作为国君，若多年在齐国，如《管子》所言"事公十五年，不归视其亲"，治理国家的事情则不可想象。

又僖公十七年（前 643 年）齐桓公病逝，卫国与宋襄公及曹共公、邾人一起，帮助齐孝公登上君主之位，这与《管子》所记载的开方、易牙、竖刁拥立公子无亏的行为截然相反，无论如何不会同时发生在一个人身上。卫文公于齐桓公卒后八年去世，《史记·卫康叔世家》："十七年

---

① 孔颖达：《春秋左传正义》，中华书局影印阮元校刻《十三经注疏》本，1980 年版，第 1809 页上。

② 孔颖达：《春秋左传正义》，中华书局影印阮元校刻《十三经注疏》本，1980 年版，第 1820 页中。

（前643年），齐桓公卒。二十五年（前635年），文公卒。”根据《史记》，卫文公去世之后二年，卫公子开方杀齐孝公的儿子，而拥立齐昭公为君主，《齐太公世家》云：“十年，孝公卒，孝公弟潘因卫公子开方杀孝公子而立潘，是为昭公。昭公，桓公子也”[①]。《春秋经》僖公二十七年（前633年）亦云“夏六月庚寅，齐侯昭卒。”僖公二十七年，即在卫文公去世二年之后，齐国君位有更替，根据《史记》，是卫公子开方拥立齐昭公继位，说明卫文公死后若干年，卫公子开方仍健在。

（二）卫公子开方多年在齐国

卫公子开方在齐桓公继位早期，就在齐国做事。根据《管子·大匡》，按照时间排比，桓公帮助卫国筑楚丘之后，在齐国减轻关市之征，又派遣多人出使各个诸侯国，才有了公子开方出使卫国之事[②]，则卫公子开方出使卫国是在卫文公即位之后。根据现有文献，可以推测，开方多年来一直在齐国，直至管仲去世之前。管仲看清了开方的人品和企图，故临终遗言，劝谏齐桓公驱逐开方。管仲认为开方十五年不回卫国，此为“倍亲以适君，非人情，难近”[③]。又云：“臣闻之，务为不久，盖虚不长。其生不长者，其死必不终。”[④] 还说：“西郭有狗嘊嘊，旦暮欲啮，我猳而不使也。今夫卫公子开方，去其千乘之太子而臣事君，是所愿也得于君者，是将欲过其千乘也。君必去之。”[⑤] 管仲眼中的开方是利益至上者，他为谋取政治利益和个人利益，多年不回卫国探望父母，甚至父亲去世也不回去奔丧，这不符合人性。管仲去世之前，其遗言是请齐桓公命隰朋为相，驱逐开方、竖刁、易牙，此在齐桓公四

---

① 司马迁：《史记·齐太公世家》，中华书局1959年版，第1495页。

② 《管子·大匡》：“明年，狄人伐卫，卫君出致于虚。桓公且封之。”“桓公筑楚丘以封之，与车三百乘，甲五千。”明年，齐桓公“乃轻税，弛关市之征，为赋禄之制”。之后“乃游公子开方于卫”。黎翔凤：《管子校注·大匡》，中华书局新编诸子集成本2004年版，第358～361页。

③ 司马迁：《史记·齐太公世家》，中华书局1959年版，第1492页。

④ 黎翔凤：《管子校注·小称》，中华书局新编诸子集成本2004年版，第608页。

⑤ 黎翔凤：《管子校注·戒》，中华书局新编诸子集成本2004年版，第522页。《韩非子》亦有记载。《韩非子·十过》载，管仲云：“齐、卫之间，不过十日之行，开方为事君、欲适君之故，十五年不归见其父母，此非人情也。其父母之不亲也，又能亲君乎！”王先慎：《韩非子集解》，中华书局1998年版，第74页。《韩非子·难一》：“开方事君十五年，齐、卫之间不容数日行，弃其母，久宦不归；其母不爱，安能爱君？臣闻之‘矜伪不长，盖虚不久’。”王先慎：《韩非子集解》，中华书局1998年版，第351页。

十一年（前 645 年）[1]。齐桓公驱逐开方之后，发现朝廷管理混乱，又使之返，故齐桓公四十三年（前 643 年）去世的时候[2]，卫公子开方亦在齐国，《管子·小称》云，卫公子开方、竖刁、易牙、棠之巫“四子作难，围公一室，不得出。有一妇人，遂从窦入，得至公所”，“妇人对曰：‘易牙、竖刁、堂巫、公子开方四人分齐国，涂十日不通矣。公子开方以书社七百下卫矣”[3]。《吕氏春秋·知接篇》亦云：“易牙、竖刀、常之巫相与作乱，塞宫门，筑高墙，不通人”，“卫公子启方以书社四十下卫”[4]。

要之，卫文公多年在卫国管理国家，参与诸侯国之间的事宜，卫公子开方则多年在齐国，在齐桓公身边，成为齐桓公信任的人。卫文公在卫国治理国家，参加诸侯国之间的盟会，打击狄人，戍守国家。卫公子开方在齐国，其目的是获得齐国的权力，以使个人利益最大化，故在齐桓公去世前后，违背齐桓公的遗嘱，与竖刁、易牙拥立无亏作君主。卫人与宋襄公帮助齐孝公即位，开方、竖刁、易牙暂败。开方一直等待机会，最终在孝公去世之时，杀死孝公之子，拥立齐昭公继承君位。卫文公继位之后与卫公子开方似乎没有交集。惟二人早年的经历有相似之处，如二人都是卫国的公子，卫文公在成为卫国君主之前，曾避乱来到齐国，开方亦在齐桓公时期来到卫国。然卫文公很快回到卫国继位，开方则常年在齐国宫廷中做事，谋求个人利益。

综上，笔者认为清华简《系年》第四章对卫文公的抄写，可能出现了讹误。古书在传抄过程中出现讹误在所难免，清华简《良臣》就有这样的例子[5]。卫文公与开方的记载亦当是有讹误，卫文公与开方不是一

---

① 《史记·齐太公世家》云：“是岁，管仲、隰朋皆卒。”司马迁：《史记·齐太公世家》，中华书局 1959 年版，第 1492 页。

② 根据《史记》，齐桓公四十三年“冬十月乙亥，齐桓公卒”。司马迁：《史记·齐太公世家》，中华书局 1959 年版，第 1493 页。

③ 黎翔凤《管子校注·小称》，中华书局新编诸子集成本 2004 年版，第 609 页。

④ 陈奇猷：《吕氏春秋新校释·知接》，上海古籍出版社 2002 年版，第 979 页。

⑤ 简文云：“晋文公有子犯，有子余，有咎犯。”言晋文公有良臣子犯，又有咎犯。子犯是晋文公舅父狐偃之字，也称咎犯，在晋文公在外游历的十九年中，狐偃对文公的帮助很大。然抄写者不知子犯就是咎犯，故将子犯、咎犯作为两个人抄写在一起，清华简整理小组也认同这一点，注曰：“狐偃又称咎犯、臼犯、舅犯，简文误分为二人”。李学勤主编：《清华大学藏战国竹简》（叁），中西书局 2012 年版，第 160 页。

人，是简文抄写疏漏所致。

第二节　清华简《良臣》与齐桓公之良臣

《清华大学藏战国竹简》第三册《良臣》①，现有研究成果主要有李学勤《新整理清华简六种概述》②，部分内容是对《良臣》做出考察，认为："简文所载唐虞到西周时的良臣，不少与《尚书》有关，但一部分人物的活动时代和传统说法显然不同"③。而春秋时期的人物，与传世文献没有太大不同，但突出了子产④。程浩考察了为何晋国良臣中列有叔向，认为这与子产有关⑤，而简文最后有伯州犁，也与子产有关⑥。杨蒙生认为此简文用于陪葬，应该是"史童所习之课本"⑦。刘刚认为："通过对《良臣》一篇的阅读，可以认识到整理者认为此篇有晋系文字风格抄本的意

① 李学勤主编：《清华大学藏战国竹简》（叁），中西书局 2012 年版，第 157 ~ 158 页。

② 李学勤：《新整理清华简六种概述》，《文物》2012 年第 8 期。参见该文第六节《良臣》。

③ 李学勤：《新整理清华简六种概述》，《文物》2012 年第 8 期，第 70 页。李学勤说："《君奭》以保衡为汤孙太甲时臣……前人多以为保衡便是阿衡即伊尹，简文却说'武丁有傅说，有保衡。'认为保衡和傅说一样，是高宗武丁时人，和传统说法全然不同。"还说："《坊记》郑玄注和《檀弓》疏引郑玄《诗谱》说君陈为周公子、伯禽弟，同成王是一样辈分，至于君牙，《书序》：'穆王命君牙为周大司徒，作《君牙》'，距离武王时更远。《良臣》把他们列于武王之世，当另有所本。"

④ 李学勤说："至于春秋时期的人物，简文所举就与传世文献没有多少差异，只是如上所说，为了突出子产，特别列举了'子产之师'和'子产之辅'，猜想简文的作者有可能源出郑国，甚至和子产有某种特殊的关系。"李学勤：《新整理清华简六种概述》，《文物》2012 年第 8 期，第 71 页。

⑤ 程浩说："叔向与子产同时，所仕之晋郑又互为邻国，故而二人交往可谓密切。"程浩：《小议〈良臣〉中的"叔向"》，清华大学出土文献研究与保护中心网站 http://www.tsinghua.edu.cn/publish/cetrp/6831/2013/20130512212040098858357/20130512212040098858357_.html。

⑥ 程浩认为此处不是漏抄，而是"伯州犁与叔向一样都与子产关系密切，很可能也是因此而被写入《良臣》"。

⑦ 杨蒙生：《清华简〈良臣〉篇性质蠡测》，清华大学出土文献研究与保护中心网站：http://www.tsinghua.edu.cn/publish/cetrp/6831/2013/20130105153501836757619/20130105153501836757619_.html。

见是可信的。”[①]

根据《良臣》整理者的说明，结合上述诸位的研究，可知《良臣》记载上古到春秋时期辅助天子、诸侯、卿大夫的诸多贤良之臣，文字书写具有晋系特征，记载的黄帝、尧、商周时期的良臣与历史有不合者，但是春秋时期的记载与历史没有很大差异。简文《良臣》题目为编订者自拟[②]，文中黄帝、尧是传说人物，殷周时期商汤、武丁，文王、武王，则是按照时代先后记录成就卓著的天子。至于春秋时期的诸侯，乃按照国别顺序编排[③]。诸侯的名下，开列诸多名臣，编订者认为此篇与尚贤传统有关[④]。从上古传说到夏商周时期，以周朝的文献记载为多。宗周封建，天子、诸侯、卿大夫都有臣子，只是职责范围有大小之不同。简文结构可分为三，以天子与良臣，诸侯与良臣、卿大夫子产与良臣的顺序行文。

简文列出诸侯之良臣，多有巨大功业[⑤]。王霸之国，君主身边往往有很多才能优异之人。如在齐桓公时期，主要的政治家除管仲外，还有鲍叔牙、隰朋、宁戚、宾胥无，《管子·小匡》云：“其相曰夷吾。大夫曰宁戚、隰朋、宾胥无、鲍叔牙”[⑥]。《国语·齐语》云，齐桓公“唯能用管夷吾、宁戚、隰朋、宾胥无、鲍叔牙之属而伯功立”[⑦]。《说苑·尊贤》说：“桓公于是用管仲、鲍叔、隰朋、宾胥无、宁戚，三存亡国，一继绝世，

① 复旦大学出土文献与古文字研究中心博士生刘刚：《清华叁〈良臣〉为具有晋系文字风格的抄本补证》，复旦大学出土文献与古文字研究中心网站论文，http：//www. gwz. fudan. edu. cn/SrcShow. asp？Src_ ID = 2002。作者说：“从文字风格来说……和三晋一系的侯马盟书字形很是类似，而全无楚文字特种以曲线取美的线条特征。”又“从文字形体和用字习惯两个方面来说明《良臣》与晋系文字之间的关系”。还从“用字习惯方面谈《良臣》与晋系文字的关系”。认为“可以发现不少是与楚文字用字习惯不同而与晋系文字相合的”。

② 编者说：“《良臣》与下面的《祝辞》，原由同一书手写在一编相连的竹简上……无篇题。鉴于两者内容性质截然不同，今分别拟题为《良臣》《祝辞》，作为两篇处理。”其中“《良臣》……文字没有缺失。因其内容记述黄帝以至春秋著名君主的良臣，试拟今题”。李学勤主编：《清华大学藏战国竹简》（叁），中西书局2012年版，第156页。

③ 编者说：“从黄帝到周成王依历史顺序，春秋晋文公至郑子产的师、辅则按国别编排。”李学勤主编：《清华大学藏战国竹简》（叁），中西书局2012年版，第156页。

④ 编者说：“中国古代有尚贤的传统，儒、墨都有此主张。《墨子·尚贤》所称尧举舜，禹举益，汤举伊尹，文王举闳夭、泰颠等，均与《良臣》相合。《汉书·古今人表》将许多贤臣列于高等，也是同样寓意。”李学勤主编：《清华大学藏战国竹简》（叁），中西书局2012年版，第156页。

⑤ 今按：孔丘是例外。也有史籍中记载阙如者。

⑥ 黎翔凤：《管子校注·小匡》，中华书局新编诸子集成本2004年版，第440页。

⑦ 《国语·齐语》，上海古籍出版社1998年版，第247页。

救中国，攘戎狄，卒胁荆蛮，以尊周室，霸诸侯。”① 《管子》《国语》《说苑》顺序虽然有不同，但管夷吾、宁戚、隰朋、宾胥无、鲍叔牙五人并提，他们都是卿大夫，对于齐桓公的称霸，贡献很大。简文则云：“齐桓公有龠夷吾、有宾须亡、有隰朋。”② 宁戚、鲍叔牙没有列入。此处我们很有必要根据齐桓公时期的卿大夫管窥简文《良臣》的入选标准。

一、齐桓公之主要卿大夫

管仲自齐桓公即位，就辅佐桓公，“九合诸侯，一匡天下”，“尊王攘夷”，作内政以寓军令，实行“相地而衰征”的政策，叁其国而伍其鄙，国家强盛，称霸诸侯。孔子曰：“微管仲，吾其左衽矣。”还赞扬管仲：“如其仁，如其仁！”齐桓公的功业，管仲作用很大，管仲作为名相列入简文，毫无疑问。

管仲去世之后，隰朋为相，辅助齐桓公。隰朋有很好的外交能力，《管子·小匡》云，管仲任职三个月，曰：“升降揖让，进退闲习，辨辞之刚柔，臣不如隰朋，请立为大行”。大行，主要负责处理与其他国家的外交关系。隰朋还曾负责处理齐国与齐东诸多国家的关系。《管子·大匡》云：“隰朋聪明捷给，可令为东国。”③ 隰朋还是一位军事家。晋国国内混乱，秦穆公将晋公子夷吾送回晋国做国君，齐桓公派隰朋与秦军一起，拥立夷吾，是为晋惠公。他充满智慧，才能优异。《管子·大匡》管仲云：“隰朋聪明捷给。”④ 隰朋对自己要求很高，对别人宽容，有大智，办事能够抓住重点，举重若轻，因此管仲推荐隰朋在其病重后接替他的职位。隰朋在管仲生病期间为齐国相，但桓公四十一年（前645年），管仲去世不久，隰朋也去世了⑤。隰朋在桓公时期贡献很大，又是管仲之后的相，位高权重，故列入《良臣》中。

---

① 向宗鲁：《说苑校正·尊贤》，中华书局1987年版，第174～175页。

② 李学勤主编：《清华大学藏战国竹简》（叁），中西书局2012年版，第157页。

③ 尹知章《管子注》曰：“谓自齐东之国，令隰朋理之。”

④ 伐孤竹的时候，也表现了他的智慧。隰朋、管仲跟随桓公讨伐孤竹，军队回国的途中，山中无水，“隰朋曰：‘蚁冬居山之阳，夏居山之阴。蚁壤寸而仞有水。’乃掘地，遂得水。”王先慎：《韩非子集解·说林上》，中华书局1998年版，第176页。

⑤ 隰朋的详细论证，可参看本书第四章第二节《隰朋事迹考》。

齐桓公时期，宾胥无为理官，管仲说："决狱折中，不杀不辜，不诬无罪，臣不如宾胥无，请立为大司理"[①]。齐桓公七年（前679年），宾胥无改任齐国西部边疆的保卫工作[②]。根据《新序·杂事》，叔向认为官员当中，"管仲善制割，隰朋善削缝，宾胥无善纯缘"。可以推知，管仲善于整体勾勒国家规划，颁布法律制度；隰朋善于实施国家制度；宾胥无善于处理国家的后续问题。宾胥无具有锦上添花的才能。他正直善良，甚至在齐国的国家利益面前，亦不丧失其为善的品格。宾胥无好善，但不会因为国家的最高利益而改变其善[③]；他是很好的政治家，然才能不足以影响齐国政局，在管仲去世之后，宾胥无的政治生命也基本结束了。

鲍叔牙是桓公朝的重要大臣，早年与管仲关系友好，后为小白傅，帮助小白登上齐国君位。他推荐管仲，甘居管仲之下，受到天下赞颂。他善恶分明，疾恶如仇，廉洁正直，但对于别人的短处，终身不忘，不能容人之短[④]。上博简（五）《鲍叔牙和隰朋之谏》中，鲍叔牙与隰朋共同谏议桓公远离佞臣，充分展现了鲍叔牙的政治眼光和政治才华。鲍叔牙是桓公信任的大臣，他中正廉洁，忠心耿耿，但因缺乏灵活的政治手段而没有位极人臣[⑤]。

宁戚本是卫国人，出身贫穷。为取得仕宦，跟随商旅到齐国，唱歌自干桓公[⑥]。桓公听其歌，知其非常人，因之而任用宁戚[⑦]。桓公时期，宁戚负责管理农业生产，《管子》记载："垦草入邑，辟土聚粟，多众尽地

---

① 黎翔凤：《管子校注·小匡》，中华书局新编诸子集成本2004年版，第447页。

② 管仲云："宾胥无坚强以良，可以为西土。"黎翔凤：《管子校注·大匡》，中华书局新编诸子集成本2004年版，第361页。

③ 管仲说："宾胥无之为人也，好善而不能以国诎。"黎翔凤：《管子校注·戒》，中华书局新编诸子集成本2004年版，第521页。

④ 《韩非子·十过》说："鲍叔牙为人刚愎而上悍。刚则犯民以暴，愎则不得民心，悍则下不为用，其心不惧。非霸者之佐也。"王先慎《韩非子集解》，中华书局1998年版，第73页。《吕氏春秋·贵公》记载："夷吾善鲍叔牙，鲍叔牙之为人也：清廉洁直，视不己若者，不比于人；一闻人之过，终身不忘。"陈奇猷：《吕氏春秋新校释》，上海古籍出版社2002年版，第45页。

⑤ 关于鲍叔牙的考察，可参见本书第四章第一节《鲍叔牙事迹考》。

⑥ 《吕氏春秋》云："宁戚欲干齐桓公，穷困无以自进，于是为商旅将任车以至齐，暮宿于郭门之外。桓公郊迎客，夜开门，辟任车，爝火甚盛，从者甚众。宁戚饭牛居车下，望桓公而悲，击牛角疾歌。"陈奇猷：《吕氏春秋新校释·离俗览·举难》，上海古籍出版社2002年版，第1320页。

⑦ 《太平御览》引《史记》曰："宁戚，卫人也。欲仕齐，家贫无以自资，乃赁为人推车。至齐国，桓公出，戚望见车驾，乃于车下饭牛，扣牛角而歌。桓公闻之，抚手曰：'异哉，此人乃非常人也！'命管仲迎之，以为上卿。"《太平御览·人事部·贫上》，中华书局缩印商务印书馆影宋本，2215页下。

之利，臣不如宁戚，请立为大司田。”[①]。他还参与国家决策。《说苑》载，管仲生病去世之前，齐桓公担心齐国盗贼多，奸邪起，曾请教宁戚为政之道，宁戚做出详尽回答[②]。他做事能力很强，但没有节制，故管仲去世之前，说：“宁戚之为人也，能事而不能以足息”[③]。宁戚做事不能适可而止，管仲认为他不适合做齐国之相[④]。

二、齐桓公之良臣

以上考察的管仲、隰朋、宾胥无、鲍叔牙、宁戚，都是齐桓公时期的卿大夫。管仲功业巨大，为相四十余年，历史上与乐毅并称为良相。隰朋品质高尚，有为政才能，还做过不到一年的相，有时与管仲并提[⑤]，故在清华简《良臣》中亦能列入。鲍叔牙在古籍中经常被提及，他不居功，推荐阶下囚的管仲为相，这是一种极高的品质。细考先秦两汉时期的典籍，在列举五位卿大夫功业的时候，除管仲、隰朋外，其他诸人的名字是否被提及常常具有很大的随机性，如《韩诗外传》列出管仲、隰朋、宁戚[⑥]，《史记》总括齐桓公功业的时候，列出管仲、隰朋、鲍叔牙[⑦]，简文

① 《晏子春秋》云：“田野不修，民氓不安，则宁戚昵侍。”吴则虞：《晏子春秋集释》，中华书局新编诸子集成本1982年版，第183页。

② 宁戚答曰：“要在得贤而任之”，需要“开其道路，察而用之，尊其位，重其禄，显其名，则天下之士，骚然举足而至矣”。避免五阻：“主不好士，谄谀在旁，一阻也；言便事者，未尝见用，二阻也；壅塞掩蔽，必因近习，然后见察，三阻也；讯狱诘穷其辞，以法过之，四阻也；执事适欲，擅国权命，五阻也。”齐桓公深以为善。向宗鲁：《说苑校正·君道》，中华书局1987年版，第14页。

③ 尹知章《注》：“宁戚善于农植，贪于积聚，不能知足而息也。”黎翔凤《管子校注·戒》，中华书局新编诸子集成本2004年版，第521页。

④ 宁戚的事迹，可参考李金玲：《齐桓公时期之卿大夫宁戚考》，《兰台世界》2012年第3期。

⑤ 《说苑》说：桓公“得管仲、隰朋，九合诸侯，一匡天下，毕朝周室，为五霸长，以其得贤佐也”。向宗鲁：《说苑校正·尊贤》，中华书局1987年版，第183页。《韩非子》说：“若夫后稷、皋陶、伊尹、周公旦、太公望、管仲、隰朋、百里奚、蹇叔、舅犯、赵衰、范蠡、大夫种、逢同、华登。”此十五人者，作为人臣，都是夙兴夜寐，为“霸王之佐也”。王先慎：《韩非子集解·说疑》，中华书局1998年版，第403～404页。

⑥ 《韩诗外传》：“齐桓公困于长勺，疾据管仲、宁戚、隰朋而匡天下，此皆困而知疾据贤人者也。”许维遹校释：《韩诗外传集释》，中华书局1980年版，第217页。

⑦ 《史记》云：“桓公既得管仲，与鲍叔、隰朋、高傒修齐国政，连五家之兵，设轻重鱼盐之利，以赡贫穷，禄贤能，齐人皆说。”司马迁：《史记·齐太公世家》，中华书局1959年版，第1487页。

则列出管仲、隰朋、宾胥无。要之，为政才能方面，除管仲、隰朋之外，其他三人水平或可相当，他们在做事上亦有弱点，在《管子》中，管仲曾说："鲍叔之为人好直，而不能以国诎。宾胥无之为人也，好善而不能以国诎。宁戚之为人，能事而不能以足息"。故简文中齐桓公时期的大臣列出宾胥无，应该是鲍叔牙、宁戚、宾胥无三人中的一个代表而已。

细考《良臣》的思路，良臣不是孤立地出现，而是与贤明的天子、诸侯国君有密切的关系。简文中提到的天子，有古史传说时期的黄帝、帝尧，还有商朝的商汤、武丁，周朝的文王、武王。这些天子的良臣，与传统历史文献的记载有所不同。诸侯和良臣部分，重点在晋、楚、郑三个国家，与清华简《系年》的记载重点暗合①。齐桓公是春秋五霸之首，他的成功与管仲、隰朋、宾胥无、鲍叔牙、宁戚五位卿大夫的辅助分不开。管仲功绩卓著，隰朋继之，其他宾胥无、鲍叔牙、宁戚在政治才能和性格方面各有优长，又各有不足。简文择取宾胥无，当是从宾胥无、鲍叔牙、宁戚三人中，任意择取一人介绍。

第三节　宾胥无考

清华简《良臣》中提到的宾胥无，是齐桓公时期的卿大夫。其时管仲为相，大夫为宁戚、隰朋、宾胥无、鲍叔牙。上述五位卿大夫中，以管仲最为闻名。《管子》记载管仲最多资料，包含管仲时期的政治、法律、经济诸多方面内容，亦记载了齐桓公、鲍叔牙、宁戚、宾胥无的诸多文献。因为管仲是齐国著名的贤相，故司马迁《史记·管仲列传》对管仲生平多有描述。相较之下，宾胥无是名气较小的一位，因为宾胥无既非如管仲、隰朋一般曾经为相，又非如鲍叔牙一般有让贤的机会，亦非如宁戚那样有饭牛的传奇经历。宁戚因为饭牛而干齐桓公，获得任职的机会，后人包括屈原在内的希望实现人生价值和理想的学者文人，对宁戚朝为饭牛郎，暮为卿大夫的传奇经历多有慨叹，故吟咏较多。相较而言，尽管宾胥

① 侯文学、李明丽：《清华简〈系年〉的叙事体例、核心与理念》，《华夏文化论坛》第八辑，2012年，第286~295页。

无在齐桓公时期与宁戚、隰朋、鲍叔牙的地位相当，他对齐桓公霸业的贡献不可否认，但其生平经历，至今仍是研究的薄弱环节[①]。为了解宾胥无的生平事迹，今以清华简《良臣》为契机，钩沉历史文献资料，以对宾胥无进行考察，庶几有利于先秦历史的研究。

一、宾胥无的功绩

根据《说苑·尊贤》："春秋之时，天子微弱，诸侯力政，皆叛不朝。众暴寡，强劫弱，南夷与北狄交侵，中国之不绝若线。桓公于是用管仲、鲍叔、隰朋、宾胥无、宁戚，三存亡国，一继绝世，救中国，攘戎狄，卒胁荆蛮，以尊周室，霸诸侯。"[②] 说明宾胥无对于齐桓公的霸业有很大的贡献。故《国语·齐语》云，齐国"教大成，定三革，隐五刃，朝服以济河，而无怵惕焉。文事胜矣，是故大国惭愧，小国协附。唯能用管夷吾、宁戚、隰朋、宾胥无、鲍叔牙之属而伯功立"[③]。《国语》所言与《说苑》有相通之处，即齐桓公任用了管仲、鲍叔、隰朋、宾胥无、宁戚诸人，因而取得了巨大的功业。故齐桓公取得霸业，是以管仲为首，包括宾胥无在内的官员群体共同努力的结果。

根据《新序·杂事》，叔向认为官员当中，"管仲善制割，隰朋善削缝，宾胥无善纯缘"。纯，镶边。《仪礼·士冠礼》："屦夏用葛，玄端黑屦，青絇繶纯，纯博寸。"郑玄注："纯，缘也。"贾公彦："云纯缘也者，谓绕口缘边也。"缘，衣服边上的镶绲，衣服的边。《礼记·玉藻》："缘广寸半。"在衣服上镶边，即在衣裙的边缘镶绲布条或者带子，这是一项锦上添花的工作。齐桓公时期的国家管理如同制作衣服一般，管仲善于裁剪，隰朋善于缝制，宾胥无善于将衣服镶边，使衣服变得更加好看。可以推知，管仲善于整体勾勒国家规划，颁布法律制度；隰朋善于实施国家制度；宾胥无善于处理国家的后续问题。师旷认为，他们三个人的作用，就

---

① 本章的第二节中尽管对宾胥无的生平事迹作出概说，然还不够深入。故于本节对宾胥无的生平事迹作出详细考证，以使读者与本书第四章所考察的鲍叔牙、隰朋进行对照研读。

② 向宗鲁：《说苑校正·尊贤》，中华书局 1987 年版，第 174 ~ 175 页。此句在前节有征引。此处为保存文义完整，再次征引。下文引用的一些文句亦出于此种考虑。

③ 《国语·齐语》，上海古籍出版社 1998 年版，第 247 页。

像做饭一样，“管仲善断割之，隰朋善煎熬之，宾胥无善齐和之”①。齐和，乃是使食物的滋味调和适口。本来已经能做成的事情，宾胥无能够使其更为完满地完成。

早年的齐桓公因为善于纳谏，亦善于发挥人才之优长，采纳臣下的谋略，故取得巨大功业。《管子·小匡》云：“其相曰夷吾，大夫曰宁戚、隰朋、宾胥无、鲍叔牙。用此五子者何功度义，光德继法，绍终以遗后嗣。贻孝昭穆，大霸天下。”②

二、宾胥无的职责

齐桓公即位之后，管仲从鲁国回到齐国，经鲍叔牙推荐，成为齐相。相三月，管仲对于隰朋、宁戚、王子城父、东郭牙各有任命，而任命宾胥无为理官。管仲说：“决狱折中，不杀不辜，不诬无罪，臣不如宾胥无，请立为大司理。”③ 理，治理狱讼之官。郑玄注《礼记·月令》：“理，治狱官也。有虞氏曰士，夏曰大理，周曰大司寇。”决狱，判决狱讼。折中，判断案件，依照事务的准则，使之符合道理。朱熹集注《楚辞·九章·惜诵》：“折中，谓事理有不同者，执其两端而折其中，若《史记》所谓‘六艺折中于夫子’是也。”此处是说宾胥无做事符合规范，判定案情，能够根据实际状况，进行恰如其分的断案。管仲为相，首次任命的官员中，就有宾胥无，使之担任李官，负责齐国的案件处理。这是一项非常重要的工作，因为根据历史文献资料，齐桓公时期，担任齐国大司理的官员，行政级别较高，如国子为齐国的上卿，就担任过大司理。

齐桓公七年（前679年），宾胥无改任齐国西部边疆的保卫工作。《管子·大匡》云，齐桓公七年，管仲任命众多官员的职位，而向齐桓公谏议，云：“宾胥无坚强以良，可以为西土”④。尹知章注曰：“西土，齐西之土，令胥无之国与士交兵。”⑤ 坚强，强固有力，不可动摇或摧毁，《左传·成公九年》：“勤以抚之，宽以待之，坚强以御之”。良，善良，

---

① 《新序·杂事》，此条《韩非子·难二》也有记载，内容接近。

② 黎翔凤：《管子校注·小匡》，中华书局新编诸子集成本2004年版，第440~441页。

③ 黎翔凤：《管子校注·小匡》，中华书局新编诸子集成本2004年版，第447页。

④ 黎翔凤：《管子校注·大匡》，中华书局新编诸子集成本2004年版，第361页。

⑤ 同注④。

贤良。郑玄笺《诗经》:“良,善也。”说明宾胥无品质高尚,为人贤明,意志坚强,不畏艰苦,守卫齐国西部边疆,非常适合。这项任命通过齐桓公完成。

齐国制定的重要政策,宾胥无都积极参与执行。根据《管子·轻重乙》,齐为称霸天下,“桓公乃即坛而立,宁戚、鲍叔、隰朋、易牙、宾胥无皆差肩而立。”管仲对于才能之人进行重奖,包括能够攻破千人之众的勇士;兵接弩张,才能超过千人者;能够在千军万马中得执将首者,均给予重赏,“一朝素赏,四万二千金廓然虚”。宁戚、鲍叔、隰朋、易牙、宾胥无对于这种重奖勇士的行为深以为然,故“五子曰:‘善’”①。宾胥无亦参与国家政策的贯彻,根据《管子·轻重丁》,齐国为将富商大贾的财富转移到本国,管仲派宾胥无诸人视察四方,“请使宾胥无驰而南,隰朋驰而北,宁戚驰而东,鲍叔驰而西”。宾胥无发现:“南方之萌者,山居谷处,登降之萌也。上断轮轴,下采杼栗,田猎而为食,其称贷之家,多者千万,少者六七百万。其出之,中伯伍也,其受息之萌八百余家。”②称贷,贷款与人。齐国百姓民间借贷、放贷的情况非常普遍,符合齐国重视工商业经营的状况。宾胥无能够很好地完成管仲委派给他的任务,考察齐国南部百姓的生活状况。

在重大决策过程中,宾胥无是重要的参加者。根据《管子·小问》,齐桓公称霸之后,又想称王,云:“寡人欲霸,以二三子之功,既得霸矣。今吾有欲王,其可乎?”管仲深知齐桓公达不到称王的水平,但是不能够直言,于是说:“公尝召易牙而问焉”。此时,鲍叔牙来到,齐桓公又问此事,鲍叔牙内心亦认为不可,故云:“公当召宾胥无而问焉”。宾胥无来到,齐桓公请教齐国如何称王的问题,宾胥无对曰:“古之王者,其君丰,其臣教。今君之臣丰”。宾胥无根据实际情况,言古代能够称王的君主,他们做事符合礼节,大臣遵循君主做事的方法,上行下效,故能称王。今大臣道德较君主更高,做事更符合礼节,宾胥无言下之意是,齐桓公还不能称王。齐桓公听后,深以为然,说:“昔者大王贤,王季贤,文王贤,武王贤。武王伐殷,克之,七年而崩。周公旦辅成王而治天下,仅能制于四海之内矣。今寡人之子不若寡人,寡人不若二三子。以此观

---

① 黎翔凤:《管子校注·轻重乙》,中华书局新编诸子集成本2004年版,第1456~1457页。

② 黎翔凤:《管子校注·轻重丁》,中华书局新编诸子集成本2004年版,第1474页。

之，则吾不王必矣”[1]。二三子，犹言诸君，你们几个人。宗周代替商纣，经过几代君主的努力，到周武王时，才灭商。之后周公辅佐成王，周公吐哺，兢兢业业，仅能获得四海的平定。桓公的儿子才能比不上齐桓公，而桓公的才能还比不上在座的诸位大臣，故齐桓公觉得不能够称王。由此次事件观之，管仲、鲍叔牙在与齐桓公对话的时候，对于君主的尊严多有回护，而宾胥无则能够根据自己的观点，进行论说，不怕与君主观点相左。

三、宾胥无的为人

宾胥无做事非常尽职，以齐国的富裕强大为根本目标，有时与齐桓公意见不同，也能坚持自己的观点。根据《管子·大匡》，齐桓公五年（前681年），宋人伐杞，“桓公筑缘陵以封之，予车百，乘甲一千”。桓公六年，“狄人伐邢。邢君出致于齐，桓公筑夷仪以封之，予车百乘，卒千人。明年狄人伐卫，卫君出致于虚，桓公且封之。”宾胥无谏曰：“不可！三国所以亡者，绝以小。今君薪封亡国，国尽若何。”[2] 宾胥无认为，杞、邢、卫三国所以灭亡，是因为其国家版图狭小，今齐国以土地为他们筑城，以军队车马资助他们，齐国的实力大受损失，故不应当再帮助卫国。宾胥无主张将齐国的国家利益最大化，故认为就是杞、邢、卫三国灭亡，也可以袖手不管，因为帮助这些国家在齐国的土地上重新建造城池，会消耗齐国很多财富。此处可以看到宾胥无的政治眼光，毕竟没有管仲与齐桓公更为长远。宾胥无没有发现，通过存灭国，继绝世，可以收买天下人心，为齐国称霸天下打下良好的基础。

根据《管子·戒》，管仲去世之前，齐桓公曾经向管仲请教，诸位卿大夫中，谁可以接替管仲的职位。管仲对于诸位主要的官员进行了评价，管仲对于宾胥无的评价是：“宾胥无之为人也，好善”。好善，乐于为善。但是，宾胥无好善，不能够因为国家的最高利益而改变其善，故篇内下文云：“宾胥无之为人也好善，而不能以国诎”[3]。宾胥无好善，而不能为国屈其善，故管仲认为宾胥无不是为相的最佳人选。

---

① 黎翔凤：《管子校注·小问》，中华书局新编诸子集成本2004年版，第963～964页。

② 黎翔凤：《管子校注·大匡》，中华书局新编诸子集成本2004年版，第358页。

③ 黎翔凤：《管子校注·戒》，中华书局新编诸子集成本2004年版，第521页。

根据上述材料，宾胥无在齐桓公时期，是主要的卿大夫，他与管子、鲍叔牙一道，为齐国的政治做出了很大贡献。宾胥无为政，具有锦上添花的才能。据现有文献，宾胥无曾经做过齐国的大司理，负责齐国的司法狱讼，之后还负责过齐国西部边疆的保卫工作；曾经协助管仲调查齐国南部百姓的生活状况；参加了齐桓公时期许多重要的政治活动。一旦齐桓公咨询宾胥无，宾胥无必能根据自己的分析，如实说出自己的观点。即便有与齐桓公的感受或愿望不一致的地方，宾胥无亦会将自己的观点亮出，可以看出他是一位直率的人，为齐国的富裕与强大，做出了自己的贡献。根据《管子》的记载，宾胥无为人正直善良，甚至在齐国国家利益的面前，亦不能改变其善良的品格。这一点恰恰与管仲不同，管仲是将齐国的利益放到第一位的人，为了齐国的强盛，忍辱负重，将个人的荣辱放到国家利益之后，故在公子纠失败之后，能够坐槛车从鲁至齐，与自己的政治对手小白连手，使齐国成为春秋五霸之首。相较之下，宾胥无将为善作为其做事的首选，自然与管仲的政治理念不同，故管仲认为宾胥无不是接替其相职的最佳人选。尽管宾胥无是很好的政治家，但其才能不足以影响齐国的政治局面，在管仲去世之后，宾胥无的政治生命也基本结束了。

以上将《清华大学藏战国竹简》中与《管子》相关的内容作出考察。可发现清华简《系年》第二章记载首止之会，细节上能够补充史料之不足，使我们对齐襄公的小霸作出更全面的考察。《系年》第四章言卫文公是公子开方，这与《管子》《韩非子》《吕氏春秋》《史记》记载的开方不同。经过资料排比，可以发现卫文公与开方不是一人。作为国君，卫文公继位之后多年在卫国管理国家，参与诸侯国之间盟会，而卫公子开方多年在齐国桓公身边。虽然二人均为卫国公子，经历有相似之处，但是卫文公成为君主之后，二人的行为轨迹没有交集。概而言之，卫文公主要以君主的身份治理卫国，与齐桓公有交往，参与诸侯国的事宜，而卫公子开方则主要是在齐国，以谋求个人利益的最大化为目标。齐桓公去世之后，卫国与宋襄公一道，帮助齐桓公指定的继承者齐孝公成为齐国君主。卫文公与开方对于齐国君主的废立，观念完全不同。卫文公尊重齐桓公、管仲的遗愿，帮助继承人齐孝公登上君位，而卫公子开方则完全不尊重齐桓公的愿望，在齐桓公晚年与竖刁、易牙一起，包围齐桓公的宫殿，将齐桓公冻馁而死，并拥立公子无亏作国君。卫文公重视卫国的国家管理，不看重个人利益，是一位君子；卫公子开方不顾亲情，不顾君臣之情，只看重个人私利，是无情无义之人，二人的世界观完全不同。

清华简《良臣》论及齐桓公时期的良臣管仲、宾胥无、鲍叔牙，而在齐桓公时期，知名的卿大夫主要有五人，即《管子·小匡》所说的管夷吾、宁戚、隰朋、宾胥无、鲍叔牙。笔者对齐桓公时期的主要卿大夫的生平事迹作出考察，以窥探《良臣》的写作思路和《良臣》中的良臣入选标准。可以发现，管仲之外，隰朋的功业最高。齐桓公其他三位卿大夫宁戚、宾胥无、鲍叔牙在为政方面各有千秋，简文列出宾胥无，当是任意择取一人而言，是三人中的一个代表。以《管子》和齐国历史研究为视角，考察清华简《良臣》中各诸侯国的良臣入选标准，可推测，良臣，一般是指功业卓著、对国家贡献最大者，若同时期的良臣各有优长，水平相当，则任意择取以作代表。

因《良臣》中记载了宾胥无，故笔者对宾胥无的生平事迹作出考订，可与上博简《鲍叔牙与隰朋之谏》的鲍叔牙、隰朋对照研读。要之，管仲对于齐桓公的霸业贡献最大，隰朋在管仲去世之后，为齐国相，对齐国亦有相当贡献，然天不假年，隰朋为相不到一年因病去世。宁戚、宾胥无、鲍叔牙在其擅长的政治领域各有优长，各有贡献，亦各有不足。

结　语

从宋代开始，学者开始以审视的眼光看待古代文献。至清末民初，形成势头强劲的学术思潮，这对学术研究的思想解放很有益处。然同时带来的是对古书真实性的怀疑，故许多典籍文献的时间断代偏后。以《管子》为例，20 世纪许多研究者认为《管子》出现很晚，有学者认为《管子》的一些篇章产生于汉代，甚至新莽时期。简帛文献的出土，很大程度上能够弥补《管子》研究之不足，有利于对《管子》诸多篇章做出成书时代的正确判断。本书以新出土简帛文献为中心，将《管子》和传世文献加以比较研究，借助传世文献对简帛做出考证校订，亦根据新出土简帛文献考察《管子》的价值。在《银雀山汉墓竹简》《马王堆汉墓帛书》《上海博物馆藏战国楚竹书》中，有些篇章内容与《管子》密切相关，本论著主要对此做出考察。此外，对《清华大学藏战国竹简》中与《管子》有关的内容亦做出考察。

银雀山汉墓竹简在山东临沂发现，此处旧属齐地。墓主下葬的竹简中，内容多与齐国文化密切关联，对于齐国的典籍文化保存具有很大价值。其中有简文《〈守法〉〈守令〉等十三篇》（以下简称《十三篇》），内容取材于《周礼》《墨子》《尉缭子》《老子》的资料很多，亦有许多内容与《管子》相关。特别是《王兵》篇，内容与《管子》完全相同，只是顺序有所不同。根据考察，可以发现《王兵》根据《管子》，融会成为首尾完整的一篇文章。简文主要论述了军队的重要性，认为军队是国家安全的保障，是讨伐其他国家的重要手段。军事作战，需确定攻城之计，知己知彼，方可百战百胜。简文《市法》，是关于市场的法律规范，记载了市的特性、市的功用、市吏的职责和齐国集市的规模、税收的标准、市中的铺肆是怎样安排的，以及管理市场的官吏职责，具有重要价值。简文《李法》记载了具体法规的实施情况，与《管子》内容互相补充，使我们对齐国职官制度中的李官有了比较清晰的认识。简文《王法》主要论述王者之道，对于不能完成劳动任务的百姓，有详细而严格的惩罚措施，这在《管子》中没有出现。简文《田法》主要是记载田地的种植、管理，有详细的处罚制度规定，是一部具体法规，在细节上有了新的内容。《十三篇》的主旨和《管子》有不同。《管子》主要是对大政方针的规定，对于农业生产，以鼓励、奖赏为主，很少有惩罚措施；而在法律实施方面，则有严格的惩处制度。关于《十三篇》，多数学者认为是战国时期齐国的法律，当成书于商鞅变法之前。《管子》主体部分的成书当在管仲之时或稍后，至少在春秋末年《管子》主体部分已形成。故《十三篇》的成书时代更晚一些，其内容很有战国时代的特点，吸收了《管子》思想和齐国法律制度，又根据时代的需要而有新的发展。《十三篇》是经过科学发掘出土的新文献，是重要的坐标，可为《管子》的成书时代提供重要参考，帮助考订《管子》篇章的讹误，是《管子》研究的宝贵财富。

马王堆帛书《春秋事语》中，《鲁桓公与文姜会齐侯于乐章》《齐桓公与蔡夫人乘舟章》与《管子》内容非常接近，为今本《管子》研究提供了宝贵的参考文献。帛书《鲁桓公与文姜会齐侯于乐章》是《春秋事语》的第十六章，记载鲁桓公与齐襄公在泺盟会，鲁桓公为此丧命。此事在先秦典籍中，《春秋》《左传》《公羊传》《穀梁传》《管子》都有记载。通过资料比对，可以发现《管子·大匡》的记载最详细，与帛书的记载也最为接近。将帛书与传世文献结合起来考察，可知齐襄公继承了齐庄公的小霸之业，在政治上对齐国有一定的贡献。新近出版的《清华大学藏战国竹简》（贰）《系年》的第二章对齐襄公也有记载，充分证明齐襄公是齐国历史上的“小霸”之主。但是齐襄公做事随意，最终导致被手下人杀害。帛书记载的文姜，是齐僖公之女。她嫁给鲁桓公，生下嫡长子同，即后来的鲁庄公。泺之盟，文姜因为与兄长齐襄公的私情被鲁桓公发现，导致鲁桓公被杀。鲁桓公去世后，文姜的政治活动增多。齐桓公继位，文姜曾到齐国，并先后两次到莒国。文姜对鲁桓公、齐襄公、鲁庄公都产生了很大影响力。文姜的行为，对此后的哀姜亦有影响。文姜影响了鲁国、齐国的内政外交。通过对文姜及其行为的考察，可以发现在文姜身上蕴含的齐国女性的独有特质。这里说的齐国女性，主要指在齐国出生、长大的女性。在她们人格形成的关键期，齐国文化耳濡目染地浸润内心，虽然一些女性嫁到其他国家，仍然保存了其独有的个性。齐是周天子的封国，许多政令和措施有周文化的特质，故《周礼》在齐国文化中很有影响。齐国文化包容性很强，因为姜太公封齐，制定的政策是“因其俗”，“简其礼”，齐国当地原有文化得到保存。齐国文化影响到齐国每一个人，包括齐国的女性在内。通过考察，可以发现齐国女性对于政治的参与意识比较强，故文姜之后的哀姜，齐宣王的王后无盐，齐王建的母亲君王后，都是其中的代表。齐国一般女性地位亦较高，长女终身不嫁，负责家庭祭祀，称作“巫儿”。齐国女性独有的文化特质，直到西汉时期还有明显的表现。帛书《齐桓公与蔡夫人乘舟章》是《春秋事语》的第七章。根据简帛，蔡夫人因为触犯齐桓公而被打发回娘家，蔡夫人的兄长蔡侯在妹妹回国后不久，将其改嫁。齐桓公大怒，挥师南下，攻打蔡国。根据简帛，齐国攻打蔡国目的性很强，就是因为蔡国将蔡夫人改嫁了。侵蔡与之后的齐国攻打楚国，是前后发生的两件事，这两件事关联性不大，这与《春秋》的记载吻合。

《上海博物馆藏战国楚竹书》（五）中的《鲍叔牙与隰朋之谏》，可以与《春秋》《左传》《管子》结合起来考订，断定简文中记载的日食的发生时间。上博简为我们考察齐桓公的改革提供了新视角。众所周知，齐桓公的霸业，是他登上齐国君位之后，在管仲的协助下，进行了叁国五鄙、四民分业定居、相地而衰征的改革，逐渐确立了齐国的霸权。根据上博简《鲍叔牙与隰朋之谏》，可以发现齐桓公在管仲去世前后，对于齐国的政治亦进行了改革，其规模没有早期巨大，但对国家的影响也很深远。这使我们认识到，齐桓公在其早年登上君位的时候，国家的大政方针已经制定。合理的推断是，齐桓公终其一生，对于齐国的方针政策一直在不断完善。管仲自齐桓公登上君位，就辅佐桓公，强盛国家，称霸诸侯。管仲去世之后，隰朋为相，辅助桓公。隰朋有很好的外交能力，他充满智慧，才能优异。鲍叔牙是桓公朝的重要大臣，早年与管仲关系友好，后为小白傅，帮助小白登上齐国君位。他善恶分明，疾恶如仇，廉洁正直，但不能容忍别人的缺点。本书对于曹刿的考察则是《管子》研究的重要补充。根据《上海博物馆藏战国楚竹书》（叁），曹刿是鲁庄公重要的谋臣，他在柯之盟中，是协助鲁庄公成功订立盟约的人，迫使齐桓公答应将侵占的鲁国的土地返还。这种盟约，是齐桓公在被胁迫之下订立的。齐桓公此后接受教训，专心从事内政发展，使齐国逐渐强盛，为称霸打下坚实的物质基础。

《清华大学藏战国竹简》（贰）和《清华大学藏战国竹简》（叁）中，有一些文献材料也与《管子》有关。如清华简（贰）《系年》第二章就记载了齐襄公的首止之会。根据简文，齐襄公会盟诸侯，杀死郑国的君主子眉寿，改立郑厉公，齐襄公成为霸主。这条珍贵的资料，为传世文献所不载，是考察齐襄公的重要资料。清华简《系年》第四章言卫文公是公子开方，这与《管子》《韩非子》《吕氏春秋》《史记》记载的开方不同。经过资料排比，可以发现卫文公与开方不是一人。作为国君，卫文公继位后多年在卫国管理国家，参与诸侯国之间盟会，而卫公子开方多年在齐国桓公身边。虽然二人均为卫国公子，经历有相似之处，但是卫文公成为君主之后，二人的行为轨迹似乎没有交集。概而言之，卫文公主要以君主的身份治理卫国，与齐桓公有交往，参与诸侯国的事宜；而卫公子开方则主要是在齐国，以谋求个人利益的最大化为目标。齐桓公去世之后，卫文公与宋襄公一道，帮助齐桓公指定的继承者齐孝公成为齐国君主。卫文公与卫公子开方对于齐国君主的废立，观念完全不同。卫文公尊重齐桓公的遗愿，帮助继承人齐孝公登上君位，而开方则完全不尊重齐桓公的愿望。在齐桓公的晚年，开方与竖刁、易牙一起，拥立公子无亏作国君。卫文公重视卫国的国家治理，不甚看重个人利益；卫公子开方则不顾亲情，不顾君臣之义，只顾个人利益。简帛文献中有些内容，与传世文献的记载不同，需要仔细辨识，谨慎使用。《清华大学藏战国竹简》（叁）的《良臣》中，记载了齐桓公及其良臣管仲、隰朋、宾胥无。根据先秦两汉文献可知，齐桓公时期的重要卿大夫有五人，除了上述的管仲、隰朋、宾胥无之外，还有鲍叔牙和宁戚。根据历史文献和上述人物的考察，可以推知，齐桓公的五位卿大夫中，管仲、隰朋地位最高，贡献最大。其他如鲍叔牙、宾胥无、宁戚贡献和能力相当，性格和做事方式上各有不足，故清华简《良臣》在管仲、隰朋之后列出宾胥无，是任意择取一人为言，这与传世文献的记载吻合。

出土文献历代都有，然从 20 世纪 70 年代以来，简帛文献的出土呈现出蔚为大观的景象，这为研究者提供了极大的便利。简帛文献能够补充传世文献内容之不足，还能补充考订传世文献在流传过程中出现的讹误，也能够考察学者对于传世文献的辨识能力。以《管子》而论，这部书虽然在历代都有流传，然作为子书，没有得到应有的重视。从清代开始，名家开始重视《管子》的考订，清代的王念孙、王引之、俞樾即是如此。他们对《管子》篇章文字做出考察。根据新出土的简帛文献，可以在一定程度上考察清代学者文献研究的水平。就王念孙、王引之父子来说，他们研究《管子》，只是依据明代赵用贤本《管子》，为保证研究的准确性，还从藏书家手中借阅了南宋墨宝堂本《管子》抄本。将南宋墨宝堂本《管子》与南宋杨忱《序》本《管子》相比较，后者的准确性更高。王念孙、王引之没有借阅到最佳《管子》版本，但对《管子》做出的考订非常精准，《银雀山汉墓竹简》中的《王兵》的出土，证明了他们考证的准确性。他们的研究，达到了清代学者《管子》研究的最高水平。

要之，在《管子》的研究过程中，出土的简帛文献能够加深对于《管子》记载的典籍、文献的考察，《管子》对于出土文献也具有重要的借鉴作用。《管子》和出土文献结合起来研究，能够提供一种新的研究视角。新出土的简帛文献和《管子》相结合的研究，还有很大空间。

主要参考文献

A

［美］艾　兰：a.《水之道与德之端：中国早期哲学思想的本喻》（增订版），张海晏译，商务印书馆 2010 年版。

b.《龟之谜：商代神话、祭祀、艺术和宇宙观研究》（增订版），汪涛译，商务印书馆 2010 年版。

c.《世袭与禅让：古代中国的王朝更替传说》，余佳译，商务印书馆 2010 年版。

d.《早期中国历史、思想与文化》（增订版），杨民等译，商务印书馆 2011 年版。

B

白　奚：《稷下学研究——中国古代的思想自由与百家争鸣》，三联书店 1998 年版。

班　固：《汉书》，中华书局 1962 年版。

北京图书馆编：《民国时期总书目》（1911—1949），书目文献出版社 1991 年版。

C

曹道衡、刘跃进：《先秦两汉文学史料学》，中华书局 2005 年版。

晁公武：《昭德先生郡斋读书志》，《中国历代书目丛刊》据续古逸丛书本影印，现代出版社 1987 年版。

陈鼓应主编：a.《道家文化研究》（第一辑），上海古籍出版社 1992 年版。

b.《道家文化研究》（第二辑），上海古籍出版社 1992 年版。

c.《道家文化研究》（第三辑），上海古籍出版社 1993 年版。

d.《道家文化研究》（第四辑），上海古籍出版社 1994 年版。

e.《管子四篇诠释》，台北三民书局2003年版。
陈梦家：a.《汉简缀述》，中华书局1980年版。
b.《殷墟卜辞综述》，中华书局1988年版。
c.《西周青铜器断代》，中华书局2004年版。
d.《西周年代考六国纪年》，中华书局2005年版。
e.《尚书通论》，中华书局2005年版。
陈奇猷：《吕氏春秋新校释》，上海古籍出版社2002年版。
陈启天：《中国法家概论》，中华书局1936年版。
陈　垣：《史讳举例》，上海书店出版社1997年版。
崔富章：a.《四库提要补正》，杭州大学出版社1990年版。
b.《楚辞书目五种续编》，上海古籍出版社1993年版。
D
戴　望：《管子校正》，丛书集成续编本，上海书店1994年版。
丁原明：《黄老学论纲》，山东大学出版社1997年版。
杜　佑：《通典》，中华书局据原商务印书馆万有文库十通本影印，1984年版。
段玉裁：《说文解字注》，上海古籍出版社1981年版。
F
房玄龄：《晋书》，中华书局1974年版。
冯友兰：《中国哲学史》，中华书局1961年版。
傅增湘：《藏园群书经眼录》，中华书局1983年版。
G
高　亨：a.《周易大传今注》，《高亨著作集林》（第二卷），清华大学出版社2004年版。
b.《诗经今注》，《高亨著作集林》（第三卷），清华大学出版社2004年版。
高　明：《帛书老子校注》，中华书局新编诸子集成本1996年版。
顾颉刚、刘起釪：《尚书校释译论》，中华书局2005年版。
顾颉刚：《顾颉刚古史论文集》（第三册），中华书局1996年版。
管子学刊编辑部编：《齐文化纵论》，华龄出版社1993年版。
郭　丽：《管子文献学研究》，中国海洋大学出版社2007年版。
郭茂倩：《乐府诗集》，中华书局1979年版。

郭沫若：a.《管子集校》(一)，《郭沫若全集》历史编第五卷，人民出版社 1984 年版。

b.《管子集校》(二)，《郭沫若全集》历史编第六卷，人民出版社 1984 年版。

c.《管子集校》(三)，《郭沫若全集》历史编第七卷，人民出版社 1984 年版。

d.《管子集校》(四)，《郭沫若全集》历史编第八卷，人民出版社 1985 年版。

国家文物局古文献研究室：《马王堆汉墓帛书》(壹)，文物出版社 1980 年版。

H

汉语大字典编辑委员会编：《汉语大字典》(三卷本)，四川辞书出版社、湖北辞书出版社 1995 年版。

何建章：《战国策注释》，中华书局 1990 年版。

何　晋：《战国策研究》，北京大学出版社 2001 年版。

何　宁：《淮南子集解》，中华书局新编诸子集成本 1998 年版。

洪兴祖：《楚辞补注》，中华书局 1983 年版。

洪颐煊：《管子义证》，清光绪己丑徐氏积余校栞本。

胡寄窗：《中国经济思想史》(上)，上海人民出版社 1962 年版。

胡家聪：《管子新探》，中国社会科学出版社 2003 年版。

胡朴安：《古书校读法》，江苏古籍出版社 1985 年版。

胡　适：《中国哲学史》(全二册)，《胡适学术文集》，中华书局 1991 年版。

胡玉缙：《四库全书总目提要补正》，上海书店出版社 1998 年版。

黄丕烈：《黄丕烈书目题跋》，清人书目题跋丛刊六，中华书局 1993 年版。

黄云眉：《古今伪书考补正》，齐鲁书社 1980 年版。

J

贾海生：《周代礼乐文明实证》，中华书局 2010 年版。

蒋伯潜：《诸子通考》，浙江古籍出版社 1985 年版。

焦　竑：《国史经籍志》，丛书集成初编本，中华书局 1985 年版。

金春峰：《汉代思想史》，中国社会科学出版社 1997 年版。

L

黎靖德：《朱子语类》，中华书局 1986 年版。

黎翔凤：《管子校注》（全三册），中华书局新编诸子集成本 2004 年版。

李　零：a.《李零自选集》，广西师范大学出版社 1998 年版。

b.《简帛古书与学术源流》，三联书店 2004 年版。

李学勤：a.《东周与秦代文明》，文物出版社 1984 年版。

b.《古文献丛论》，上海远东出版社 1996 年版。

c.《简帛佚籍与学术史》，江西教育出版社 2001 年版。

d.《重写学术史》，河北人民出版社 2002 年版。

e.《中国古代文明十讲》，复旦大学出版社 2005 年版。

李学勤主编：《清华大学藏战国竹简》（壹至叁），中西书局 2010、2011、2012 年版。

李致忠：《古籍版本学概论》，书目文献出版社 1990 年版。

梁启超：a.《饮冰室合集》，中华书局 1989 年版。

b.《管子评传》，岳麓书社 1996 年版。

林甲清编著：《明清著名藏书家藏书印》，北京图书馆出版社 2000 年版。

刘　节：《古史考存》，人民出版社 1958 年版。

刘起釪：《尚书学史》，中华书局 1989 年版。

刘师培：《刘申叔遗书》，江苏古籍出版社影印民国 27 年本，1997 年版。

刘蔚华：《稷下学史》，中国广播电视出版社 1992 年版。

刘文典：《淮南鸿烈集解》，中华书局新编诸子集成本 1989 年版。

刘　向：《列女传》，辽宁教育出版社 1998 年版。

刘跃进：a.《秦汉文学论丛》，凤凰出版社 2008 年版。

b.《秦汉文学地理与文人分布》，中国社会科学出版社 2012 年版。

楼宇烈：《老子道德经注校释》，中华书局新编诸子集成本 2008 年版。

陆德明：《经典释文》，上海古籍出版社影印宋刻本，1985 年版。

罗根泽：《诸子探源》，上海古籍出版社 2001 年版。

罗竹凤主编：《汉语大词典》，汉语大词典出版社 1997 年缩印本。

吕思勉：a.《吕思勉读史札记》，上海古籍出版社 1982 年版。
b.《先秦学术概论》，东方出版中心 1985 年版。
M
马承源主编：《上海博物馆藏战国楚竹书》（壹至柒），上海古籍出版社 2001—2008 年版。
马非百：《管子轻重篇新诠》，中华书局新编诸子集成本 1979 年版。
马国翰：《玉函山房辑佚书》，上海古籍出版社 1990 年版。
马积高：《荀学源流》，上海古籍出版社 2000 年版。
马瑞辰：《毛诗传笺通释》，中华书局 1989 年版。
马王堆汉墓整理小组编：《马王堆汉墓帛书》（叁），文物出版社 1983 年版。
毛春翔：《古籍版本常谈》，中华书局香港分局 1985 年版。
梅士享：《铨叙管子成书》，齐鲁书社《四库存目丛书》据清华大学图书馆藏明天启五年（1625 年）刻本影印，1995 年版。
O
欧阳询：《艺文类聚》，汪绍楹校，上海古籍出版社 1982 年版。
Q
钱　穆：《国史大纲》，商务印书馆 1996 年版。
裘锡圭：a.《古代文史研究新探》，江苏古籍出版社 1992 年版。
b.《裘锡圭自选集》，大象出版社 1999 年版。
R
任继愈主编：《中国哲学史》（全四册），人民出版社 1996 年版。
阮元校刻：《十三经注疏》，中华书局影印原世界书局版，1980 年版。
S
邵懿辰：《增订四库全书简明目录标注》，上海古籍出版社 1979 年版。
沈文倬：《菿闇文存》，商务印书馆 2006 年版。
深圳大学国学研究所编：《中国文化与中国哲学》，东方出版社 1986 年版。
石光瑛：《新序校释》，中华书局 2001 年版。
石一参：《管子今诠》，中国书店影印本，1988 年版。
司马迁：《史记》，中华书局 1959 年排印本。

宋翔凤:《过庭录》,中华书局排印本,1986 年版。
苏　舆:《春秋繁露义证》,中华书局 1992 年版。
孙诒让:a.《札迻》,中华书局 1989 年版。
b.《墨子间诂》,中华书局 2001 年版。
T
汤孝纯:《管子述评》,台北东大图书股份有限公司 1995 年版。
童教英整理:《童书业历史理论论文集》,青岛出版社 1998 年版。
童书业:a.《春秋史》,上海古籍出版社 2003 年版。
b.《春秋左传研究》,上海古籍出版社 2003 年版。
W
王阁森、唐致卿:《齐国史》,山东人民出版社 1992 年版。
王利器校注:a.《新语校注》,中华书局 1986 年版。
b.《盐铁论校注》,中华书局 1992 年版。
王念孙:《读书杂志》,清嘉庆刻本。
王钦若:《册府元龟》,中华书局影印明刻本,1960 年版。
王绍兰:《管子地员篇注》,清刻本。
王绍曾《清史稿艺文志拾遗》,中华书局 2000 年版。
王文锦《礼记译解》,中华书局 2001 年版。
王先谦:《荀子集解》,中华书局 1988 年版。
王先慎:《韩非子集解》,中华书局 1998 年版。
王尧臣:《崇文总目》,《中国历代书目丛刊》据粤雅堂丛书本影印,现代出版社 1987 年版。
王应麟:《玉海》,江苏古籍出版社、上海书店联合出版,据光绪九年(1883 年)浙江书局刊本影印,1987 年版。
王云五主持:《续修四库全书提要》,台北“商务印书馆”1972 年版。
吴则虞:《晏子春秋集释》,中华书局新编诸子集成本 1982 年版。
X
向宗鲁:《说苑校正》,中华书局 1987 年版。
萧　统:《文选》,唐·李善注,中华书局 1977 年版。
邢　文:《帛书〈周易〉研究》,人民出版社 1997 年版。
熊公哲:《荀卿学案》,台北“商务印书馆”1980 年版。

徐复观：《中国人性论史》（先秦篇），上海三联书店 2001 年版。
徐坚等：《初学记》（全二册），中华书局 2004 年版。
徐元诰：《国语集解》，中华书局 2002 年版。
许光清：《管子校》，丛书集成初编本，中华书局 1985 年版。
许　慎：《说文解字》，中华书局 1963 年排印本。
许维遹：《韩诗外传集释》，中华书局 1980 年版。
许倬云：《西周史》，三联书店 2001 年版。
宣兆琦、李金海主编：《齐文化通论》，新华出版社 2000 年版。
Y
阎振益等校注：《新书校注》，中华书局新编诸子集成本 2000 年版。
杨伯峻：《春秋左传注》，中华书局 1990 年版。
杨　宽：《西周史》，上海人民出版社 2003 年版。
杨荣国：《中国古代思想史》，人民出版社 1973 年版。
杨绍和：《楹书隅录》，清人书目题跋丛刊三，中华书局 1990 年版。
姚际恒：《古今伪书考》，丛书集成初编本，中华书局 1985 年版。
银雀山汉墓竹简整理小组编：《银雀山汉墓竹简》（壹），文物出版社 1985 年版。
永瑢编：《四库全书总目》，中华书局 1965 年版。
余嘉锡：《余嘉锡说文献学》，上海古籍出版社 2001 年版。
余明光：《黄帝四经与黄老思想》，黑龙江人民出版社 1989 年版。
虞世南：《北堂书钞》，学苑出版社据首都图书馆藏清光绪十四年（1888 年）南海孔氏三十有三万卷堂影宋刊本印制，1988 年版。
于省吾：《双剑誃诸子新证》，中华书局 2009 年版。
Z
曾振宇：《中国气论哲学研究》，山东大学出版社 2001 年版。
章炳麟：a.《章太炎全集》（一），上海人民出版社 1982 年版。
b.《章太炎全集》（六），上海人民出版社 1986 年版。
张传玺等编：a.《战国秦汉史论文索引》（1900—1980），北京大学出版社 1983 年版。
b.《战国秦汉史论文索引续编》（1981—1990），北京大学出版社 1992 年版。
c.《战国秦汉史论文索引三编》（1991—2000），北京大学出版社

2002 年版。

张固也：《管子研究》，齐鲁书社 2006 年版。

张佩纶：《管子学》，手稿影印本。据浙江省图书馆古籍部藏书。

张舜徽：《周秦道论发微》，中华书局 1982 年版。

张文虎：《舒艺室随笔·舒艺室余笔》，辽宁教育出版社据清同治十三年（1874 年）刊本排印本，2003 年版。

张亚初、刘雨：《西周金文官制研究》，中华书局 1996 年版。

张涌泉：《汉语俗字研究》，岳麓书社 1995 年版。

张震泽：《孙膑兵法校理》，中华书局新编诸子集成本 1984 年版。

张震泽：《黄帝内经集注》，杭州古籍出版社 2002 年版。

张之洞撰，范希增补正：《书目答问补正》，上海古籍出版社 2001 年版。

张自烈：《正字通》，安徽教育出版社影印康熙清畏堂刊本，《中华汉语工具书文库》，2002 年版。

赵善诒疏证：《新序疏证》，华东师范大学出版社 1989 年版。

赵守正：a.《管子注释》（上册），广西人民出版社 1982 年版。

b.《管子注释》（下册），广西人民出版社 1987 年版。

赵蔚芝：《稷下学宫资料汇编》，山东教育出版社 1989 年版。

郑杰文：《20 世纪墨学研究史》，清华大学出版社 2002 年版。

索　引

A

哀姜　84，95，96，97，99，204，205

B

鲍叔牙　4，6，7，38，78，93，94，102，107，112，113，114，116，117，118，119，120，121，122，123，131，132，133，134，136，137，138，139，141，143，144，145，147，149，150，152，154，155，156，157，158，159，160，161，162，165，166，167，168，169，171，172，174，185，192，193，194，195，196，197，198，199，200，201，202，205，206

宾胥无　6，37，38，39，118，121，138，154，155，159，161，162，164，165，166，168，192，193，194，195，196，197，198，199，200，201，202，206

C

蔡哀侯　101，102，104

蔡夫人　4，6，68，75，99，100，101，102，105，106，108，113，140，181，204，205

蔡缪侯　101，102，106

蔡叔度　101

曹刿（曹沫）　6，94，97，154，172，173，174，175，176，177，205

G

高子　38，57，124，154，175

公孙无知　80，81，138，156

公子纠　77，78，81，84，94，112，138，142，155，156，157，158，159，201

管仲　2，6，17，24，25，26，37，38，66，78，81，84，93，94，103，104，105，106，107，112，113，114，115，117，118，119，120，121，122，123，125，128，130，134，137，138，139，141，142，143，145，146，147，150，152，154，155，156，157，158，159，160，161，162，163，164，165，166，167，168，169，171，172，174，175，176，177，179，182，185，186，189，190，192，193，194，195，196，197，198，199，200，201，202，204，205，206

国子　38，39，57，93，124，154，198

J

姜太公（太公） 26，37，64，78，83，84，87，98，123，126，142，159，166，195，205

L

鲁桓公 4，6，68，70，71，74，75，76，77，78，79，80，81，82，83，84，85，86，87，88，89，90，91，92，93，95，99，108，109，112，113，143，144，156，204
鲁庄公 6，77，80，82，84，89，90，91，92，93，94，95，96，97，99，105，142，154，172，173，174，175，176，177，204，205

M

《马王堆汉墓帛书》（马王堆帛书） 4，6，7，15，67，68，69，70，73，74，75，76，80，84，89，100，101，108，112，140，147，148，179，203

N

宁戚 6，37，38，61，118，121，138，143，154，155，159，161，162，165，166，168，192，193，194，195，196，197，198，199，202，206

P

彭生 70，71，73，75，76，77，80，83，84，89，99，107，109，143

Q

齐桓公 1，4，5，6，7，25，26，29，31，32，37，38，39，58，59，68，75，83，84，93，94，95，96，99，100，101，102，103，104，105，106，107，108，112，113，114，117，118，119，120，121，122，123，124，125，126，127，128，129，130，131，132，133，134，136，137，138，139，140，141，142，143，144，145，146，147，149，150，151，152，153，154，155，156，157，158，159，160，161，162，163，164，165，166，167，168，169，170，171，172，173，174，175，176，177，179，180，181，182，183，184，185，186，187，189，190，191，192，193，194，195，196，197，198，199，200，201，202，204，205，206
齐僖公 6，77，78，80，83，84，85，86，87，88，90，92，99，111，142，156，204
齐襄公 6，7，68，70，71，74，75，76，77，78，79，80，81，82，83，84，87，88，89，90，91，92，93，99，108，109，112，129，138，142，143，147，156，157，178，179，201，204，206
《清华大学藏战国竹简》（清华简） 3，4，6，7，79，154，178，179，180，184，190，191，192，193，195，196，197，201，202，203，204，206
屈完 104，105，114

S

《上海博物馆藏战国楚竹书》（上博简）

4，6，7，102，107，113，114，116，123，131，133，136，139，144，145，149，150，154，161，162，167，171，172，173，176，185，194，202，203，205
申繻 77，89，109
市啬夫 33，34，35，61
竖刁 6，113，117，118，119，120，121，122，137，138，141，145，147，150，152，154，165，166，167，168，169，171，172，182，184，185，186，187，188，189，190，201，206
竖曼 108，109

T

田啬夫 33，61

W

卫公子开方（启方） 6，7，119，120，122，137，138，145，147，152，165，172，179，180，184，185，186，187，188，189，190，201，202，206
文姜 4，6，68，70，72，74，75，76，77，81，82，83，84，85，86，88，89，90，91，92，95，96，97，98，99，101，108，109，112，113，138，142，157，204，205

X

隰朋 4，6，7，37，38，102，112，113，114，116，117，118，119，120，121，122，123，131，132，133，134，136，137，138，139，141，142，144，145，149，150，152，154，155，158，159，160，161，162，163，164，165，166，167，168，169，171，172，185，189，190，192，193，194，195，196，197，198，199，202，205，206

Y

医宁 75，76，80，108，109，113
邑啬夫 33，34，35，36，54，55，61
易牙 6，113，117，118，119，120，121，122，137，138，139，144，145，147，150，152，154，165，166，167，168，169，170，171，172，182，184，185，186，187，188，189，190，199，201，203，206
《银雀山汉墓竹简》（银雀山汉简） 3，4，6，7，8，9，10，14，15，16，17，19，20，21，22，23，24，25，27，32，33，34，35，36，39，40，42，43，45，50，51，58，63，65，107，113，114，203，207
辕涛涂 103

Z

召忽 78，81，93，94，156
郑太子忽 85，86

后　记

《简帛文献与〈管子〉研究》，是我在2007年获得的山东省社会科学基金资助的重大研究项目课题（批准号：07JDB107），也是我2006年从浙江大学古籍所博士毕业，来到山东理工大学工作后，第一次获得的研究资助。项目资助的经费使我能够比较从容地去北京、上海等地查阅、收集相关文献资料，与同行学者进行学术交流。其间在山东大学历史文化学院跟从曾振宇教授作博士后研究，《简帛文献与〈管子〉研究》也是我博士后阶段研究的成果。书稿在2010年基本完成，主要内容是《管子》与《银雀山汉墓竹简》《马王堆汉墓帛书》《上海博物馆藏战国楚竹书》的关系研究，之后间有补充。

2012年年底，我到美国达慕思大学（Dartmouth College）进行学术访问，师从汉学家艾兰（Sarah Allan）教授。艾兰教授对新发表的《清华大学藏战国竹简》很感兴趣，我们每周有一次读书会，专门研讨清华简。参加的人员主要有艾兰教授、清华大学来的博士生韩宇娇、陈鹏宇，再加上我。艾兰老师与我们一起，逐字逐句阅读清华简的一些篇章，并让我们把这些文字翻译成英语，然后进行自由讨论。她还逐字临摹竹简文字，对我启发很大。这个过程中，我的思辨能力得到很大的提高，也发现清华简中有与《管子》相关的内容，这是本书第五章的由来。后来从中国博士后网站上知道有《中国博士后成果文库》，资助优秀博士后的研究成果出版，虽然竞争很激烈，但我很想尝试一下。艾兰老师很高兴我在学术上的进取，欣然同意为我写推荐信。达慕思大学东亚系的邢文老师也很热心地写了推荐信，他们的美意，让我难忘。

本书稿的校正，主要在达慕思大学东亚图书馆完成。其时正值隆冬季节，已经放了寒假的校园非常安静。我穿过大雪及膝的校园，到图书馆核对本书的文字；东亚图书馆常常只有我一个人，穿梭在书海中，找到要用的书籍。晚上到了闭馆的时候，工作人员善意的提醒，让我感到非常温暖。向达慕思大学图书馆的陈曾红老师和谢念林老师表示真挚的谢意，也向历史系的柯娇燕（Pamela Crossley）老师、东亚系的白素贞（Susan Blader）老师表示感谢。

这个课题的题目，来自巩曰国博士和张宇声教授的启发；本书的英文书名由艾兰教授拟定；书中的英语目录和英文摘要，由在美国华盛顿州读书的李百恒同学完成，并由方志出版社的编辑陈效核订；英文专有名词由著者提供。本课题在写作过程中，我的老师和朋友对我帮助很大，也得到山东理工大学社科处和齐文化研究院同人的支持，在此表示感谢。

书中不足之处，敬请发来邮件告诉我。我的邮箱地址是：guoli@sdut.edu.cn

郭　丽

2015 年 7 月 12 日